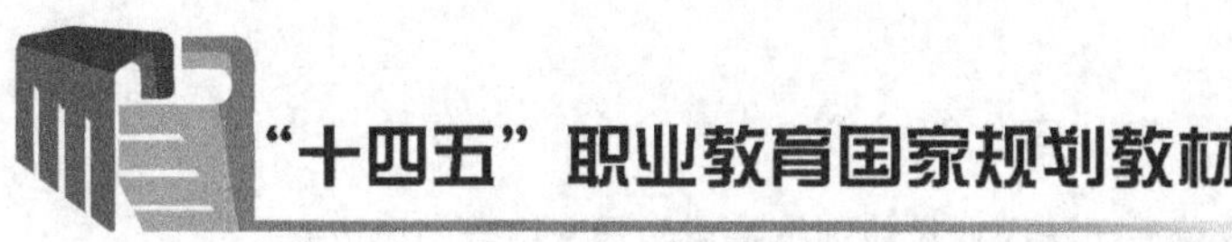

法院、检察院书记员职业能力训练系列教材

总主编 殷 宏 徐 飚

书记员工作实务训练

主 编 殷 宏

副主编 魏厚玲 郑志锋

科 学 出 版 社

北 京

内 容 简 介

本书针对司法体制改革后司法职业技能训练特点，紧密结合书记员职业技能的内容、工作流程、操作步骤，力争构建职业化、技能化、专业化、系统完整的司法职业技能训练教材。本书共上、下两编，上编设置了 3 个项目共 9 个任务，引导学生深入了解书记员庭审前的准备、庭审中的辅助工作、庭审后的结案和移送卷宗等工作职责，掌握法律文书写作、笔录制作、整理归档、办公设备使用等岗位核心技能，帮助学生进一步牢固掌握民事诉讼法、行政诉讼法、刑事诉讼法等法律基础知识。下编设置了 3 个项目共 7 个任务，引导学生牢固掌握检察业务中案件线索的登记和移送，法律文书的制作、管理，法律文书的校对、印制、送达，扣押款物的登记，接待当事人及案件相关人员，会议记录，案件材料的整理装卷归档等工作内容、流程与方法，突出检察机关书记员工作的独特性。本书融合二维码增值数字服务信息化，将相关链接模块中的法律知识、法律文书模板、最新法律规范等内容以二维码的形式呈现。

本书既可作为高等职业院校法律事务、法律文秘、检察事务等相关专业的教材，也可作为法院、检察院初任书记员岗前培训用书。

图书在版编目（CIP）数据

书记员工作实务训练/殷宏主编. —北京：科学出版社，2023.2
（“十四五”职业教育国家规划教材·法院、检察院书记员职业能力训练系列教材）
ISBN 978-7-03-071287-5

Ⅰ. ①书…　Ⅱ. ①殷…　Ⅲ. ①法院-书记员-工作-中国-职业培训-教材　Ⅳ. ①D926.2

中国版本图书馆 CIP 数据核字（2021）第 274243 号

责任编辑：都　岚　施玉新　李乐维 / 责任校对：王万红
责任印制：吕春珉 / 封面设计：东方人华平面设计部

科学出版社出版
北京东黄城根北街 16 号
邮政编码：100717
http://www.sciencep.com
北京九州迅驰传媒文化有限公司 印刷
科学出版社发行　各地新华书店经销
*
2023 年 2 月第 一 版　开本：787×1092 1/16
2023 年 8 月第三次印刷　印张：13 3/4
字数：326 000

定价：52.00 元

（如有印装质量问题，我社负责调换〈九州迅驰〉）
销售部电话 010-62136230　编辑部电话 010-62135927-2036

本书编委会

主　编　殷　宏

副主编　魏厚玲　郑志锋

参　编　郭荣军　齐艳敏　潘亚楠　刘慧芳

　　　　　季　娜　刘海燕

前　言

深化司法体制综合配套改革，全面准确落实司法责任制，加快建设公正高效权威的社会主义司法制度，努力让人民群众在每一个司法案件中感受到公平正义，是坚持全面依法治国、推进法治中国建设的根本遵循和行动指南。书记员是人民法院、人民检察院司法队伍的重要组成部分，是保障和推动司法工作顺利开展的重要力量。因此，进一步加强书记员思想政治建设，提高书记员业务能力，提升书记员综合素质，推进书记员队伍革命化、正规化、专业化、职业化，培养造就一大批德才兼备、德法兼修的高素质法治人才，为全面准确落实司法责任制提供重要支撑，为全面依法治国、推进法治中国建设提供人才保障，具有十分重要的现实意义。

本书为满足司法改革的需求，依据法律类高职院校相关专业的人才培养方案和书记员岗位技能需求编写，由上、下两编组成。其中，上编（法院书记员工作实务）设置了3个项目共9个任务，主要引导学生理解书记员庭审前的准备工作、庭审中的辅助工作、庭审后的结案和移送卷宗等工作内容；下编（检察院书记员工作实务）设置了3个项目共7个任务，主要引导学生理解检察业务中案件线索的登记和移送，法律文书的制作、管理，法律文书的校对、印制、送达，扣押款物的登记，接待当事人及案件相关人员，会议记录，案件材料的整理装卷归档等工作内容。每个任务设置了任务情景、任务分析、任务实施、任务实训、任务拓展、任务评价6个模块，全面归纳总结了书记员的工作实务操作流程。同时，将网上立案、跨域立案、在线庭审等新知识、新技术、新成果纳入其中，融入了智慧法院、智慧检务建设等最新发展趋势，为书记员提供技能训练和知识支撑。

本书以马克思列宁主义、毛泽东思想、邓小平理论、“三个代表”重要思想、科学发展观、习近平新时代中国特色社会主义思想为指导，有机融入法治意识和国家安全等教育，弘扬精益求精的专业精神、职业精神、工匠精神和劳模精神，严格依据法律事务、法律文秘、检察事务等专业人才培养方案和教学标准、课程标准，充分反映司法体制改革的最新要求，积极对接法检两院最新人才需求，注重吸收司法领域新法规、新技术、新方法，注重职业的针对性。

本书根据书记员工作的实践性和应用型特点，结合技术技能人才成长规律和高职学生认知特点，严格遵循“以工作任务为中心，以项目课程为主体”的课程改革理念，贴合法检两院书记员岗位的实际需要，坚持以专业核心技能为本位，以典型工作任务为引领，围绕书记员核心技能培养，先“做”，后“讲”，再“练”，最后“测”，引导和帮助学生边做边学，学练同步，促进岗位工作与教学内容的对接、司法实务与法律知识的融合。

本书在纸质教材的基础上，增加了网络增值服务，将相关链接模块中的法律基础知识、法律文书模板、最新法律规范等内容以二维码的形式呈现。学生通过扫描二维码，可以更便捷地进行课前预习、课后复习及知识技能拓展，有助于激发学生学习与操练的积极性。本书的教学课件可以从科学出版社职教技术出版中心网站 www.abook.cn 下载。

本书由河南检察职业学院张进超院长统筹，殷宏担任主编，魏厚玲、郑志锋担任副主编。具体编写分工如下：魏厚玲编写项目 1 的任务 1、项目 2 的任务 1；郑志锋编写项目 1 的任务 2，殷宏编写项目 1 的任务 3；郭荣军编写项目 2 的任务 2、任务 3；季娜编写项目 3 的任务 1、项目 6 的任务 3；刘海燕编写项目 3 的任务 2、任务 3；潘亚楠编写项目 4；刘慧芳编写项目 5；齐艳敏编写项目 6 的任务 1、任务 2。

本书各项目教学课时建议见下表。

教学课时建议

编	项目	任务	课时
上编 法院书记员工作实务	项目 1　民事案件书记员工作	任务 1　民事案件庭审前书记员实务训练	16
		任务 2　民事案件庭审中书记员实务训练	
		任务 3　民事案件庭审后书记员实务训练	
	项目 2　行政案件书记员工作	任务 1　行政案件庭审前书记员实务训练	14
		任务 2　行政案件庭审中书记员实务训练	
		任务 3　行政案件庭审后书记员实务训练	
	项目 3　刑事案件书记员工作	任务 1　刑事案件庭审前书记员实务训练	14
		任务 2　刑事案件庭审中书记员实务训练	
		任务 3　刑事案件庭审后书记员实务训练	
下编 检察院书记员工作实务	项目 4　立案侦查程序中书记员工作	任务 1　立案程序中书记员实务训练	8
		任务 2　侦查程序中书记员实务训练	
	项目 5　审查逮捕程序中书记员工作	任务 1　审查批准逮捕程序中书记员实务训练	8
		任务 2　审查决定逮捕程序中书记员实务训练	
	项目 6　审查起诉程序中书记员工作	任务 1　审查起诉程序中书记员实务训练	12
		任务 2　提起公诉程序中书记员实务训练	
		任务 3　不起诉程序中书记员实务训练	
考核、机动			8
合计			80

本书在编写过程中，徐飚老师全程参与指导，在此表示衷心的感谢。同时，本书参考了大量的教学资料及法律法规，吸收了相关学科专家、学者的研究成果，特向相关著作者表示衷心的感谢。本书的编写还得到了相关法院、检察院工作人员的大力支持和帮助，在此一并表示感谢。

面对不断发展的司法实务，我们的探索和总结不可避免地存在局限性和滞后性，限于编者水平与编写时间，疏漏与错误之处在所难免，敬请广大读者批评指正，以便进一步修订和完善。

编　者

目　录

上　编　法院书记员工作实务

下　编　检察院书记员工作实务

上　编　法院书记员工作实务

随着法官员额制、司法责任制等改革措施落地，书记员的审判辅助功能和协助配合作用的重要性日益凸显。深化司法体制综合配套改革，加强审判团队建设，必须同步解决好书记员的业务素质、职业技能的提升问题，方能更有效地发挥审判团队的整体效能，全面准确落实司法责任制，加快建设公正高效权威的社会主义司法制度，更好地适应和满足经济社会发展和司法体制改革新形势对审判工作提出的新要求，努力让人民群众在每一个司法案件中感受到公平正义。

书记员是从事审判辅助工作人员，是人民法院审判队伍的重要组成部分，同法官审判工作一样，书记员工作具有较强的专业性和职业性。

《中华人民共和国人民法院组织法》规定，书记员的主要工作任务是负责法庭审理记录等审判辅助事务。《最高人民法院关于完善人民法院司法责任制的若干意见》规定，书记员在法官的指导下，履行庭前准备、庭审记录、庭后案卷材料整理和法官交办的其他事务性工作。由此可见，书记员主要是在程序性事务中承担记录、整理、装订、归档、校对等职能，具有较强的辅助性。

依据现行《中华人民共和国民事诉讼法》《中华人民共和国行政诉讼法》《中华人民共和国刑事诉讼法》的有关规定，根据不同审级、不同法院、不同审判领域的实际情况，结合人民法院审判实践中长期以来形成的习惯性做法及经验，本书把民事诉讼、行政诉讼和刑事诉讼作为书记员的3个任务情境，每一个任务情境又划分为庭前、庭中和庭后3个阶段。

项目 1　民事案件书记员工作

【学习目标】

1. 熟悉民事案件的立案、分案、庭审和结案的基本任务和基本流程。

2. 掌握法庭笔录、合议庭评议笔录、宣判笔录的制作；掌握裁判文书等法律文书的送达操作。

3. 能够熟练完成案件材料的整理、立卷、归档操作。

任务1 民事案件庭审前书记员实务训练

任务情境

张某某夫妇未生育子女，1991年9月，张某某夫妇收养毕某某，并依法办理了相关收养手续。毕某某16岁时，张某某丈夫去世，张某某一人抚养毕某某。2017年，毕某某外出务工后，失去联系，杳无音讯。张某某年事已高，身体越发不好，生病住院无人照料，作为子女，毕某某不能履行法定赡养义务。2021年3月15日，张某某诉至法院要求解除收养关系。

思考

1．张某某请求法院解除其与毕某某的收养关系，张某某需要向法院提交哪些材料？

2．张某某诉至法院要求解除收养关系，符合哪些条件法院才会受理？

任务分析

当事人有了纠纷，才会到法院寻求司法救济。书记员应当耐心倾听，细心归纳。通过良好的立案接待，书记员可以知晓当事人诉讼意图和诉讼目的，全面了解、记录并审核当事人的基本情况、联系方式、证据、诉状等相关资料，从而更好地引导当事人按照诉讼规则，合法合理地行使起诉权，参与诉讼活动。民事案件庭审前书记员工作任务流程，如图1-1-1所示。

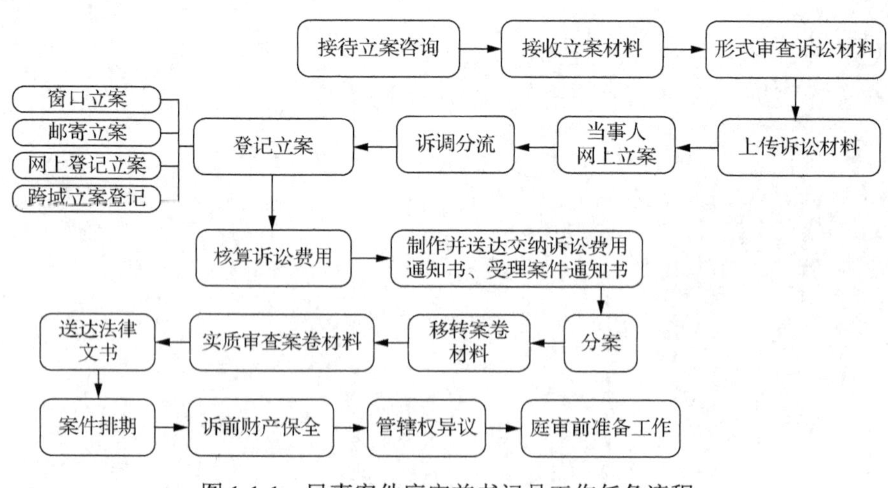

图1-1-1 民事案件庭审前书记员工作任务流程

任务实施

步骤1 接待立案咨询

1. 耐心倾听

当事人到法院咨询立案，讲述的都是麻烦事、烦心事，申冤诉苦过程难免唠叨、啰嗦，甚至会哭闹指责，书记员一是要宽以待人，诚恳耐心地让当事人陈述事实真相；二是要认真倾听，不轻易打断对方陈述。

2. 细心归纳

书记员在耐心倾听的过程中，通过观察当事人表情、情绪变化，揣摩当事人心理，通过察言观色，全面了解当事人真实意图，总结归纳当事人的诉讼请求，明确涉及的法律关系及其性质、诉讼请求层次、事实根据、法律依据；同时，全面了解和记录当事人的基本情况、联系方式、通信地址和电话号码。

3. 合理引导

当事人讲述过程可能冗长繁复，书记员可以适时简化咨询过程，机智提问，适时提问，及时核实陈述的关键信息，并有针对性地解答当事人的疑问，帮助当事人归纳纠纷和争执焦点问题，合理引导当事人正确行使诉讼权利。

4. 辨法析理

当事人对纠纷的认识，往往基于自身利益的角度进行思考，客观性有待审查。书记员应坚持公平正义，平等对待当事人，把握其真实意图，根据法律、法规、政策的规定予以释明；对于当事人的误解，运用法律推理和法律解释等方法，讲透法律精神和法理依据，厘清法律关系，讲清纠纷处理的实质性问题，引导当事人沿着理性的方向追寻司法公正。

步骤2 接收立案材料

1. 接收诉讼材料

当事人立案咨询后，一般会前往民商事案件窗口提交民事起诉状。当事人也可以通过邮件方式把起诉状、证据材料、身份证明等诉讼材料邮寄至人民法院。当事人若没有起诉状，书记员应告知当事人到法律援助窗口寻求帮助，法院值班律师会帮助当事人书写简易起诉状。对于书写确实有困难的，当事人可以口头起诉，书记员制作笔录，根据

起诉状的格式要求，记录口头起诉的内容，经宣读无误后，由口头起诉人签名并捺指印。

书记员接收诉讼材料后，应当审阅：①起诉当事人的身份证明、电话号码、经常居住地等基本信息记载是否完整；②诉讼请求是否明确具体，事实理由的论述是否充分。

2. 初步判断管辖权

根据民事起诉状列明的原告、被告的基本信息，初步判断本院是否具有管辖权。具体操作步骤是：①登录诉讼服务网；②输入当事人身份证信息；③查询当事人的户籍地与住所地的具体情况，初步判断当事人的讼争是否属于本辖区管辖；④如果住所地属于本院管辖区域，应告知当事人填写诉讼材料接收清单、送达地址确认书。

相关法规法条

1.《中华人民共和国民事诉讼法》第三条、第七条、第十七条、第三十三条、第一百一十九条。

2. 《最高人民法院关于适用〈中华人民共和国民事诉讼法〉的解释》第三条至第三十九条。

民事案件立案材料清单

步骤3　形式审查诉讼材料

书记员接收并审阅当事人诉讼材料后，需要对诉讼材料进行形式审查。审查内容如下。

1. 当事人身份证明材料

1）当事人是自然人的，应提供身份证明（居民身份证、户口簿、港澳居民来往内地通行证、护照或有权机关出具的证明等），且必须使用居民身份证上的名字，不能使用别名、绰号、小名，若有曾用名的，应予注明。

2）原告若为无民事行为能力或者限制民事行为能力人的，应提供法定代理人、指定代理人或委托代理人等相关证明材料。

3）当事人是法人或其他组织的，应提供核准颁发的营业证照、法定代表人身份资格证明材料、法定代表人的身份证复印件，并使用经核准颁发证照上的名称，不能用简称或省略名称。

2. 被告是否明确

根据接收的诉状，查明被告的姓名/名称、身份证明材料、电话号码、住所或经常居住地信息是否属实。审查时，应尽量让原告提供被告详尽的背景资料，以便送达。

3. 受诉人民法院是否有管辖权

1）书记员将当事人的身份证件号码输入诉讼服务网，查询当事人住所地，初步判断本院是否具有管辖权。

2）合同纠纷，重点审查当事人有无仲裁条款或协议管辖的特别约定。

3）对于因身份关系提起的诉讼，重点审查被告是否被监禁或采取强制措施，根据法律规定确定有无管辖权。

4. 是否有居住证明材料

公民住所地与经常居住地不一致的，起诉时应当提交住所证明；由被告（或原告）经常居住地人民法院确定管辖的案件，应提交由派出所或居民委员会（村民委员会）出具的证明被告（或原告）在管辖法院辖区至起诉时已连续居住一年以上的证明或暂住证等证明材料。

5. 诉讼请求是否清晰

1）审查诉讼请求是否明确具体，与纠纷事实理由的关联性。当诉讼请求不明确具体时，书记员需要向当事人释明，并告知当事人需要明确其诉讼请求。

2）诉讼请求存在违约责任与侵权责任竞合的，释明并要求当事人选择并确定其诉讼请求。

3）诉状事实与理由若存在侮辱性语言，则要求当事人予以更改；若拒不改正的，则在诉状中注明“当事人拒不更改事实与理由”。

4）诉状若存在攻击、诽谤、侮辱社会主义制度、党和国家领导人语言的，则要求当事人予以更正；若拒不更改的，则告知法律后果。

6. 当事人的签章及具状日期是否准确

1）当事人授权他人代为起诉的，须有授权委托手续，若无则诉状须原告签名。

2）查看落款时间。落款时间若早于实际立案时间，应以实际立案时间为准；若晚于实际立案时间，则要求当事人更改为实际提交时间。

审查诉讼材料流程表

7. 证据类材料是否规范

1）原告起诉时，应就诉讼请求提供基本证据材料。合同纠纷，应提供合同或者证明合同关系的材料；婚姻纠纷，应提供证明婚姻关系的材料。

2）证据材料及各种单据、小票、发票、照片等不规则材料，当事人应依次粘贴在A4纸张上提交；若为施工图纸、报表等材料，应要求当事人缩印在A4纸张上后提交。

步骤4　上传诉讼材料

起诉状经初步审核无误的，书记员应指导帮助当事人将诉讼材料上传至“人民法院在线服务”平台。具体操作流程如下（以河南省为例）。

1）将当事人引领到引导台，指导当事人通过微信添加“人民法院在线服务”小程序。打开微信，搜索“人民法院在线服务”小程序，在该小程序首页单击“进入人民法院在线服务分平台”按钮，根据程序提示，在“选择分平台”页面中选择“河南省”，弹出“即将打开‘人民法院在线服务河南’小程序”。未经实名认证的用户，单击“未认证”按钮，进入实名认证流程；勾选“我已阅读并接受《人民法院在线服务诉讼规程（试行）”复选框。

2）当事人单击“同意，开始验证”按钮，根据系统提示，在弹出的页面中单击“获取手机号”按钮，然后在出现的页面中单击“允许”按钮，进入“证件核验”页面，输入姓名、证件类型、证件号码、手机号后，单击“同意，确认身份信息”按钮，然后进入人脸识别页面进行人脸识别，成功后进入“人民法院在线服务告知书”页面，阅读后单击“同意并签名”按钮，然后进行手写签名，单击“提交”按钮。

3）当事人实名认证完成后，即可通过“人民法院在线服务”平台，使用相应的在线服务功能。

4）指导当事人拍照上传诉讼材料。

步骤5　当事人网上立案

网上立案是当事人（或代理人）在网上立案平台提交立案申请，立案法官对上传的诉讼申请材料进行审核，审核通过的，予以登记立案，当事人（或代理人）在法定期限内寄送书面诉讼材料、交纳诉讼费用的工作机制。下面以网上直接立案（河南省）为例进行介绍。

1.“人民法院在线服务”平台网上立案登记

1）打开微信，搜索“人民法院在线服务”小程序，进入“人民法院在线服务河南”分平台，首页为各功能模块入口，其中包括我要立案、我的案件、诉讼交费、多元调解

等模块。

2）当事人在首页单击“我要立案”按钮，可选择“审判立案”或“执行立案”进入相应功能模块。当事人可以通过“审判立案”模块查看已申请的审判立案案件状态，或发起新的审判立案申请。具体步骤为：在首页单击“我要立案”按钮，选择“审判立案”选项，出现“是否愿意接受第三方调解机构调解”对话框，单击“愿意”选项则进入“多元调解”小程序，单击“不愿意”选项则进入“网上立案”界面（行政案件一般选择“不愿意”调解选项），可查看已申请立案案件状态。单击“网上立案”页面下方的“审判立案”申请按钮，可选择“为本人申请”或“为他人或者公司等组织申请”选项，均可出现在“选择法院”页面，选择法院及案件类型，单击“下一步”按钮，进入“立案须知”页面；勾选下方的“已阅读并同意”复选框，单击“下一步”按钮。进入“上传材料”页面，上传相关诉讼材料。带红色“*”号的属于必填项。若无纸质版送达地址确认书，可单击最下方的“引入”添加送达地址，填写本人或代收人邮寄地址，详细到门牌号，然后单击下方的“确认并生成电子送达确认书”按钮，跳转页面后单击页面右上角的“选择”按钮即可。

3）单击“当事人信息”按钮，查看信息是否完整并保存。

4）单击“添加诉讼参与人”按钮，填写相关当事人（被告、第三人等）详细信息并提交。当诉讼材料及当事人信息上传成功后，单击“提交”按钮，即完成网上立案操作。

5）当事人可以通过小程序查看法院对该案件的审核结果。

2. 当事人诉讼服务网站平台立案登记

当事人网上立案起诉，须登录当地的人民法院诉讼服务网站进行操作。以“河南法院诉讼服务网”为例，具体操作步骤如下。

1）打开“河南法院诉讼服务网”，单击“网上立案”按钮，进入登录注册窗口。首次申请网上立案的当事人，需要注册账号，账号注册成功后，可以选择“用户名/证件号码/已验证手机号”，重新打开诉讼服务网。除了普通账号登录入口，下方还有“律师登录专用通道”，律师可凭执业证书编号进入登录页面。

2）单击“登录”按钮，进入“河南省高级人民法院网上诉讼平台”窗口，单击“申请网上立案”按钮，进入“网上预约立案”窗口，根据当事人的诉讼目标是起诉、申请非诉执行、申请执行、自诉、法院自赔案件等情况，单击“选择法院”按钮，在弹出的对话框中选择提交诉讼的受理法院、案件类型、申请类型、申请人类型等信息。单击“下一步”按钮，阅读人民法院网上立案须知内容，并勾选“我已阅读，同意使用该系统进行网上预约立案，同意使用电子送达方式送达案件文书”复选框，单击“进入网上预约立案”按钮，根据窗口提示，逐一填写基本信息、申请人信息、原告、被告、第三人、原告代理人、证人等基本信息，单击“保存”按钮。

3）单击“确认并进入下一步”按钮，根据对话框内容提示，逐项填写并上传起诉状材料、证件材料、证据材料、送达地址确认书等诉讼材料，完成后单击“确认提交”按钮，申请网上立案程序即完成。

3. 书记员接收并形式审查网上立案诉讼材料

当事人完成网上立案申请操作后，立案庭工作人员会进行网上审核，当事人只需等待法院通知，工作人员会通过发送短信息的方式，告知案件受理情况。

1）立案庭法官审核立案信息并填写立案审核意见。

① 书记员根据法官的授权，进入审判流程管理系统，对当事人的起诉条件进行形式审查。

② 法官通过审判流程管理系统审核立案申请。经审核，网上立案申请符合起诉条件的，法官及时给出审核通过的意见，并按规定办理立案手续；不符合起诉条件的，应释明审核不通过的原因，当事人可对相关内容补充完善后再次申请网上立案。

③ 当事人对其网上立案申请未通过有异议的，可到人民法院诉讼服务大厅立案窗口线下办理申请立案手续。

2）立案成功后，当事人可以通过网上进行交费或者到立案庭窗口进行交费。

4. 跨域立案

自 2021 年 2 月 1 日起，跨域立案服务在全国四级法院实现全覆盖。当事人可以就近选择一家中基层法院或者人民法庭，对四级法院管辖的案件申请跨域立案服务。

跨域立案是指当事人或者其代理人可以选择到就近的人民法院或法庭的诉讼服务中心立案窗口提交起诉材料，由该法院或者法庭作为协作法院代为接收、核对起诉材料，并且通过专门的跨域立案系统向有管辖权的法院发送跨域立案服务申请。

（1）跨域立案的操作原理

开设跨域立案窗口的法院的立案庭，有专门的立案工作人员为选择跨域立案的当事人及律师提供立案服务，包括接收其他法院管辖案件的诉讼材料、即时审核其他法院接收的我院管辖案件。

1）当事人或当事人的诉讼代理人选择就近的法院，在诉讼服务大厅跨域立案窗口提出立案申请，将法律规定的立案材料交给协作法院工作人员，并简单说明申请立案的管辖法院，以及需要立案的案件类型。

2）协作法院工作人员核验当事人身份信息后登录跨域立案平台，通过通讯录与管辖法院取得联系，随后将立案材料扫描或者拍照，通过系统直接推送到管辖法院审核办理。

3）跨域立案申请信息流转到管辖法院后，信息与法院专网的审判、执行业务系统

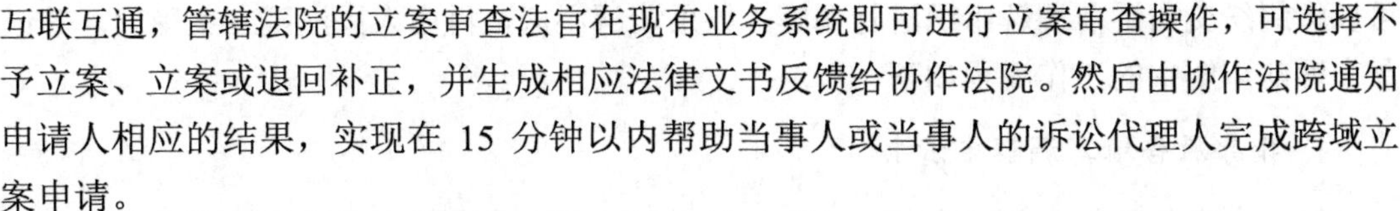

互联互通，管辖法院的立案审查法官在现有业务系统即可进行立案审查操作，可选择不予立案、立案或退回补正，并生成相应法律文书反馈给协作法院。然后由协作法院通知申请人相应的结果，实现在 15 分钟以内帮助当事人或当事人的诉讼代理人完成跨域立案申请。

（2）协作法院和管辖法院工作任务

1）协作法院工作人员须根据《最高人民法院关于人民法院登记立案若干问题的规定》的规定，做好以下工作：

① 代为核对当事人及委托诉讼代理人的身份证明、授权委托书和与之相关的证明材料。

② 代为核对起诉、自诉、申请材料是否齐全。若材料齐全的，则全部推送至管辖法院网上立案系统；若材料明显不齐全的，则向当事人释明应当补齐的材料；若当事人拒绝补齐并坚持提交申请的，则在告知后果后，推送现有材料，并注明情况。

③ 协作法院应当代为接收起诉状、申请书、授权委托书及与之相关的证明材料的原件，向当事人出具《诉讼材料收取清单》，并在两个工作日内，与当事人签署的《送达地址确认书》《诉前调解申请书》等一并通过法院专递方式寄送管辖法院。对属于《最高人民法院关于人民法院登记立案若干问题的规定》第十条规定情形的，不接收材料。

2）管辖法院指定专人实时办理跨域立案申请，根据不同情况作出处理：

① 对符合立案条件的，管辖法院当场登记立案。当事人接受电子送达的，将加盖本院电子印章的《受理通知书》《交费通知书》《诉讼风险告知书》等法律文书，通过管辖法院的电子送达系统，送达当事人。

当事人拒绝电子送达的，管辖法院将上述文书及《送达回证》通过信息系统推送至协作法院，委托协作法院当场送达当事人。

② 管辖法院认为当事人提交的起诉、自诉、申请材料不齐全的，即时制作《补正告知书》，并通过信息系统推送至协作法院，送交当事人。

③ 管辖法院无法当场判定是否符合立案条件的，应当即时通过信息系统向协作法院反馈，告知当事人管辖法院将在法定期限内决定是否立案。

网上立案和跨域立案的主要区别是，前者可以由当事人或当事人的诉讼代理人自行通过手机或计算机在网上向受诉法院提交立案申请，而后者需要协作法院工作人员帮助当事人通过特定系统向管辖法院提交立案申请。这两种立案方式的目的是一样的，那就是让群众申请立案更方便，降低群众“打官司”的经济成本，一个是“足不出户可立案”，另一个则是“家门口法院能立案”。

步骤 6　诉调分流

原告起诉后，人民法院在立案受理前，法官在征得起诉人同意的前提下，暂缓立案，可以将纠纷交由诉前调解组织进行调解，如果调解不成，再由人民法院立案受理。书记员在诉前调解中的工作流程如下。

1. 指导原告填写调解申请书

符合立案条件的，立案法官可以向原告明示可以申请进行立案调解，当事人也可以申请进行调解。当事人同意或申请调解的，书记员告知原告填写《立案调解申请书》《送达地址确认书》，并提供对方当事人的联系方式（通信地址及电话号码）。

2. 征求被告意见

告知被告并征求其是否同意调解的意见。若同意调解的，应依法告知调解人员姓名、立案调解期限及申请回避等诉讼权利和诉讼义务；若不同意调解的，则按照民事立案程序进行后续事宜。

3. 信息录入

书记员将当事人的基本信息、调解主持人等基本信息录入审判流程管理系统。

4. 制作、送达调解书

对于达成和解协议或者调解协议的案件，依法制作调解书并送达，告知当事人申请强制执行等相关权利义务。在规定期间内无法达成一致的，告知原被告不再进行立案调解，及时将案件移送审判庭审理。

5. 案卷归档

及时将调解材料立卷归档，主要包括调解申请书、当事人身份信息、授权委托书、调查笔录、调解笔录、相关证据材料、调解协议书等。

相关法规法条

《中华人民共和国民事诉讼法》第一百二十五条。

诉前调解

步骤7　登记立案

1. 窗口立案材料的登记立案

书记员对当事人起诉立案的诉讼材料进行初步审查后，认为符合起诉立案条件，予

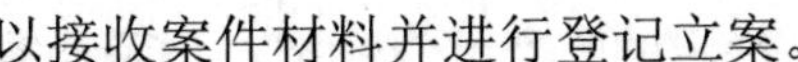

以接收案件材料并进行登记立案。

1）以河南法院书记员窗口立案材料登记立案为例，书记员打开法院内部网址，插入 U-Key，单击“河南省统一登录平台”按钮，弹出“客户身份验证”窗口，在该窗口中单击“确定”按钮，弹出“PIN 码校验”对话框，在该对话框中输入账号及密码，单击“确定”按钮，进入“河南法院统一身份认证管理系统”窗口。

2）单击“审判流程管理系统”按钮，进入“智慧审判系统”窗口。

3）单击“立案平台”按钮，在左侧导航栏“新登记”下的“待收”项下选择“网上立案”，在右侧窗口中选择“民事”选项，然后在搜索框中输入当事人姓名，弹出搜索结果，单击“待审核”按钮，进入“立案材料审核”页面，在弹出的“填写审核意见”页面中填写立案案由、起诉标的金额、适用程序等，单击“提交审核”按钮。

4）编辑并保存立案信息。包括：①当事人姓名、性别、证件类型、证件号码、现住址、联系方式、送达地址等基本信息；②代理人基本信息，如姓名、证件号码、联系方式等；③诉讼请求信息，选择并编辑请求人、请求对象、诉讼请求描述、诉讼标的类型（标的额、诉讼标的行为、诉讼标的物等）；④收案登记的基本信息，包括登记信息（如收案来源、收到起诉状的日期、收案登记人、收案途径等）、收案意见、案件信息、案件特征等。

5）单击“提交”按钮，进入“立案庭庭长审批”窗口。提请立案庭法官审批是否予以立案。立案庭庭长审阅立案审批表的基本信息，填写立案审批意见。同意立案并提交审批后，智慧审判系统自动生成该案的案号，该案件自动增加到待分案功能区域内。

2. 网上立案材料登记立案

书记员进入智慧审判系统，在立案平台接收并审批网上立案信息。

1）登录法院审判流程管理系统，单击“待收”按钮，选择菜单中的“网上立案”选项，查看并接收当事人提交的诉讼材料。

2）登记立案的操作步骤同窗口立案材料的登记立案。

3）书记员完成登记立案的信息编辑与录入后，需要将案件的案号、原被告基本信息、案由记入立案簿里。

① 立案信息录入相应法院审判流程管理系统。登记内容包括：立案时间、案号、案由、当事人及委托诉讼代理人基本信息、适用的审理程序等。

② 信息录入完毕后，书记员应将民事起诉状、当事人提供的证据材料、送达地址确认书、受理案件通知书等法律文书及送达回证等入卷。

步骤 8　核算诉讼费用

对于符合立案条件的案件，书记员应当坚持人民至上，坚持以人民为中心的发展思想，根据案件的具体情况，依照《诉讼费用交纳办法》规定的收费计算标准，正确计算应当收取的诉讼费金额，强化司法公信度，公正司法，及时向原告开具交纳诉讼费的通知，告知其按时预交相关诉讼费用。

书记员打开浏览器，登录“河南法院统一身份认证管理系统”，单击“审判流程管理系统”按钮，进入“智慧审判系统”窗口，在应用程序导航栏更多功能模块中，找到并单击办案辅助工具，单击诉讼费计算工具。

根据当事人起诉状写明的诉讼标的额，在页面中输入案件标的额，自动计算出案件受理费用。

如果是按件收费的案件，应当根据法律规定收取相应的费用，如离婚纠纷案件诉讼费用收取标准是 50 元。如果是小额诉讼案件，则需要在审判流程管理系统中，将“普通程序”修改为“简易程序”。

相关法规法条

1.《诉讼费用交纳办法》。

2.《最高人民法院关于对经济确有困难的当事人提供司法救助的规定》。

步骤 9　制作并送达交纳诉讼费用通知书、受理案件通知书

登录审判流程管理系统，输入该案系统生成的案号，进行搜索，进入本案界面，在右侧的“操作”模块中选择“文书”选项，在弹出的页面中单击“制作文书”按钮，弹出“制作文书”页面，勾选“交纳诉讼费用通知书”和“受理案件通知书”常规模板，单击“由此展开编辑”按钮，在弹出的页面中出现已选择的两个文书，确认案号后缀后，单击“开始制作”按钮。在弹出的页面中的“交纳诉讼费用通知书”右侧选择“编辑”操作，打开此文书模板，按照本案信息进行适当编辑后保存。

交纳诉讼费用通知书制作完成后，进入人民法院集中送达平台窗口，单击“发起新任务”，根据系统提示的操作步骤，结合须送达的文书类型，单击“消息送达”按钮或者“邮寄送达”按钮，将法律文书的内容以短信息的方式发送至当事人或诉讼代理人的手机号码，完成送达任务；或者根据当事人预留的送达地址，通过邮寄中心送达。

核对“消息送达”对话框中受送达人姓名、电话号码、证件号码、送达文书类型、短信模板内容、送达时间、送达人等。单击“缴费期限”按钮，选择 7 日。

交纳诉讼费通知书的内容以短信息的方式发送至当事人或诉讼代理人的手机号码，因此必须确保手机号码准确无误，同时还须发送承办人的电话或诉讼服务热线 12368 等，便于当事人进行咨询。

步骤 10　分案

1. 普通案件分案

对于普通案件，书记员在该案件右侧单击“分案”按钮，案件将随机自动分配至具体的承办人。

2. 普通共同诉讼案件分案

对于普通共同诉讼案件，审判流程管理系统会随机自动将案件分配至一名法官；对于其余的共同诉讼案件，则须书记员手动操作，将案件分配至同一名承办人。

对已完成分案的案件，因网络异常或其他情况，造成当事人接收不到交纳诉讼费用链接的，书记员应当告诉当事人联系承办人，请求法官重新发送交纳诉讼费用链接。

步骤 11　移转案卷材料

立案登记工作流程图

立案庭书记员完成诉讼信息登记立案后，应在 2 日内将卷宗转移至相应的审判庭，审判庭书记员和立案庭书记员完成立案材料的交接工作，审判庭书记员按照法定程序和接收立案材料的操作流程，做好开庭审理前的准备工作。

步骤 12　实质审查案卷材料

1. 查询案件分配信息

登录审判流程管理系统，查询案件分配情况。

2. 核对相关材料是否齐全

核对立案庭整理的立案信息表、民事调解表、诉前保全书、起诉书、立案通知书、交纳诉讼费收据、送达地址确认书等相关材料是否齐全。

3. 核对起诉状

1）核对起诉状是否写明原被告的姓名/名称、年龄、住址、联系方式等基本情况；诉讼请求是否明确；事实与理由是否关联；落款是否有原告的签章。如有遗漏，应通知原告补正。

2）核对起诉状正副本的内容是否一致。

3）核对起诉状份数。是否是 1 份正本，副本是否是按照被告和第三人人数确定的份数。若副本份数不足时，应通知原告补齐或者经原告同意后复印签字确认。

4. 核对证据材料

审查卷宗证据材料的名称、份数与证据清单中记载的是否一致；审查是否按被告、第三人人数提交证据副本，如不一致或者副本份数不足，应及时联系原告补齐。

5. 核对诉讼费用交纳情况

1）核对交费凭证与交纳诉讼费用通知书上的金额是否一致。

2）交费期限届满，未收到当事人交费凭证的，书记员应当联系当事人，以确认其是否交费。若当事人已交费，告知其将交费凭证提交至法院；若当事人没有交费，也没有提出缓、减、免交诉讼费用的申请或申请未获批准，告知其将按照自动撤诉处理。

如果交纳诉讼费用通知书是采用电子送达的，应查看并判断当事人是否接到交费链接，审查流程为：在审判流程管理系统中单击“送达文书”，打开查看签收人，若是空白，则说明没有收到交费链接，即应电话联系当事人，具体核实短信收悉情况；若当事人已经接到交费链接但未交费，则按照自动撤诉处理。

6. 核对当事人信息

核对审判流程管理系统记载的案件信息和诉讼材料中记载的当事人信息是否一致。

1）当事人信息以“送达地址确认书”上的信息为准。经核查，与审判流程管理系统记载的当事人信息不一致的，联系当事人确认是否是本人及当事人所提交的信息；记载的信息是否准确无误。如果诉讼材料中没有当事人身份证复印件，书记员则需要通过“三网”协查来核实确认当事人的基本信息。

2）核对被告的基本信息。若被告身份信息有错误，书记员应当修改系统中记载的信息。

3）重点核查被告身份信息。若没有被告身份信息，则联系被告，让其提供身份证信息，并在审判流程管理系统中予以核实。具体操作流程如下：登录审判流程管理系统，在办案平台找到办理的案件，在案件的基本信息中选择“当事人”选项，再单击“编辑”按钮，在“编辑当事人信息”页面中单击全国共享数据按钮，出现信息查询结果。若操作页面出现当事人户籍信息，则说明被告明确；若查询后页面显示空白，则说明被告不明确，此时书记员应当联系原告，要求其补充被告基本信息。若原告不能提供被告明确的基本信息，则依照法定程序，裁定驳回起诉。

4）查看被告的地址信息。若审判流程管理系统中没有被告的地址信息，则需要调查被告住址信息，具体步骤如下：①书记员用手机下载企查查或天眼查 App；②输入被告手机号进行查询，若查询结果显示被告有多个地址，书记员应将查询到的全部地址信息，备注在立案信息表和审判流程管理系统中。

7. 核查立案信息表

审查核对立案信息表是否存在错别字，如果发现有错误，应予以改正，防止后续程序中法律文书出现连锁错误的现象。

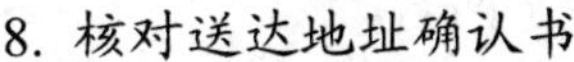

8. 核对送达地址确认书

查看诉讼材料中原告是否填写送达地址确认书、是否填写并提供被告、第三人的联系方式或者住址等信息。如果未提供，书记员应告知原告提供，或者通过审判流程管理系统查询被告的基本信息，并予以核实确认。

9. 核对诉讼材料的申请事项

审查原告是否提起财产保全、证据保全等申请，若已提交相关申请，书记员应及时告知法官助理。

10. 审查起诉主体

如果该案件不是原告本人起诉的，书记员应审查代理起诉人的身份资料，审查代理手续是否符合法律规定。如果代理起诉人是当事人的近亲属，书记员则应核查代理起诉人是否提供居民户口簿等亲属关系的证明材料。

步骤 13　送达法律文书

1. 送达法律文书的流程

诉讼材料审查无误后，书记员应开始准备送达法律文书。一般先送达被告，再送达原告。法院遵循直接送达原则，送达方式依托法院集中送达平台进行送达。送达法律文书工作流程如下。

1）登录承办人的账号，在审判流程管理系统中进行电子送达的操作。

2）按照案件当事人名称或者案号，搜索出相应的案件信息。

3）单击“编辑”按钮。

4）开始编辑制作需要送达的法律文书。

5）按照系统模板，编辑制作须送达的法律文书，然后提交后台进行审核。

6）审核后，系统自动加盖电子印章。

7）将盖有电子印章的文书，发送至核对无误的当事人正在使用的手机号码。书记员需要时刻关注当事人有没有单击链接进行查看。当事人单击完所有链接后，书记员将电子版送达凭证打印出来并入卷。

对当事人已明确委托诉讼代理人的案件，如果是一般授权，书记员可以送达当事人或者诉讼代理人；如果是特别授权，书记员可以直接送达诉讼代理人。

2. 送达法律文书的方式

1）直接送达。直接送达是最基本的送达方式，如果不能直接送达时，才能使用其他的送达方式。直接送达法律文书的，法院工作人员不能少于两名。

受送达人是自然人的，应当由本人签收；若本人不在，交由其同住成年家属签收；受送达人是法人或其他组织的，应当由法定代表人或主要负责人签收；受送达人委托有诉讼代理人的，可以由其代理人签收；若受送达人指定有代收人的，则由其代收人签收。当事人也可以到人民法院领取法律文书。

书记员应规范填写送达回证，让当事人在送达回证上签名。

送达回证样例

2）留置送达。受送达人本人或者其同住成年家属拒绝签收法律文书的，可以将诉讼文书留置在受送达人住所。采取留置送达时，应邀请有关基层组织或者所在单位的代表到场见证，由送达人在送达回证上注明拒收事由和日期，送达人、见证人签章；或者采用拍照、录像等方式记录送达过程。

3）电子送达。采用电子送达方式应取得当事人同意。电子送达不限于传真和电子邮件，还包括“能够确认其已收到诉讼文书的方式”，如手机短信、微信等即时通信工具。但判决书、裁定书、调解书不能采用电子送达。在当事人提供电子送达地址之外，书记员可以依职权调取当事人日常使用的地址进行电子送达。

① 消息送达。登录河南法院集中送达平台，选择送达文书的同时发起任务。编辑包含法院、案件、案由、案号、法律文书名称、开庭时间、地点的信息内容，信息内容包含“收到请回复”。选择支付宝实名认证的号码，将需要发送的法律文书拍照上传。运用办公手机号发送短信内容并保存，即完成送达。

② 电话送达。使用带有录音设备的办公座机电话，拨打当事人电话号码。接通电话后，先核实当事人的身份信息，然后表明法院工作人员的身份。口头告知当事人开庭时间及地点。最后，上传通话语音文件至审判流程管理系统。

查询被告信息和电子送达工作流程

4）邮寄送达。当直接送达诉讼文书确有困难时，如果当事人已填写送达地址确认书，可采用邮寄送达。

① 法院专用 EMS 邮政系统送达。首先要确认接收地址。如果原告提供的被告地址无法核实，则依照当事人户籍地进行文书送达。如果不清楚当事人户籍地，且通过“三网”协查查到的手机号码都联系不上当事人，则根据协查到的当事人通信地址进行邮寄送达。在邮寄单上写明邮寄日期、该案件的案号及当事人名称地址、“三网”协查查出的手机号码、承办人办公室门牌号及所邮寄的文书名称。将所有的送达文书装入邮政信封，贴上邮寄单并抽出邮寄单第三联，保存为凭证，暂时入卷。将邮件放在法院统一的邮寄窗口，收存回执。省内邮件一般 3 天之内会有回执，省外邮件一般一周以内会有回执。

② 电子送达平台邮寄送达。登录“河南法院集中送达平台”，输入案号，搜索出该案的信息，然后选择要送达的文书和送达的当事人，保存信息。然后在“送达”页面中确认送达信息，在“下一送达方式”中选择“邮寄送达”选项，然后单击“确定”按钮，根据提示完成操作即可。

5）公告送达。

当电子送达和邮寄送达均无法进行时，书记员商请承办人同意后，在文书制作系统中制作公告，打印并盖章。公告的方式如下。

电子送达方式样例

① 在法院的公告栏张贴公告。

② 在受送达人住所地张贴公告。在受送达人住所地张贴公告的，应当采取拍照、录像等方式记录张贴过程。

③ 在人民法院报等报纸、人民法院公告网等网络媒体上公告。

在人民法院公告网上公告的送达样例如图 1-1-2 所示。

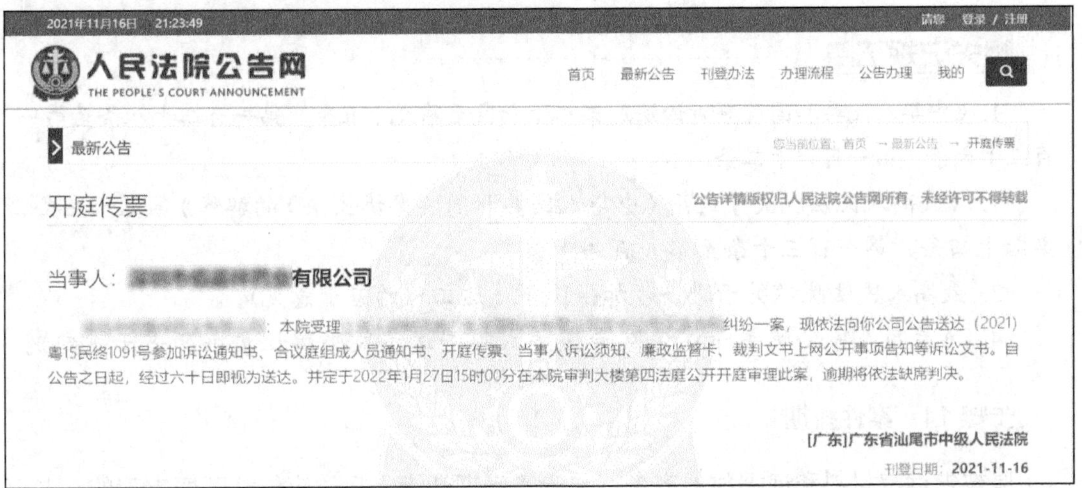

图 1-1-2 在人民法院公告网上公告的送达样例

3. 送达法律文书的类型

1）普通案件中向被告送达法律文书。向被告送达上述诉讼文书时，应要求被告在送达回证上签名或盖章，并注明收到日期。向无民事行为能力人送达起诉状副本时，应由其法定代理人代为签收。送达一般诉讼文书应遵循先送达被告，后送达原告，以避免造成通知原告后，被告无法及时送达，导致已送达的传票及举证期限作废的情况。开庭前，需要送达被告的文书如下。

① 起诉状副本。应在立案后 5 日以内将起诉状副本及证据副本一并送达被告。

② 举证通知书。举证通知书制作 2 份，1 份送达被告，1 份留档附卷。填写举证期限时须注意：简易程序举证期限不超过 15 日（小额诉讼案件不超过 7 日），普通程序举证期限不少于 15 日。

③ 应诉通知书。应诉通知书制作 2 份，1 份送达被告，1 份留档附卷。

④ 开庭传票及存根。开庭传票中需要填写法院的联系电话及联系人，存根留档附卷。

⑤ 合议庭组成人员通知书。

⑥ 廉政监督卡。

出庭通知书和开庭传票样例

2）普通案件中向原告送达法律文书。包括：举证通知书、开庭传票、廉政监督卡、合议庭组成人员通知书，以及诉讼参与人提交的申请书等相关材料（如管辖权异议申请书、财产保全申请书、变更诉讼请求申请书等）。

相关法规法条

1.《中华人民共和国民事诉讼法》第八十七条至第九十五条、第一百二十八条至第一百三十六条、第一百六十二条。

2.《最高人民法院关于适用〈中华人民共和国民事诉讼法〉的解释》第七十三条、第七十四条、第一百三十条至第一百四十条。

3. 最高人民法院《关于进一步加强民事送达工作的若干意见》。

4.《最高人民法院关于以法院专递方式邮寄送达民事诉讼文书的若干规定》。

步骤 14　案件排期

原被告诉辩材料和证据材料齐备，被告答辩期期满之后，应依法开庭审理的，书记员应及时确定开庭时间，登录审判流程管理系统，添加案件排期信息，以确定开庭日期。

1. 确定开庭时间

1）普通程序的开庭时间，在法律文书送达原告后一个月至 40 日以内确定；案情复杂的，可以延迟 1～2 个月，再确定开庭时间，其目的是留给当事人足够的举证期限、答辩期限及邮寄送达的时间。

2）简易程序的开庭时间，在法律文书送达原告后 15～21 日以内确定。

3）小额诉讼程序的开庭时间，在法律文书送达原告后 7～15 日以内确定。

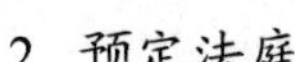

2. 预定法庭

书记员应与合议庭组成人员、原被告及其诉讼代理人、第三人等协商沟通开庭时间。开庭时间确定后，书记员应及时登录审判流程管理系统预定法庭。具体操作流程如下。

1）登录审判流程管理系统，进入“法官办案平台”，找到具体案件，单击“办理事务”，选择“开庭”选项，单击“排期”按钮，在打开的页面中查看本院法庭使用情况。

已分案件排期开庭工作流程及排期开庭样表

2）根据本院法庭使用情况，选择空闲的法庭，输入开庭日期。

3）根据页面提示，填写开庭时间、结束时间、开庭地点、书记员、排期日期、庭次、开庭方式等信息，单击“保存”按钮。

步骤15　诉前财产保全

财产保全旨在确保将来生效判决得以实现。在办理诉前财产保全时，书记员应重点审查有无保全的必要、保全财产的范围及申请人的担保能力。诉前财产保全任务办理流程如下。

1. 接收、审核、移交当事人的保全申请材料

诉前财产保全申请书应当写明申请人和被申请人的基本信息、申请保全的理由、保全金额、保全标的物及财产线索。

1）仔细审核保全标的是否适当。保全标的一般以原告起诉标的为限，如果原告申请保全超过诉讼申请范围，需要告知其进行修改，否则不予保全。

2）审核财产线索是否明确、准确。不管是冻结银行账户，还是查封动产或不动产，都必须是被告的财产；申请人必须提供详细、准确的财产信息，方便保全顺利进行；所有财产线索最好一次性全部提供，以便集中办理，提高效率。

审核完毕后，立即将保全申请交给承办人。

2. 参加合议，做好记录

对于适用普通程序审理的案件，书记员应如实记录合议庭对财产保全申请的评议过程和结果。

3. 通知交纳保全费，提供担保

申请保全必须交纳保全费，并提供担保。书记员应按照法律规定开具交费通知书，告知申请人交纳保全费用；通知申请人提供担保。

4. 层报审批

填写保全案件移送表，与保全材料一并送交庭长、院长审批。

5. 校对、送印保全裁定书

书记员应认真校对保全裁定书，确认无误后送印。

6. 移送执行庭

将保全裁定书、保全案件移送表移交执行庭执行。

7. 送达保全裁定书

执行完毕后，将保全裁定书、权利义务告知书送达当事人，告知保全结果、保全期限、续保提示等。

相关法规法条

1. 《中华人民共和国民事诉讼法》第一百零三条至第一百一十一条。

2. 《最高人民法院关于适用〈中华人民共和国民事诉讼法〉的解释》第一百五十二条至第一百七十二条。

3. 《最高人民法院关于人民法院办理财产保全案件若干问题的规定》。

诉前财产保全流程

步骤 16　管辖权异议

管辖权异议是当事人向受诉法院提出的该院对案件无管辖权的主张。具体办理流程如下。

1. 接收、审查管辖权异议申请

接收管辖权异议申请书及证据材料，审查申请书和证据材料是否符合法律规定的格式要件和法定条件。重点审查被告提出的管辖权异议的时间是否在收到诉状副本的 15 日以内。

2. 送达、移交管辖权异议申请

审查后，将被告提交的管辖权异议申请书及其证据材料送达其他当事人，移交承办人。

3. 校对、印制、送达管辖权异议裁定书

承办人根据裁定结果制作管辖权异议裁定书。书记员应认真校对管辖权异议裁定书，核对无误后送印。印制完毕后，送达原被告。

4. 移送卷宗或继续安排开庭工作

若管辖权异议成立的，书记员应及时制作移送函，写明本院的名称、联系地址、承办人的姓名及电话，告知转移诉讼费的开户行及账号，将复印的案件材料及移送函寄往受移送法院。若管辖权异议不成立，当事人均未提起上诉，则书记员应继续安排开庭工作。

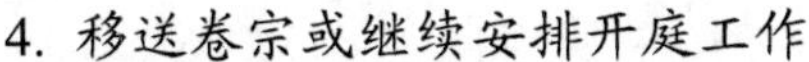

1. 《中华人民共和国民事诉讼法》第十七条至第三十八条、第一百三十条、第一百五十四条、第一百六十四条。

2. 《最高人民法院关于适用〈中华人民共和国民事诉讼法〉的解释》第一条至第四十二条。

步骤 17　庭审前准备工作

1. 通知陪审员参加审判活动

原告或被告申请人民陪审员参加合议庭审判，人民法院经审查符合规定的，应当组成由人民陪审员参加的合议庭。当人民陪审员人选确定后，书记员应当按照《人民陪审员参加合议庭通知书》中陪审员的姓名和联系方式，通知其参加审判活动。开庭 3 日前，书记员应再次通知陪审员开庭的具体时间和地点。

2. 告知当事人审判组织

1）制作并送达审判庭组成人员通知书。合议庭组成人员确定后，应当制作《告知审判庭组成人员通知书》，在 3 日以内送达当事人。告知审判庭组成人员通知书样例如下。

××××人民法院
告知审判庭组成人员通知书

×××民××字第××号

本院受理原告________与被告________一案，决定由________担任审判长，与审判员（或陪审员）________组成合议庭进行审理。

特此通知。

年　月　日

（院印）

2）送达告知审判庭组成人员通知书的同时，应让受送达人在送达回证上签字。

3. 审查确认法律文书送达情况

1）开庭 3 日前，再次确认法律文书送达是否完整。

2）再次确认开庭时间、地点并通知相关人员。

4. 审查案件信息填写情况

登录审判流程管理系统，审查并确认系统中的当事人身份、审判组织等基本信息是否填写齐全，若有缺漏，应补充填写完整。

5. 制作、发布开庭公告

书记员应在开庭3日前发布开庭公告，公告的内容包括：当事人姓名、案由、开庭时间、地点等信息。开庭公告样例如下。

××××人民法院

开庭公告

开庭法庭　第××审判庭

开庭时间　2023-01-12　09:00—11:00

案　　号　〔××××〕×××民初字第××号

案　　由　民间借贷纠纷

当 事 人　原告：×××；被告：×××；×××

承办部门　速裁庭

书 记 员　×××

6. 准备法庭笔录文头

1）查阅卷宗，了解案件事实，掌握案情要点，明确纠纷争议的诉讼标的及当事人争议的焦点。

2）与审判人员沟通交流，提前了解庭审重点和审判意图，确保笔录的内容完整准确、重点突出。

3）预先填写法庭笔录文头。开庭笔录中的开庭时间、开庭地点、合议庭组成人员姓名、记录人姓名、当事人姓名、审判员告知当事人的权利义务等程式化的内容应提前填写完整。具体操作步骤如下。

① 登录审判流程管理系统。

② 搜索类似的法庭笔录。

i. 书记员根据案件类型，可以在审判流程管理系统中搜索类似的法庭笔录作为模板，套入当事人信息。一般是在承办人已办理的案件中搜索，因为每个法官对法庭笔录的格式要求都不一样。

ii. 如果是一般的民事案件，在开庭前法庭笔录的当事人基本信息部分，应根据案卷材料需要提前编辑完整。

iii. 开庭时书记员直接复制当事人基本信息至法庭笔录模板。

被告或者第三人没有提交各种身份材料的，书记员应当提前告知当事人，告知其需要准备好电子版的答辩状，答辩状需要写明当事人身份信息，准备好质证意见，并在开庭当天复制到U盘上，带至法庭。

1. 起诉的条件

1）原告是与本案有直接利害关系的公民、法人和其他组织。

2）有明确的被告。

① 原告提供被告的姓名或者名称、住所等信息具体明确，足以使被告与他人相区别，可以认定为有明确的被告。

② 起诉状列明的被告信息不足以认定明确的被告的，人民法院可以告知原告补正。原告补正后仍不能确定明确的被告的，人民法院裁定不予受理。

3）有具体的诉讼请求、事实和理由。

4）属于人民法院受理民事诉讼的范围且由受诉人民法院管辖。

2. 审查起诉后的处理

1）对于起诉的诉状形式符合法定要求，且不存在《最高人民法院关于人民法院登记立案若干问题的规定》第十条规定情形的，书记员应当接收起诉状并当场登记。

2）不符合法定起诉条件的，不予受理，依法告知当事人通过其他途径解决。

3）起诉材料不完整的，书记员应当一次性书面告知当事人需要补正的相关材料。

4）对于当场不能判定是否符合起诉条件的，应当接收起诉材料，并出具注明收到日期的书面凭证。

5）立案后发现不符合起诉条件的，通常裁定驳回起诉；立案后发现本院没有管辖权的，应当将案件移送有管辖权的人民法院。

3. 简易程序

1）简易诉讼程序。简易诉讼程序是基层人民法院及其派出法庭审理简单民事案件所适用的简便易行的诉讼程序，是第一审程序中与普通程序相并列的独立的诉讼程序。

2）适用条件。

① 事实清楚、权利义务关系明确、争议不大的简单的民事案件。

② 首次开庭前，双方当事人约定适用，并经人民法院同意的案件。

3）审理的特点。

① 起诉方式简便。可以口头起诉，其条件是原告本人不能书写起诉状，委托他人代写起诉状确实困难的。

② 审理程序简便。可以当即审理，也可以另定日期审理。

③ 开庭方式灵活。双方当事人可就开庭方式向人民法院提出申请，由人民法院决定是否准许。经双方当事人同意，可以采用视听传输技术等方式开庭。

④ 传唤方式简便。人民法院可以采用捎口信、电话、短信、传真、电子邮件等简便方式传唤双方当事人、通知证人和送达裁判文书以外的诉讼文书。以简便方式送达的开庭通知，未经当事人确认或者没有其他证据证明当事人已经收到的，人民法院不得缺席判决。

⑤ 审判组织简便。由审判员独任审判，书记员担任记录。

⑥ 举证期限和答辩期间灵活。

i. 可以没有举证期限、答辩期间。双方当事人均表示不需要举证期限、答辩期间的，人民法院可以立即开庭审理或者确定开庭日期。

ii. 适用简易程序案件的举证期限可以由人民法院确定，也可以由当事人协商一致并经人民法院准许，但不得超过 15 日。

iii. 被告要求书面答辩的，人民法院可以在征得其同意的基础上，合理确定答辩期间。

4. 小额诉讼程序

1）小额诉讼程序。

小额诉讼程序，又称为简易程序中的小额诉讼程序。小额案件是当事人争议的标的数额不超过法律规定的一定金钱数额的金钱给付案件。《中华人民共和国民事诉讼法》第一百六十二条将小额案件定义为：标的数额为各省、自治区、直辖市上年度就业人员年平均工资 30%以下的案件。

2）适用条件。

① 事实清楚、权利义务关系明确、争议不大的简单民事案件。

② 应当按照简易程序审理。

③ 标的额为各省、自治区、直辖市上年度就业人员年平均工资 30%以下的案件。

④ 适用的法院为基层人民法院和它的派出法庭，实行一审终审。

⑤ 适用小额诉讼程序审理的一般是金钱给付的案件。

⑥ 人身关系、财产关系确权纠纷、涉外民事纠纷、知识产权纠纷等不适用小额诉讼程序。

3）审理特点。

① 一审终审。人民法院受理小额诉讼案件，应当向当事人告知该类案件的审判组织、一审终审、审理期限、诉讼费用交纳标准等相关事宜。

② 举证期限一般不超过 7 日。小额诉讼案件的举证期限由人民法院确定，也可以由当事人协商一致并经人民法院准许，但一般不超过 7 日。

③ 答辩期间最长不超过 15 日。被告要求书面答辩的，人民法院可以在征得其同意的基础上合理确定答辩期间，但最长不得超过 15 日。

任务实训

请学生按照表 1-1-1 中的内容进行任务实训。

表 1-1-1　民事一审案件庭审前实务工作实训单

项目内容	要素描述及内容和要求
实训素材	9 岁的亮亮（化名）家住 A 市 B 区，2020 年 10 月 30 日下午，亮亮在其爷爷赵某的带领下到该区某商城购买学习用品。赵某说，该商城是一个开放性的集贸市场，有多个大门。 当日 17 时许，亮亮跟爷爷说要上厕所。在亮亮上厕所期间，赵某就骑着电动车从另外一个门转了一圈，然后又到亮亮上厕所的地方等候。但是，从厕所出来的亮亮没等到爷爷，就一个人来到该商城的西门等候。 就在这时，一条黄色土犬扑到亮亮身上将其咬伤，之后该犬跑出西门外。赵某赶到后立即报警。随后，送亮亮到附近的社区卫生服务中心治疗，共计花费医疗费 3 038 元。 在民警走访中了解到，2020 年 10 月 29 日早上，该犬在该商城门口还曾将另一家商户的未成年孩子的胳膊和脸咬伤。通过大家查看监控，两名被害人家属和其他工作人员一致指认，认为咬伤人的犬只系该商城商户王某、孙某夫妻俩所饲养。 于是，亮亮及其监护人向法院起诉，请求判令犬只饲养人王某、孙某与该商城经营者连带赔偿医疗费 3 058 元、补课费 1 500 元、营养费 600 元、交通费 200 元、精神损害抚慰金 2 000 元，共计 7 358 元。 问题：亮亮及其监护人是否符合起诉条件？
实训目的	熟练掌握民事案件立案和受理工作中书记员的任务内容和工作流程
实训内容	案件材料接收、网上立案、分案、受理、送达、庭前笔录准备工作
实训要求	根据案情，一人一角色，完成起诉、立案审查、网上立案、分案、受理诉讼案、材料整理等工作任务
实训结果	实训报告/实训心得体会
实训评价	一般/良好/优秀

任务拓展

1. 登录中国裁判文书网，搜索并阅读 5 件不予受理、驳回起诉的裁定文书。
2. 登录河南省高级人民法院，查询并阅读诉讼指南下立案流程信息。

任务评价

请学生自己和教师根据民事案件庭审前书记员实务训练任务完成情况，参照评价项目和评价要点进行自评与师评，如表 1-1-2 所示。

表 1-1-2　民事案件庭审前书记员实务训练任务评价表

评价项目	评价要点	权重	自评	师评
登记立案办理流程	能否熟练掌握立案咨询的工作要领	5 分		
	是否熟练掌握立案的条件	10 分		
	是否熟练掌握立案期限及处理	5 分		
	能否完成登记立案的工作步骤	10 分		
审查起诉和受理案件	能否按照审查起诉的程序，完成对起诉状的审查和受理工作	10 分		
	能否正确填写立案审查信息表	10 分		
处理诉前财产保全工作	能否正确掌握诉前财产保全工作步骤	10 分		
法律文书的制作与送达	能否根据诉讼标的，准确计算诉讼费用；能否正确制作交纳诉讼费用通知书	10 分		
	能否正确制作受理案件通知书，内容是否正确，格式是否规范	10 分		
	能否正确掌握向被告送达的法律文书类型及送达时间要求	10 分		
	能否正确掌握电子平台短信送达、邮寄送达操作流程	5 分		
办理案件排期工作	能否熟练操作案件排期和法庭预定的工作步骤	5 分		
总分		100 分		

任务 2　民事案件庭审中书记员实务训练

任务情境

老王系郑州市 F 区某建筑工地工人，于 2021 年 6 月 15 日中午在郑州市 F 区大鲤鱼餐馆吃饭。因餐馆地面湿滑，餐馆劳务派遣工作人员李某（系郑州市某某劳务派遣公司人员，公司注册地在郑州市 G 区），不慎将一锅热汤洒到老王身上，造成老王皮肤大面积灼伤。老王受伤后在郑州市某医院治疗，因治疗费用巨大，且大鲤鱼餐馆拒不支付相关医疗费用，老王将大鲤鱼餐馆、郑州市某某劳务派遣公司诉至郑州市 F 区法院，请求法院判令二被告连带承担侵权赔偿责任。

思考

1. 庭审正式开始之前，书记员应当做哪些准备工作？

2. 如何制作质量优良的法庭笔录？

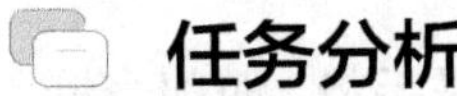

任务分析

开庭审理是审判程序中最基础、最重要的阶段。书记员在此阶段有两项主要职责：一是做好各项庭审前准备工作，二是客观、正确、全面地做好法庭笔录。

开庭审理工作流程如图 1-2-1 所示。

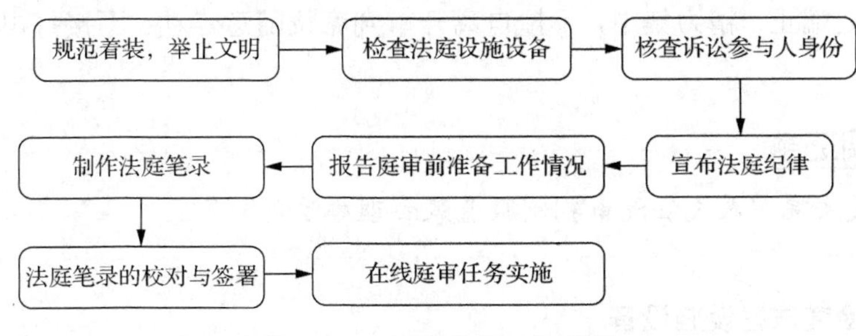

图 1-2-1　开庭审理工作流程

任务实施

步骤 1　规范着装，举止文明

1. 着审判制服，佩戴徽章

书记员应遵守司法礼仪，按规定穿着审判制服，佩戴人民法院专用徽章，并保持整洁。书记员着装及举止具体要求如表 1-2-1 所示。

表 1-2-1　书记员着装及举止具体要求

注意事项	具体要求	
	应当	不得
制服	① 按照规范配套穿着； ② 季节款式要同审判人员保持一致	① 与非审判服装混穿； ② 披衣、敞怀、挽袖、卷裤腿、外露衬衣下摆
鞋子		穿拖鞋、拖鞋式凉鞋、运动鞋、旅游鞋等与制服不相称的鞋子
饰物		佩戴项链、耳环、戒指、手镯（链）、领饰、信物等饰物
化妆		① 染彩发、化浓妆、文身、染彩甲（女）； ② 留长发、蓄胡须、剃光头（男）
举止		① 擅自离开书记员席位随意走动； ② 有与他人勾肩搭背、挽手、嬉闹等不雅行为； ③ 接打电话、发短信、玩游戏； ④ 翻阅与庭审无关的卷宗、书籍、报刊、文件及其他文字或图像资料； ⑤ 有打瞌睡、吸烟等不雅行为； ⑥ 对当事人及其他诉讼参与人有不屑或厌烦的表情

2. 举止文明，仪表得体

书记员应当保持与其身份、职责和形象相符的仪表和举止，无论是手势、面部表情，还是站姿、坐姿、走姿等都要大方得体，仪表端庄。

3. 精神饱满，精力集中

书记员应当严格遵守开庭时间，准时出庭，不缺席，不迟到，不早退，不随意出入。在开庭时，坐姿端正，精力集中，不擅自离开审判席位随意走动；不接打电话、发短信、玩游戏等。

相关法规法条

最高人民法院《人民法院审判制服着装管理办法》。

步骤2　检查法庭设施设备

书记员应提前到达法庭，检查并调试好庭审直播光盘刻录系统。检查审判区席位及诉讼参与人席位的标志牌摆放是否正确妥当，检查法槌是否配置到位。打开庭审刻录系统，准备好笔录首部。需要用计算机记录的，应把计算机和速录机提前打开并检查是否能正常使用。如有当事人提供视听资料、电子数据等证据，应当检查计算机和多媒体设备是否可以正常使用。

步骤3　核查诉讼参与人身份

书记员应提前查明当事人和诉讼参与人的到庭情况，并检查其诉讼手续是否齐全、合法。

1. 核查诉讼参与人的到庭情况

书记员应及时查明诉讼参与人未到庭的情况和原因，并将情况及时报告审判长，由合议庭确定是否需要延期开庭、缺席审理或按撤诉处理。合议庭决定延期审理的，应及时安排已经到庭的诉讼参与人先行离开，告知等候开庭通知；合议庭决定缺席判决的，书记员应通知到庭的诉讼参与人入庭，等待开庭；合议庭决定按撤诉处理的，应及时制作撤诉裁定，先行送达到庭的诉讼参与人。

2. 核查诉讼参与人身份

1）核查当事人的身份，如果身份存在疑问的，应当立即报告审判长。

2）核查诉讼代理人的身份，如果身份存在疑问的，应当立即报告审判长。

3）核查证人的身份。证人出庭作证的，应当核查证人身份并留存证人身份证复印件入卷备查。证人应当签署《证人作证承诺书》，证人拒绝签署承诺书的，应当立即报告审判长。告知证人不能参加庭审旁听，安排其在法庭外等候传唤。

4）核查鉴定人、勘验人、具有专门知识的人的身份。鉴定人、勘验人、具有专门知识的人出庭的，应核查其身份并留存身份证复印件入卷备查，而后请其退席，等候传唤。

5）核查旁听人员身份。书记员应当询问旁听人员的身份情况，并核查其是否已经换取旁听证，同时告知其旁听席位和注意事项。

特别提示

如发现有未成年人（经批准的除外）、精神病人和醉酒的人及其他不宜旁听的人旁听开庭的，应当请其退出法庭。如发现有记者到庭采访，应当确认其是否办理审批手续。如未经批准，不得录音、录像或者摄影；但应当允许记者作为旁听人员参加旁听和记录。

6）核实诉讼材料收悉情况。向各诉讼参与人核实《当事人诉讼权利义务告知书》《诉讼风险提示书》《举证通知书》《告知审判庭组成人员通知书》，以及开庭《传票》《通知书》及诉状等诉讼材料的收悉情况。

7）整理卷宗。在开庭前，书记员要按照归档要求，将卷宗材料按顺序整理，以方便在庭审时法官能够快速翻阅到相关材料，进一步提高庭审效率。

核查当事人、诉讼代理人及其他诉讼参与人身份的依据及内容

步骤4　宣布法庭纪律

要求当事人和旁听人员保持安静，宣布法庭纪律时，其内容为《中华人民共和国人民法院法庭规则》的相关规定。

特别提示

①宣布法庭纪律时，应当使用普通话，语速不宜过急，应当沉稳、匀速、响亮，吐字清晰。建议熟记脱稿。②宣布全体起立，请审判长、其他审判人员入庭。③审判人员入庭后，由审判长宣布“请坐下”，让站立人员入座。

相关法规法条

1.《中华人民共和国民事诉讼法》第一百三十七条。

2.《最高人民法院关于适用〈中华人民共和国民事诉讼法〉的解释》第八十三条至第八十八条。

3.《中华人民共和国人民法院法庭规则》。

步骤5　报告庭审前准备工作情况

准备工作就绪后，书记员向审判长报告庭审前准备工作情况。

出庭的诉讼参加人有：×××

出庭的其他诉讼参与人有：×××

经批准到庭旁听采访的新闻单位及记者有：×××

最后，报告："法庭准备工作就绪，请审判长主持开庭。"

步骤 6　制作法庭笔录

在法庭审理中，书记员所承担的最重要、最核心的工作就是制作法庭笔录。法官与法官助理、书记员等各司其职、相互配合、相互制约。书记员必须努力做到全面、真实、准确、清楚记录庭审的全过程，案件的事实和证据经书记员记录固定下来后，制作庭审笔录，法官在此基础上审查认定事实，因而庭审笔录对法官而言是一种监督。法庭笔录的水平和质量直接影响案件的公正处理。因此，书记员必须掌握法庭笔录的基本格式、记录方法，能够熟练制作法庭笔录。

1. 法庭笔录的基本格式

法庭笔录一般由标题、首部、正文、尾部四部分构成。主要内容包括：开庭时间；开庭地点；案号；案由；是否公开审理；合议庭组成人员、书记员；审判长（员）宣布开庭审理该案；正文；尾部。

在法庭笔录中应有体现法庭调查、法庭调查结束、法庭辩论、法庭辩论终结、法庭最后陈述、组织双方当事人调解的字样，以体现程序的完整性，减少因程序违法而被二审改判的可能性。

2. 庭前做好预习

1）预先审阅案卷，熟悉案情。书记员应熟悉主要案情，有重点地摘记案情要点。了解当事人、关系人的情况与特点，开庭前主动接触一下诉讼参与人，初步了解他们的语速、特点。根据不同的案件类型，认真查明、了解与案件有关的科技名词、术语、数字、时间、人名、地名、方言土语和案件中不常用的事物名称等，必要时可以写在纸上，供记录时参考。

2）预先与审判人员沟通，掌握庭审提纲。开庭前，书记员要多与审判人员交流沟通，阅读主审人制作的庭审提纲，及时掌握合议庭的基本审理思路与庭审重点，研究审判中如何相互配合等问题。书记员要在与审判人员配合一段时间后，熟知每个审判人员的审问方式与特点。

3）预先填好法庭笔录的部分内容，减少当庭工作量。书记员可以将一些案件信息提前录入法庭笔录，如宣布案由、当事人身份信息、释明诉讼权利、诉状内容、证据清单、当事人当天提交的书面答辩状和新的证据等，在庭审中根据实际情况灵活变通，以提高记录速度。

3. 法庭笔录的记录方法

开庭记录时，要保持注意力高度集中，头脑清醒，做到听、想、记紧密结合。要始

终牢记庭审记录的首要原则是“忠实”，即忠实于诉讼参与人的原话、原意、原景。在庭审过程中，如有诉讼参与人或旁听人员违反法庭秩序和纪律，被审判人员制止、警告或者采取措施的情况，也应记入笔录备查。对于庭审中发生的其他意外情况，也必须如实记载。

在坚持“忠实”原则的前提下，可以灵活运用以下方法。

1）重点法。对发言的中心内容和为案情类型所决定的重点内容，应予优先、准确、详细地记录。庭审中，要优先记录当事人所说的话，审判人员所说的程序性的话可以暂时先放一放。要高度关注审判长归纳的案件没有争议的事实、案件争议的焦点、法庭调查和法庭辩论的重点。

2）归纳提炼法。在发言人的陈述缺乏条理性、意思表达混乱或者内容分散、重复时，书记员应总结、整理、归纳出发言人的主要观点和中心意思予以记录。

3）分句法。在记录时，可以采用二句法，即脑中记忆耳上听来的一句话，同时整理手下录入的一句话。技术熟练的，可以采用三句法，手下输入一句话，脑中记忆一句话，耳上听来一句话。

4）标记法。在记录过程中，如遇到记录来不及或者录入有误的情况，为了避免影响新内容的录入，当时不做即时修改，而是运用简单符号标记错漏或空行，待记录完毕后再作补齐的方法。

相关法规法条

《中华人民共和国民事诉讼法》第一百五十条。

步骤7 法庭笔录的校对与签署

法庭笔录校对与签署是庭审活动的延续。审判人员、书记员、法警、当事人等应当同时在场。

1. 宣读法庭笔录

庭审结束后，书记员宣读法庭笔录，由审判人员、当事人分别发表笔录是否准确的意见，并由书记员记录入卷。

当事人如提出法庭笔录中自己的陈述记载确有遗漏或差错的，由当事人提出申请补正。由书记员将当事人申请补正的笔录内容记录在卷，不得在原始法庭笔录上进行改动，以保持原始法庭笔录的真实性、严肃性。如审判人员查实书记员记录确实有误的，应对当事人申请补正的内容予以认定。

在庭审结束后5日内，当事人到庭要求阅读法庭笔录的，应当经过审判人员同意，由审判人员指定书记员负责当事人对法庭笔录的阅读。当事人对法庭笔录的准确性提出异议的，书记员应及时向审判人员汇报。审判人员了解情况后，如当事人坚持异议的，由当事人书面申请，装入卷宗，不得在法庭笔录上进行涂改。

2. 组织签署

校对无误的，当事人及其诉讼代理人、审判人员、书记员应当在法庭笔录上签字、盖章。审判人员、书记员的签字可以在法庭笔录的左下方，当事人及其诉讼代理人的签字、盖章可以在法庭笔录的右下方。当事人可以在每一份笔录纸上签字、盖章，也可以在最后一张笔录纸上签字、盖章后，再在全部法庭笔录纸上盖骑缝章或捺骑缝指印。当事人除签名外，还要在法庭笔录中的本人姓名、金额、时间等关键信息处捺指印。

法庭笔录（一审普通程序开庭审理用）

步骤 8　在线庭审任务实施

2020 年，最高人民法院要求各级人民法院积极依托中国移动微法院、诉讼服务网、12368 诉讼服务热线等在线诉讼平台，全面开展网上立案、调解、证据交换、庭审、宣判、送达等在线诉讼活动，有效满足无法进行线下庭审时人民群众司法需求，确保人民法院审判工作平稳有序地运行。各地法院纷纷通过网络“云法庭”的形式，开展司法办案。

在线庭审任务实施具体流程如图 1-2-2 所示。

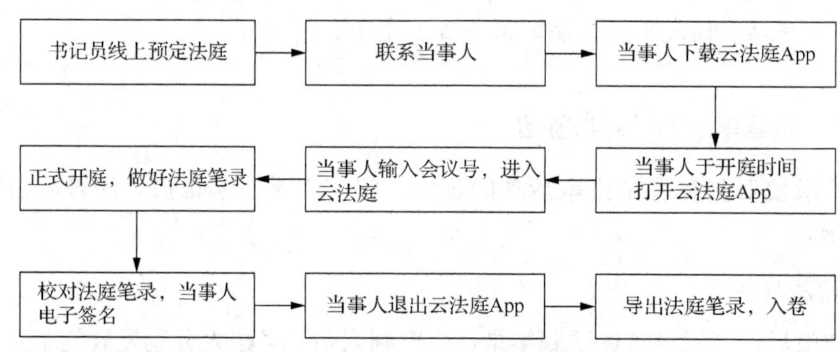

图 1-2-2　在线庭审任务实施具体流程

下面以××市××区人民法院云法庭为例，介绍在线庭审任务实施步骤。

1）线上预定开庭所用法庭。

2）联系当事人。向当事人发送短信，通知当事人在其本人手机上下载云法庭客户端或 App，并告知开庭会议号码。

3）当事人接收短信通知，按照短信链接下载客户端或者 App 并登录。

4）当事人选择对应案件。务必提醒当事人，在 PC 端登录客户端时需要检测计算机设备是否满足庭审要求。

5）当事人上传证据材料。

6）当事人进入云法庭 App，庭审正式开庭，书记员做好法庭笔录。

7）当事人核对法庭笔录，并电子签名。

8）当事人退出云法庭 App。

9）书记员导出法庭笔录，入卷。

相关法规法条

最高人民法院《人民法院在线诉讼规则》。

1. 开庭审理的主要流程

开庭审理是人民法院于确定的日期，在当事人及其他诉讼参与人的参加下，依照法定程序和形式，在法庭上对案件进行实体审理的诉讼活动。开庭审理是普通程序中最基本和最主要的阶段，是当事人行使诉讼权进行诉讼活动和人民法院行使审判权进行审判活动最集中、最生动的体现，它能够确保人民法院审判权的正确行使，有利于对审判活动的有效监督，有利于保护当事人的诉讼权利和实体权利，有利于充分发挥开庭审理的教育作用，扩大法制宣传效果。

开庭审理的主要流程为：①书记员核查当事人及其他诉讼参与人是否到庭；②书记员宣布法庭纪律；③审判长宣布开庭（审判长核对当事人身份、宣布案由、告知回避权利）；④法庭调查；⑤法庭辩论；⑥制作法庭笔录；⑦合议庭评议案件；⑧宣判（定期或当庭）。

2. 线上开庭注意事项

线上开庭应当注意以下几点。

1）开庭前，应当向当事人及其他诉讼参与人告知在线庭审的注意事项、庭审纪律，以及无正当理由拒不参加在线庭审的法律后果。

提醒当事人及其他诉讼参与人应当在庭审前3日内登录本院诉讼平台进行庭前测试，确保庭审时网络稳定、畅通，视频画面清晰，音频传输顺畅。

提醒当事人及其他诉讼参与人应当妥善保管诉讼平台专用账号和密码，不得授意他人使用其专用账号和密码冒充本人参加庭审。当事人及其他诉讼参与人使用专用账号登录本院诉讼平台所作出的行为，视为被认证人本人行为。但是，因诉讼平台技术原因导致系统错误或者被认证人能够证明专用账号被盗用的除外。

2）在线庭审开始前，应当完成必要的技术性准备和事务性准备。

技术性准备包括应在开庭前检查并确认音响、摄像头、网络环境、远程庭审系统等网络条件符合在线庭审的需要，必要时予以技术支持，当事人应予以配合。

事务性准备包括应在开庭前联系各方当事人进行庭前测试，检测确认当事人使用设备、所在场所、网络环境等，查明当事人及其他诉讼参与人是否进入在线庭审系统，着装是否规范、文明。告知法庭纪律，完成审判人员授权的其他事务性工作，确保庭审顺利进行。

禁止在驾驶交通工具时参与庭审，禁止在醉酒等精神状态异常情况下参加庭审。

3）开庭前，应通过证件证照比对、生物特征识别等在线方式核验当事人及其他诉讼参与人身份信息的真实性。法定代表人使用法人认证账号登录庭审系统开庭的，应出示居民身份证，法院应当庭进行远程查验。

4）审判人员、法官助理、书记员、当事人及其他诉讼参与人通过本院诉讼平台电子签名系统签署法庭笔录。

5）在线庭审应全程录音录像，对法庭笔录有异议的，应以庭审录音录像记载为准。适用小额诉讼程序、简易程序案件，庭审录音录像可以替代法庭笔录。适用普通程序案件，经法院释明，当事人同意的，庭审录音录像可以替代法庭笔录。

任务实训

请学生按照表 1-2-2 中的内容进行任务实训。

表 1-2-2　民事一审案件庭审中实务工作实训单

项目内容	要素描述及内容和要求
实训素材	2021 年 7 月 19 日，因 Z 市突降暴雨，路面湿滑，家住 Z 市 A 区的张某在车辆行驶过程中，在 Z 市 A 区发生交通事故，车辆受损，该车在注册地 Z 市 B 区的某保险公司购买相关保险。张某因赔偿问题未与保险公司达成协议，于 2021 年 8 月 10 日将该公司诉至 Z 市 A 区人民法院。 问题：1. 如何核对当事人信息和代理人有关情况？ 2. 如何做好庭审记录？
实训目的	熟练掌握民事案件开庭准备及法庭记录工作
实训内容	庭前准备工作、制作法庭笔录
实训要求	根据案情，一人一角色，完成庭审前的准备工作，做好法庭笔录
实训结果	实训报告/实训心得体会
实训评价	一般/良好/优秀

任务拓展

1. 登录中国裁判文书网，搜索并阅读 5 篇裁判文书。
2. 看打 1 篇判决书。
3. 登录中国庭审公开网，观看 3 场庭审直播，直观感受庭审程序。
4. 听打一场庭审直播的笔录。

任务评价

请学生自己和教师根据民事案件庭审中书记员实务训练任务完成情况，参照评价项目和评价要点进行自评与师评，如表 1-2-3 所示。

表 1-2-3　民事案件庭审中书记员实务训练任务评价表

评价项目	评价要点	权重	自评	师评
着装、举止	着装是否规范	5 分		
	举止是否文明	5 分		
庭前准备工作	法庭设施设备运转是否正常	10 分		
	诉讼参与人核查工作是否准确无误	10 分		
	宣布法庭纪律是否严肃、流利	10 分		
法庭笔录制作	是否掌握法庭笔录的基本格式	20 分		
	是否能够全面、客观、准确地记录整个庭审过程	40 分		
总分		100 分		

任务 3　民事案件庭审后书记员实务训练

任务情境

关于原告张二娃诉被告王翠花借款合同纠纷一案，庭审结束后，合议庭进行评议，作出判决，并于 2021 年 8 月 1 日向原被告双方当事人送达了判决书，上诉期限届满后，原被告均未提起上诉。

思考

1. 如何制作合议庭评议笔录？
2. 如何辅助宣判及送达裁判文书？
3. 如何移交上诉卷宗？
4. 如何立卷、归档？

任务分析

民事案件庭审结束后，书记员应当制作合议庭评议笔录，并承担校对裁判文书、辅助宣判、送达裁判文书、立卷和归档工作。如有一方或者双方当事人上诉的，书记员还要承担上诉卷宗移送的部分工作。民事案件庭审后工作流程如图 1-3-1 所示。

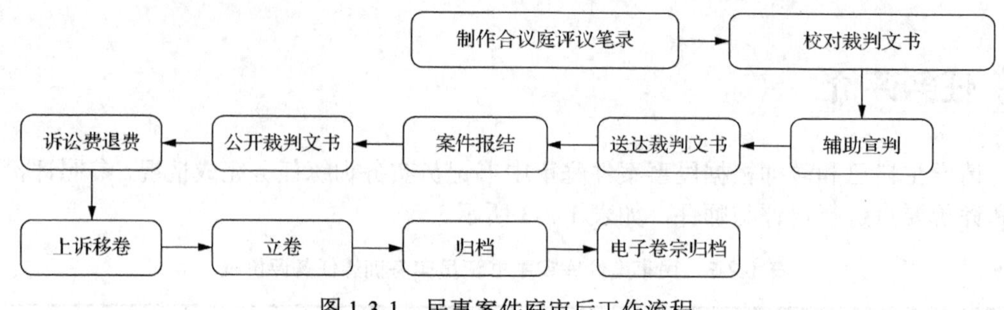

图 1-3-1　民事案件庭审后工作流程

任务实施

步骤 1　制作合议庭评议笔录

庭审结束后，合议庭成员在法庭审理的基础上，对案件的事实、证据、定性及责任认定、适用法律及处理结果等进行评议。书记员负责制作合议庭评议笔录。合议庭评议笔录的制作要求、方法与法庭笔录大同小异，可参考前文“制作法庭笔录”内容。

合议庭评议笔录（模板）

相关法规法条

《中华人民共和国民事诉讼法》第四十五条。

步骤 2　校对裁判文书

裁判文书是法官和当事人之间沟通的桥梁，是司法权威的载体。合议庭评议后，承办人根据合议庭评议结论，撰写判决书，并由书记员进行校对，而后分别将校对稿交由核稿人核稿、签发人签发。书记员应树立严谨细致的工作作风，提高裁判文书校对水平，努力让人民群众在每一个司法案件中感受到公平正义。

特别提示

书记员在校对时，要结合卷宗材料，重点围绕诉讼参与人的基本信息、原告的诉讼请求、被告的答辩意见、举证质证意见、法条引用是否准确、裁判主文是否明确等，逐字逐句，认真检查核对。经签发人签发后，根据当事人人数和归档份数要求印刷判决书。印刷完毕，经审查无误后加盖本法院公章。书记员在宣判、送达判决书之前应再次认真核对，如发现差错，应立即报告承办人，不得擅自修改。

裁判文书校对方法

步骤3　辅助宣判

人民法院对公开审理或者不公开审理的案件，一律公开宣告判决。宣判有当庭宣判和定期宣判两种方式。宣判时，书记员应当客观、全面地制作宣判笔录（制作要求见本任务“知识平台”模块）。

宣判笔录（模板）

定期宣判的，合议庭确定宣判时间后，书记员应当拟写宣判公告并发布，其内容包括案由、当事人姓名或者名称、宣判的时间及地点。同时，应当提前3日填写开庭传票、出庭通知书，联系当事人及其他诉讼参与人，告知其宣判的时间、地点，同时在审判流程管理系统中预定法庭。如发生当事人未到庭参加宣判的情形，书记员应当在宣判笔录中记明。

委托其他人民法院代为宣判的，应准备填写委托宣判笔录、送达回证和委托宣判函（存根入卷），邮寄受委托法院宣判，并负责及时督促收回宣判笔录和送达回证。

相关法规法条

1.《中华人民共和国民事诉讼法》第一百五十一条。

2.《最高人民法院关于适用〈中华人民共和国民事诉讼法〉的解释》第二百五十三条。

步骤4　送达裁判文书

当庭宣判的，书记员应当在10日内向当事人或其诉讼代理人、指定的代收人送达判决书；定期宣判的，书记员应当在宣判后立即送达判决书。送达时应当填写送达回证，送达回证附卷。

公告、邮寄送达的，应填写相应的手续或记录。

除公告送达和留置送达外，应认真检查受送达人是否签名或盖章，送达手续不完备的要及时采取补正措施。

调解书应直接送达双方当事人，当事人反悔的，应制作笔录附卷并报告案件承办人。

相关法规法条

《中华人民共和国民事诉讼法》第八十七条至第九十五条。

步骤5　案件报结

案件审理终结，书记员应当协助案件承办人办理报结手续，以承办人的账号登录审判流程管理系统，逐项填写完整并检查。

步骤6 公开裁判文书

对裁判文书进行技术处理的要求

裁判文书上网，是实现司法权力在阳光下运行，促进司法公平正义，提升司法公信力的重要途径，是深化司法体制综合配套改革，全面准确落实司法责任制，加快建设公正高效权威的社会主义司法制度的重要内容。除法律规定的特定情形外，应当依法、全面、及时、规范地在中国裁判文书网公布裁判文书。

1. 裁判文书公开的范围

下列裁判文书应当在互联网上公布：①民事判决书；②民事、执行裁定书；③支付令；④民事、执行驳回申诉通知书；⑤对妨害诉讼行为、执行行为作出的拘留、罚款决定书，提前解除拘留决定书，因对不服拘留、罚款等制裁决定申请复议而作出的复议决定书；⑥民事公益诉讼调解书；⑦其他有中止、终结诉讼程序作用或者对当事人实体权益有影响、对当事人程序权益有重大影响的裁判文书。

民事裁判文书有下列情形之一的，不得在互联网上公布：①涉及国家秘密的；②以调解方式结案或者确认人民调解协议效力的，但为保护国家利益、社会公共利益、他人合法权益确有必要公开的除外；③离婚诉讼或者涉及未成年子女抚养、监护的；④人民法院认为不宜在互联网公布的其他情形。

对不在互联网公布的裁判文书，应当公布案号、审理法院、裁判日期及不公开理由，但公布上述信息可能泄露国家秘密的除外。

2. 裁判文书公开的办理流程

1）告知当事人。在受理案件通知书、应诉通知书中告知当事人在互联网公布裁判文书的范围。

2）对公开裁判文书进行技术处理。书记员应当在承办人的指导下，在裁判文书生效之日起7个工作日内，依规进行技术处理。拟公开裁判文书应以案件名称命名，表述为“当事人＋案由＋审级＋文书种类”。文书标题表述为“法院名称＋文书种类”。字体、行距等格式也要进行技术处理。技术处理完毕，经校对确认无误后，报送审判管理部门审查。

书记员认为裁判文书依照规定不宜在互联网公布的，应当及时向承办人汇报。承办人提出书面意见及理由，由部门负责人审查后报主管副院长审定。

3）审判管理部门审核同意后，将裁判文书在中国裁判文书网公布。

4）文书的撤回与补正。发现已公布裁判文书与裁判文书原本不一致或者技术处理不当的，应当及时撤回并在纠正后重新公布。已经在互联网公布的裁判文书，除因网络传输故障导致与送达当事人的裁判文书不一致的以外，一般不得修改或者更换。

发现已公布裁判文书存在笔误需要补正的，应当制作补正笔误裁定书，并及时在互联网上公布。

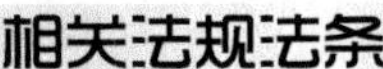

最高人民法院《关于人民法院在互联网公布裁判文书的规定》。

步骤7　诉讼费退费

当事人预交的诉讼费超过实际应当交纳诉讼费的，在案件审理终结后，书记员应通知当事人申请诉讼费退费。

1. 核验申请材料

1）申请人身份证或户口本，验原件留存复印件。

2）已生效的法律文书，验原件留存复印件。

3）《非税收入电子票据》［含《非税收入（电子）票据-POS》，以下简称POS机票据］“缴款人联”原件（原件遗失的，当事人应当提供书面的遗失声明）。

2. 填写《退诉讼费呈批表》

完成填写《退诉讼费呈批表》，层报主管院长、财务主管院长审批。

3. 填写《诉讼费退费通知书》

财务主管院长签发后，填写《诉讼费退费通知书》，报请承办人审核。

4. 通知当事人办理退费

告知当事人携带相关证件到财务部门办理退费。当事人委托代理人申请诉讼费退费的，还应当提供书面授权书及代理人的身份证复印件，并在授权书中明确委托事项和委托人联系方式。

当事人放弃诉讼费用的，应要求其提交书面的放弃诉讼费用的声明；对于未表示放弃诉讼费用又逾期不办理的，书记员要做好记录，法官和书记员签字后附卷。

当事人死亡或者终止，由权利义务承受者申请诉讼费退费和代收退费的，还应当提供死亡证明或者终止证明、居民户口簿（身份证）或者新旧组织机构代码证，验原件留存复印件。继承关系存在异议的，应当提供有关公证文书。

5. 入卷

当事人办完退费手续后，书记员应将《退诉讼费呈批表》《人民法院诉讼费用结算通知书》等材料装订卷宗时钉入案卷内。

相关法规法条

《诉讼费用交纳办法》。

步骤 8　上诉移卷

对于当事人提起上诉的案件，书记员应当审查上诉状是否符合要求。在确认上诉人上诉符合法律规定后，向上诉人送达《上诉案件受理费交费通知书》，并向其他各方当事人送达上诉状副本。被上诉人提出答辩状的，应当在 5 日内将答辩状副本送达上诉人。如被上诉人表示直接向二审法院递交答辩状的，应当制作工作说明备查。

送达工作完成后，应当着手整理卷宗、装订成册，同时在审判流程管理系统全面、准确地录入上诉所需的相关信息，并经审判庭专人核查后，移送案件管理部门。

移交案件材料前，应做好记录，注明移交的时间、卷宗数、收卷单位及经办人。如果是直接移交的，应让收卷单位签收。

移送案件材料必须齐全。移送时，应附一审案卷所有卷宗。发回重审上诉案件应将重审及初审全部卷宗移送。再审上诉案件应将再审及初审全部卷宗移送。

一审卷宗必须按规定装订整齐，并加密封条，案卷封面上填写的案由应与判决案由相符合。

上诉卷宗材料清单如表 1-3-1 所示。

表 1-3-1　上诉卷宗材料清单

序号	材料
1	上诉移送函（加盖一审法院院章）
2	上诉确认及预交上诉费通知单
3	上诉状原件、答辩状原件
4	上诉费收据或上诉费缓、减、免交审批手续
5	上诉状送达回证、答辩状送达回证
6	公告的送达回证
7	各方当事人的身份证明等
8	判决书或裁定书三份原件
9	当事人送达地址确认书

相关法规法条

《中华人民共和国民事诉讼法》第一百七十一条至第一百七十四条。

步骤 9　立卷

案件结案后，书记员应当对案件材料整理立卷。正式立卷工作一般按照以下步骤进行。

1. 材料的收集

审判业务部门书记员在收案以后，应开始收集有关本案的各种诉讼文书材料，着手立卷工作。在案件办结以后，要认真检查全案的文书材料是否收集齐全，若发现法律手续不完备的，应及时补齐或补救，去掉与本案无关的材料，再行排列整理，确保诉讼文书材料的齐全完整。

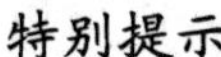
特别提示

表 1-3-2 为材料整理的特殊要求。

表 1-3-2　材料整理的特殊要求

序号	材料类型	特殊要求
1	文书材料	一般只保留 1 份。判决书、裁定书、调解书正本应当保留 3 份，装入卷底证物袋内备用
2	录音带、录像带、光盘等载体	应当在相应的装具上标明案号、当事人姓名或者名称、承办人和书记员姓名、归档日期等信息
3	制成材料或者字迹材料不利于档案保管的文件	应当对文件进行复制
4	重要的外文及少数民族文字材料	应当附上汉语译文
5	需要附卷保存的信封	打开展平加贴衬纸，邮票不得取掉
6	票据加贴衬纸	要平铺粘贴，一页纸上粘贴多张票据时，应当防止重叠遮盖，并在空白处注明此页粘贴票据张数
7	文书材料上的金属物	必须剔除

2. 材料的排列

诉讼文书材料的排列顺序，总的要求是：按照诉讼程序的客观进程形成文书的时间自然顺序，兼顾文书之间的有机联系进行排列。涉及面广、具有群众性的重大民事案件，其中有共同性问题，也有只属于个人责任的问题，应当在反映全案基本面貌的基础上，将属于共同性问题的材料立成综合卷，将属于个人责任问题的材料分别单独建立分卷。

生效案件和未生效案件须分开归档。生效案件在审判流程管理系统要填写归档信息，未生效案件在归档时不必填写归档信息，待案件生效后再填写归档信息，并填写未生效转生效归档表，上报档案室。

诉讼档案本身具有一定的机密性。为了便于控制适用范围，做到内外有别，除依照简易程序审理的简单民事案件外，一般均应立正卷与副卷。正卷与副卷的卷内材料及使用范围如表 1-3-3 所示。

表 1-3-3　正卷与副卷的卷内材料及使用范围

项目	卷内材料	使用范围
副卷	① 属于人民法院内部掌握，不宜公开的诉讼文书材料； ② 涉及国家秘密的诉讼文书材料	仅限法院内部使用
正卷	其他诉讼文书	对外使用

3. 立卷编目

一个案件的诉讼文书材料经过系统排列后，要逐张编号。卷宗封面、卷内目录、卷底、备考表不编页码。页码编在右上角，一律使用阿拉伯数字，字体要整齐、清楚。

要认真登记好卷内目录。一份诉讼文书材料编一个顺序号，判决书、裁定书的原本和正本编一个顺序号。卷内目录应按卷内诉讼文书材料排列顺序逐件填写，除最后一件需填写起止页号外，其余只填写起始页号。

案卷封面应当标明全宗名称。封面应当逐项填写齐全，字迹清晰、工整、规范。备考表包括卷内诉讼文件情况说明、立卷人、检查人和立卷日期。卷内诉讼文件情况说明记录卷内文件缺损、修改、补充、移出等情况及其他需要说明的事项。立卷人由负责整理归档文件的人员签名或者盖章。检查人由负责检查归档案卷质量的人员签名或者盖章。立卷日期填写归档案卷整理完毕的日期。

4. 卷宗装订

卷宗装订前要再次检查诉讼文书材料。对破损或褪色的材料，应当进行修补和复制。装订部位过窄或有字迹的材料，要用纸加衬边。纸面过小的书写材料，要加贴衬纸。纸张大于卷面的材料，要按卷宗大小折叠整齐。字迹难以辨认的材料，应当附上抄件。

卷宗的装订必须牢固、整齐、美观。卷内材料右齐、下齐，三孔一线进行装订，长度以180mm左右为宜。卷宗的厚度不能超过15mm，同时不能超过200页；材料过多的，应当按顺序分册装订，且均从“1”开始编写页号。

卷宗装订后，应检查文件材料有无漏订现象，然后在卷底装订线上贴上封纸，并用书记员名章加盖骑缝章。

（1）正卷的装订顺序

正卷的装订顺序如表1-3-4所示。

表1-3-4　诉讼档案卷内目录（民事一审用）

顺序号	材料名称	页号
	案件流程管理信息表、案件登记表	
	诉讼材料收取清单	
	案件移送函等表明案件来源的材料	
	起诉状及相关材料	
	反诉状及相关材料	
	答辩状及相关材料	
	交纳诉讼费用相关材料	
	案件受理通知书、应诉通知书及相关材料	
	诉讼参与人主体资格材料	
	诉讼参与人提交的申请书及相关材料	
	诉讼参与人举证材料	
	法院调查取证材料	
	纠纷多元化解相关材料	
	开庭通知书、公告、传票等相关材料	
	庭前会议笔录、法庭笔录及相关材料	
	公益诉讼起诉人意见、代理词等材料	

续表

顺序号	材料名称	页号
	调解协议、公益诉讼调解公告	
	延长审理期限、扣除审理期限材料	
	撤诉申请书、撤诉笔录	
	本院法律文书正本	
	宣判及委托送达材料	
	司法建议书正本	
	送达地址确认书、送达回证或其他送达凭证	
	上诉案件相关材料	
	其他与诉讼活动相关的材料	
	证物袋	

注：顺序号、页号按实有材料栏内填编，没有者空过不填。

（2）副卷的装订顺序

副卷的装订顺序如表 1-3-5 所示。

表 1-3-5　诉讼档案卷内目录（副卷通用）

顺序号	材料名称	页号
	立案审批表、提请立案流转单、请示登记表等	
	与案件有关的批转材料	
	来访接待情况登记表	
	风险评估表	
	受理（应诉）通知书、公告、传票、调卷函等签发稿	
	下级法院提交的请示类材料	
	阅卷笔录	
	庭审提纲、询问提纲	
	审理报告、审查报告	
	技术调查官出具的调查意见（或报告）	
	合议庭评议笔录、汇报笔录	
	专业法官会议记录、主审法官会议记录	
	审判委员会研究案件记录及会议纪要	
	审（签）批材料	
	本院法律文书签发稿	
	本院请示案件相关材料	
	结案相关材料	
	其他不宜对外公开的材料	
	正卷对外利用情况确认单	
	备考表	
	证物袋	

注：顺序号、页号按实有材料栏内填编，没有者空过不填。

（3）卷宗封面

卷宗封面如表 1-3-6 所示。

表 1-3-6　卷宗封面

<table>
<tr><td colspan="8">××××人民法院
民事诉讼　一审　卷宗
正卷 一　卷</td></tr>
<tr><td colspan="8">〔××××〕豫××民初××号</td></tr>
<tr><td colspan="2">案由</td><td colspan="6"></td></tr>
<tr><td rowspan="2">当事人</td><td>原告</td><td colspan="6"></td></tr>
<tr><td>被告</td><td colspan="6"></td></tr>
<tr><td colspan="2">审判长</td><td colspan="2">审判员</td><td colspan="2">人民陪审员</td><td colspan="2">书记员</td></tr>
<tr><td colspan="2"></td><td colspan="2"></td><td colspan="2"></td><td colspan="2"></td></tr>
<tr><td>收案日期</td><td colspan="3"></td><td>结案日期</td><td colspan="3"></td></tr>
<tr><td>原审法院</td><td colspan="3"></td><td>有关案号</td><td colspan="3"></td></tr>
<tr><td>一审结果</td><td></td><td>二审结果</td><td></td><td>再审结果</td><td colspan="3"></td></tr>
<tr><td>归档日期</td><td></td><td>保管期限</td><td></td><td colspan="4">本案共　卷 第　卷</td></tr>
<tr><td colspan="8">归档编号</td></tr>
</table>

（4）证物袋

证物袋如表 1-3-7 所示。

表 1-3-7　证物袋

证物来源	收到日期	证物名称	数量	处理情况		
				结果	日期	收件人盖章

注：① 本证物袋订入卷内后面。

② 处理结果填没收、发还、焚毁及其他情况。

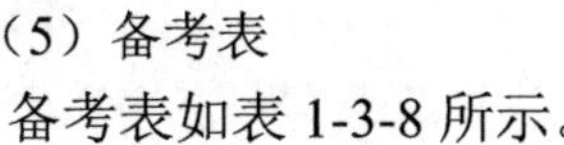

（5）备考表

备考表如表 1-3-8 所示。

表 1-3-8　备考表

本卷情况说明： 本卷共××××（汉字）页   立卷人：（署书记员姓名） 年　月　日 检查人：（署承办人姓名） 年　月　日

步骤 10　归档

立卷归档检验内容及注意事项

各级人民法院审判业务部门应当在案件办理完毕后 3 个月内，将全案诉讼文书材料、电子文件、庭审录音录像等移交归档。因特殊情况需要延期归档的，最迟不得超过 6 个月。

立卷归档前，书记员应当报请承办人检验。

实践中，在移交给档案管理部门前，应做好归档情况记录，注明案号、卷宗数量、移交时间等，以备核查。移交时要办好交接手续。凡立卷不符合规定要求的，由有关书记员负责重新整理。

相关法规法条

1. 最高人民法院、国家档案局《人民法院诉讼文书立卷归档办法》。
2. 国家档案局《人民法院诉讼档案管理办法》。

步骤 11　电子卷宗归档

电子卷宗归档操作流程如下。

在承办人结案后，书记员登录审判流程管理系统，进入“法官办案平台”，在已结案件处找到相应案件，然后在相应案件右侧的“操作”模块中选择“更多”下的“归档”，弹出“归档登记表”页面，填写相关信息，单击“提交”按钮。

案件提交归档成功后，会出现在“已提请”页面中，可以定期查看档案室的审查结果和审查意见。如果档案室审查不通过，需要重新填写归档信息时，案件会重新回到“待提请”页面中，需要书记员重新检查，修改完善相关信息并确认无误后，再次提交档案室审核。

相关法规法条

《最高人民法院关于全面推进人民法院电子卷宗随案同步生成和深度应用的指导意见》。

知识平台

1. 合议庭评议笔录的制作

庭审结束后，合议庭即可对案件进行评议。书记员应当如实、全面地记录评议过程。书记员制作合议庭评议笔录时应注意以下几点。

1）形式、格式要规范、严整。合议庭评议笔录应包含首部、正文、尾部3个部分。其中，首部应包含标题、当事人姓名、案由、时间、地点、参加人、记录人等信息；正文是对评议内容的如实记录；尾部由合议庭组成人员和书记员签名。同时，合议庭评议笔录要段落清晰、字体得当、行间距适宜，格式规整美观。

2）内容准确、完整。书记员必须完整、详细、准确地记录合议庭评议的过程及内容，不得遗漏或误记，如发现遗漏或误记，必须及时补正；合议庭成员审阅确认无误后，在合议庭评议笔录上签名。

3）严格保密。合议庭评议的内容和合议庭成员发表的意见，任何时候都不得泄露。

2. 裁判文书的校对

裁判是人民法院针对案件的实体问题或者程序问题所做出的裁断。裁判文书则记载了裁断的过程和结果，包括判决书、裁定书和调解书。一份结构完整、要素齐全、逻辑严谨的裁判文书，既是当事人享有权利和承担义务的凭证，也是上级人民法院监督下级人民法院民事审判活动的重要依据。

一份裁判文书的形成，要经过以下程序：拟稿→核稿→签发→打印→校对→盖印。拟稿即撰写判决书初稿，是承办案件的法官的工作。核稿和签发则由法院关于审判权限管理的具体情况决定。这一阶段书记员的主要工作是校对和流转，即承办人将判决书撰写好后，由书记员进行校对，而后分别将草稿交由核稿人核稿、签发人签发。经签发人签发的稿本，是判决书的定稿，也是判决书的标准稿本，又称为判决书的原本，是进行复制正本的标准依据。

3. 宣判笔录的制作

人民法院的宣判方式有两种，即当庭宣判和定期宣判。无论是当庭宣判，还是定期宣判，书记员都要制作宣判笔录。

宣判笔录要记明案由、案号，宣判时间、宣判地点，合议庭成员、书记员、到庭当事人身份情况，裁判文书的名称及编号、裁判结果，法庭告知当事人的有关事项，当事人对裁判的意见，未到庭参加宣判的当事人等。

4. 案件报结

（1）结案标准

1）案件流程信息填写要完整准确。特别要注意填写：当事人身份证号码、出生年月、民族、职业、文化程度、特殊身份、联系方式及详细居住地址，法人组织机构代码、机构所在地详细地址，代理人姓名、职务及类型，诉讼标的额、诉讼标的物，应交诉讼费金额、诉讼费交纳人及交纳诉讼费金额、日期、收据号码，预定开庭的，需要有完整的法庭笔录，庭前调解处理情况，结案信息、结案标的金额、宣判日期、是否缺席判决，是否召开审判委员会讨论及讨论结果。结案文书、上诉情况、案件审结后应完整填写是否上诉（生效）及上诉（生效）日期。

2）电子卷宗制作要完整规范，且与纸质卷宗一致。

3）庭审录音录像光盘已经刻录随卷放入证物袋，并同时保存至集中存储系统，庭审录音录像保存的期限与纸质卷宗保存的期限一致。

4）裁判文书送达手续要齐全。结案时应提供当事人签收裁判文书的送达回证原件或邮寄送达的证明或公告送达的报纸等手续。

（2）办结程序

1）由案件承办人按申请结案的信息如实在网上填报并发送到审判管理办公室，审判管理办公室按照结案标准进行审查。

2）提供经院长、庭长签发的裁判文书原稿和已经加盖院印的裁判文书；不需要制作裁判文书的案件，应提供院长、庭长签发的结案手续。

3）如裁判文书在送达当事人之前，经合议庭研究变更了原裁判结果的，可由各庭室及时将变更后的结果书面提交审判管理办公室，并提供相应的法律手续，由审判管理办公室及时进行录入信息的变更。

4）案件符合规定的结案标准后，审判管理办公室应及时在网上进行结案操作，不符合以上结案标准的，一律不得办理结案。

5. 电子卷宗录入与归档

（1）电子卷宗的录入原则

1）实时同步原则。案件卷宗材料的录入与案件流程的推进同步进行。各办案环节形成的案件材料由该环节的书记员负责录入，录入时间原则上不迟于材料形成后的第二个工作日。

2）客观真实原则。录入电子卷宗的材料应与纸质卷宗材料保持完全一致，电子卷宗目录记载的内容应与相对应的录入材料保持完全一致。

3）全面录入原则。案件办理过程中形成的卷宗材料应全部录入电子卷宗。

4）同步归档原则。案件结束后，书记员应及时对电子卷宗进行整理，并与纸质卷宗同时提交归档。

（2）录入方式与格式

电子版诉讼材料的生成方式为扫描输入或摄像输入。

纸质案件材料扫描制作诉讼电子卷宗的电子格式要求：文件格式为.jpeg，扫描模式为彩色，分辨率为100～150（推荐150），亮度为5～0（推荐5），对比度为0～20（推荐20），gamma 1.0。

扫描时可以根据纸质材料原件的具体情况对分辨率、亮度、对比度、gamma进行适当调整，以保证扫描质量，确保诉讼电子卷宗档案的清晰度。

（3）电子归档

案件承办部门应当在结案后3个月内通过书记员登录“河南法院统一身份认证管理系统”，单击“审判流程管理系统”按钮，进入“智慧审判系统”页面，单击“卷宗中心”，输入具体案件的案号，找到具体的案件，在右侧“操作”模块下单击“制卷”按钮，然后根据左侧导航栏提示进行法律文书入卷操作。书记员负责对电子卷宗和纸质卷宗进行整理核对，确保内容保持一致。

承办人负责对归档电子卷宗进行审核，确保电子卷宗质量符合要求。

档案管理人员负责归档案件电子卷宗的检查核对，缺少送达回证等规定材料的案件一律不得归档。电子卷宗与纸质卷宗不一致的，退回办案人员完善合格后方可归档。

任务实训

请学生按照表1-3-9中的内容进行任务实训。

表1-3-9　民事一审案件庭审后实务工作实训单

项目内容	要素描述及内容和要求
实训素材	林某某的父亲林大某在乘坐某公司生产的吉普车时，因前挡风玻璃在行驶途中突然爆裂而被震伤致猝死。林某某请求判令该公司对林大某之死承担责任，赔偿丧葬费、误工费、差旅费、鉴定费、抚恤金、教育费、生活补助费等共计人民币50万元。一审法院作出判决，支持原告的全部诉讼请求。被告不服，在上诉期内提出上诉。
实训目的	熟练掌握民事案件开庭后工作流程
实训内容	制作合议庭评议笔录、校对判决书、辅助宣判、送达判决书、案件报结、互联网公开判决书、立卷归档
实训要求	根据案情，一人一角色，完成工作任务
实训结果	实训报告/实训心得体会
实训评价	一般/良好/优秀

 任务拓展

1. 登录中国裁判文书网，搜索并阅读 5 件裁判文书。
2. 看打 1 篇判决书。
3. 登录中国庭审公开网，观看 3 场庭审直播，直观感受庭审程序。
4. 听打 1 场庭审直播的笔录。
5. 练习立案归档。

任务评价

请学生自己和教师根据民事案件庭审后书记员实务训练任务完成情况，参照评价项目和评价要点进行自评与师评，如表 1-3-10 所示。

表 1-3-10　民事案件庭审后书记员实务训练任务评价表

评价项目	评价要点	权重	自评	师评
制作合议庭评议笔录	是否掌握合议庭评议笔录的基本格式	5 分		
	是否能够全面、客观、准确地记录合议庭评议过程及结果	10 分		
校对裁判文书	裁判文书的格式、标点符号、数字使用、印刷等是否符合规范	5 分		
	当事人信息、数据计算、法条引用是否正确无误，语句是否通顺、无歧义	5 分		
	是否存在多字、漏字、错字现象	5 分		
辅助宣判	是否全面、客观、准确地记录宣判过程	10 分		
送达裁判文书	送达程序、方式是否合乎法律规范	5 分		
案件报结	报结程序是否合规	5 分		
	办结报告信息是否完整	5 分		
诉讼费退费	是否能够正确、熟练地审核当事人提供的材料	5 分		
	办理诉讼费退费的程序是否合规	5 分		
上诉移卷	移送上诉卷的程序是否合规	10 分		
立卷归档	材料是否齐全、规范，有无重文、漏文现象	10 分		
	排序、编页、编目是否正确无误	5 分		
	装订是否规范	5 分		
	移交手续是否完备	5 分		
总分		100 分		

项目 2　行政案件书记员工作

【学习目标】

1. 熟悉行政案件的立案、分案、庭审和结案的基本任务和基本流程。
2. 掌握法庭笔录等笔录的制作；掌握核查诉讼参与人身份的内容。
3. 能够熟练完成行政案件裁判文书的校对、印制、送达等工作任务。
4. 能够熟练完成案件材料的整理、立卷、归档操作。

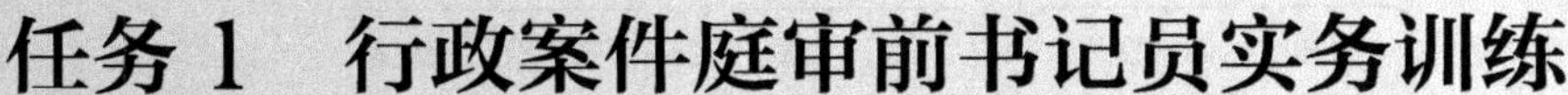

任务 1　行政案件庭审前书记员实务训练

任务情境

2020 年 9 月 19 日零时许，李某某与贾某某的女友韩某某打电话，贾某某得知后与李某某发生争吵，进而厮打在一起，贾某某头部、面部等部位受伤后住院治疗，贾某某随之报案。

A 县公安局调查后，于 2020 年 12 月 3 日作出“×公行罚决字〔2020〕×号行政处罚决定”，对李某某给予拘留 10 日并罚款 500 元的行政处罚。李某某不服，向 A 法院提起行政诉讼，请求依法撤销 A 县公安局的行政处罚决定。

思考

1. 假定你是一名书记员，李某某诉请法院解决与公安局行政争议的诉讼请求能否受理，他需要向法院提交哪些材料？

2. 法院对于李某某提出的诉讼请求若能立案，该如何收取诉讼费用？书记员应向双方当事人送达哪些法律文书？

任务分析

依据法治原则，所有权利被侵害时都应当能够得到救济，所有政府权力都必须受到制约，法治政府建设是全面依法治国的重点任务和主体工程。公民与行政机关发生纠纷时可以通过人民法院获得解决。行政诉讼的出发点是监督行政机关行使权力，保护公民、法人或其他组织的权利。

公民、法人或其他组织与行政主体发生争议，认为行政机关或者法定组织侵犯其合法权益，请求人民法院通过审判给予司法救济，当事人应在人民法院提交起诉材料。法院书记员应当掌握行政诉讼案件的立案工作流程和审查诉讼材料的工作步骤，从而使立案审查和受理工作进展更为顺利。

行政案件庭审前工作任务流程如图 2-1-1 所示。

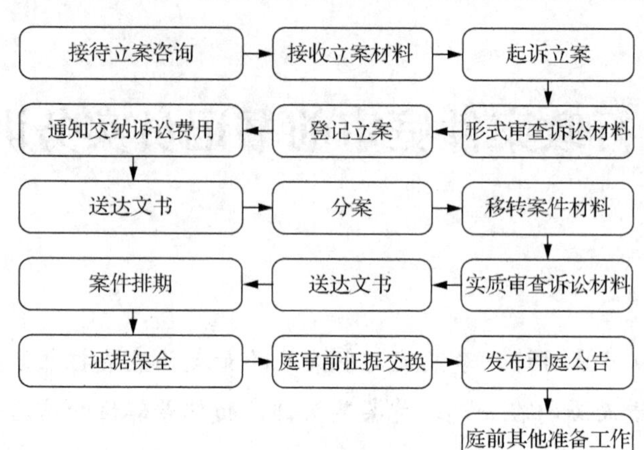

图 2-1-1　行政案件庭审前工作任务流程

任务实施

步骤 1　接待立案咨询

在接待立案咨询工作中，书记员接待当事人时应做到态度热情、文明用语、服务规范，耐心倾听当事人的陈述，适时安抚当事人情绪，准确理解当事人的事实描述和诉讼诉求。要透过现象看本质，归纳总结当事人诉讼请求的法律关系种类及性质。要善于运用专业的法律知识，为当事人释疑解惑，细心纠正当事人的错误认识，指明解决矛盾纠纷的途径及可能的法律后果；帮助当事人归纳纠纷和争执的焦点问题，合理引导当事人正确行使诉权，提供专业法律服务。接待立案咨询工作的具体注意事项可参考项目 1 任务 1 中的接待立案咨询相关内容。

步骤 2　接收立案材料

当事人向法院提起诉讼，可以直接到法院诉讼服务大厅提交诉讼材料，通常称为窗口立案。随着智能科技、网络技术的推广运用，大多数当事人可以选择快捷高效的网络方式提交诉讼申请，进行网上立案。还有些当事人不能熟练运用智能移动终端，不熟悉网上立案操作流程，但其已经知悉其纠纷管辖法院的具体地址，为了节省路途时间，当事人会采用邮寄诉讼材料的方式，提起诉讼申请，通常称为邮寄立案。当事人可以自由选择窗口立案、邮寄立案、网上立案等方式，向人民法院提交诉讼材料。

1. 对起诉材料进行初步审查

书记员应对当事人提交的起诉材料进行初步审查。

1）起诉人是否是适格原告。起诉人是自然人的，姓名、性别、年龄、民族、籍贯、职业、工作单位、住址是否明确，是否与身份证明材料一致；起诉人是法人或者其他组织的，法人或组织名称、所在地、法定代表人的姓名、职务是否完整，是否与营业执照或者组织机构代码证相符。

2）被告是否是作出具体行政行为的组织。被告的组织名称是否具体明确，足以使被告与其他组织相区别，被告的住址、法定代表人或者主要负责人的姓名、职务等基本信息是否记载完整。

行政诉讼请求类型

3）诉讼请求是否明确。原告请求人民法院解决的事项、赔偿请求金额是否明确具体。

4）判断该行政纠纷是否属于行政诉讼受案范围。受案范围涉及公民受司法保护的范围，也涉及司法权与行政权的关系。强化行政执法监督机制和能力建设，严格落实行政执法责任制和责任追究制度，但并不是所有的案件都适合法院来审查和决定。书记员应当根据诉状记载的行政行为类型及被告的基本信息，初步判断本院是否具有管辖权。

2. 对当事人没有起诉状的处理

当事人没有起诉状的，告知当事人到法律援助窗口寻求帮助，法院值班律师会帮助当事人书写简易起诉状。

书写起诉状确有困难的，可以口头起诉。对于口头起诉的当事人，书记员应当制作笔录，按照起诉状的形式记录口头起诉的内容，经宣读无误后，由口头起诉人签名并捺指印。

相关法规法条

1.《中华人民共和国行政诉讼法》第四十九条、第五十条。

2.《最高人民法院关于适用〈中华人民共和国行政诉讼法〉的解释》第五十四条、第六十八条。

行政案件立案材料

步骤3　起诉立案

当事人提起诉讼有3种方式：一是本人到法院提交起诉材料申请立案；二是当事人通过邮寄起诉材料方式申请立案；三是利用网络平台上传起诉材料，申请网上立案。

1. 窗口起诉立案

起诉状经初步审核无误的，当事人到立案庭的行政立案窗口办理相关手续。

2. 邮寄起诉立案

当事人通过邮寄方式把起诉状、证据材料、身份证明等诉讼材料邮寄至人民法院，书记员经过审阅诉讼材料，符合起诉条件的，按照窗口立案程序，完成诉讼材料的接收工作。

3. 网上起诉立案

当前网上起诉立案有两种途径：①通过“河南法院诉讼服务网”，按照操作提示填写相关信息，完成立案申请；②通过微信小程序“人民法院在线服务”平台，选择有管辖权的法院，提交诉讼材料，完成预约立案。网上起诉的具体操作流程可参考项目1任务1中的当事人网上立案相关内容。

步骤4　形式审查诉讼材料

起诉应符合以下条件：①原告是与本案有直接利害关系的公民、法人或其他组织；②有明确的被告；③有具体的诉讼请求、事实和理由；④属于人民法院受理案件的范围和人民法院有权管辖。当事人诉讼材料上传完毕后，书记员需要对诉讼材料进行书面审查。

1. 审查原告是否适格

原告须具备两方面条件：①必须是该公民、法人或其他组织认为其合法权益受到行政行为的侵犯；②该公民、法人或其他组织必须与被诉行政行为有利害关系。书记员应重点审查起诉人与被诉行政行为是否有利害关系。

2. 审查诉讼请求是否明确

诉讼请求是原告在诉讼中所主张的实体权利，诉讼请求的内容不但取决于案件争议的性质，也取决于司法救济的功能。原告不能提出与争议案件无关的请求，也不应提出超出法院权能的请求。健全公安机关、检察机关、审判机关、司法行政机关各司其职、相互配合、相互制约的体制机制，严格公正司法是维护社会公平正义的最后一道防线。因此，诉讼请求应当明确具体，适于法院解决。书记员应审查诉讼请求是否存在多个行政行为一并起诉，是否将民事诉讼范围的事项列入行政诉讼的范围。

对于诉讼请求不明确的，书记员应当要求原告予以明确；对于诉讼请求明显不适当的，应当建议其变更。努力让人民群众在每一个司法案件中感受到公平正义。

3. 审查是否存在明确的被告

1）根据诉状，初步判断诉状列明的被告是人民政府，还是政府的工作部门，或是法律、法规、规章授权的组织。原告列明的被告与行政行为决定书的行为主体是否一致。

2）判断经复议案件的被告是否正确。经过复议的案件，如果复议决定是维持原行政行为的，应将复议机关和原行政行为主体列为共同被告；若复议机关作出改变的复议决定，应将复议机关列为单独的被告。

4. 审查是否属于本院管辖的案件范围

在审查管辖权时，应对下列案件进行细致审查。

1）对国务院部门或者县级以上地方人民政府所作的行政行为提起诉讼的案件、海关处理的案件。根据《中华人民共和国行政诉讼法》第十五条规定，此类案件由中级人民法院管辖。

2）经过复议的行政案件。依据《中华人民共和国行政诉讼法》第十八条规定：经复议的案件，最初作出行政行为的行政机关所在地人民法院和复议机关所在地人民法院均有权管辖。

3）跨区域管辖，即集中管辖的案件。《中华人民共和国行政诉讼法》第十八条规定：经最高人民法院批准，高级人民法院可以根据审判工作的实际情况，确定若干人民法院跨行政区域管辖行政案件。

4）原告向多个法院提起诉讼的案件。《中华人民共和国行政诉讼法》第二十一条规定：原告向两个以上有管辖权的人民法院提起诉讼的，由最先立案的人民法院管辖。

行政案件集中管辖法律规定

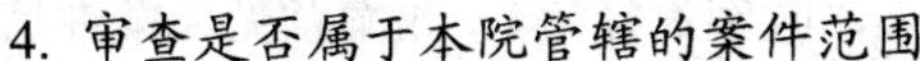

相关法规法条

《中华人民共和国行政诉讼法》第十二条、第十三条、第十五条至第二十六条。

步骤 5　登记立案

1. 窗口立案材料的登记立案

书记员对起诉立案的诉讼材料进行初步审查后，认为符合起诉立案条件，予以接收案件材料并进行登记立案。

1）以河南法院书记员窗口立案材料登记立案为例，书记员打开法院内部网址，插入 U-Key，单击“河南省统一登录平台”按钮，弹出“客户身份验证”窗口，在该窗口中单击“确定”按钮，弹出“PIN 码校验”对话框，在该对话框中输入账号及密码，单击“确定”按钮，进入“河南法院统一身份认证管理系统”窗口。

2）单击“审判流程管理系统”按钮，进入“智慧审判系统”窗口。

3）单击“立案平台”按钮，在左侧导航栏“新登记”下的“待收”项下选择“网上立案”，在右侧窗口中选择“行政”选项，然后在搜索框中输入当事人姓名，弹出搜索结果，单击“待审核”按钮，进入“立案材料审核”页面，在弹出的“填写审核意见”页面中填写立案案由、起诉标的金额、适用程序等，单击“提交审核”按钮。

4）编辑并保存立案信息。包括：①当事人姓名、性别、证件类型、证件号码、现住址、联系方式、送达地址等基本信息；②代理人基本信息，如姓名、证件号码、联系方式等；③诉讼请求信息，选择并编辑请求人、请求对象、诉讼请求描述、诉讼标的类型（标的额、诉讼标的行为、诉讼标的物等）；④收案登记的基本信息，包括登记信息

(如收案来源、收到起诉状的日期、收案登记人、收案途径等)、收案意见、案件信息、案件特征等。

5）单击“提交”按钮，进入“立案庭庭长审批”窗口。提请立案庭法官审批是否予以立案。立案庭庭长审阅立案审批表的基本信息，填写立案审批意见。同意立案并提交审批后，智慧审判系统自动生成该案的案号，该案件自动增加到待分案功能区域内。

2. 网上立案材料登记立案

书记员登录智慧审判系统，在立案平台接收并审批网上立案信息。

1）书记员登录法院审判流程管理系统，单击“待收”按钮，选择菜单中的“网上立案”选项，查看并接收当事人提交的诉讼材料。

2）登记立案操作步骤同上。

书记员完成登记立案的信息编辑与录入后，需要将案件的案号、原被告基本信息、案由记入立案簿里。

① 立案信息录入相应法院审判流程管理系统。登记内容包括：立案时间、案号、案由、当事人及委托诉讼代理人基本信息、适用的审理程序等案件基本信息。

② 信息录入完毕后，书记员应将行政起诉状、当事人提供的证据材料、送达地址确认书、受理案件通知书等法律文书及送达回证等诉讼材料收集整理归档。

步骤 6　通知交纳诉讼费用

行政诉讼费交纳标准如下。

1）商标、专利、海事行政案件每件交纳 100 元。

2）一般行政案件每件交纳 50 元，简易程序案件每件交纳 25 元。

步骤 7　送达文书

在行政案件立案程序中，书记员应向原告送达交纳诉讼费用通知书、受理案件通知书。送达流程与普通程序中民事案件的工作流程大致相同，具体可以参照项目 1 任务 1 中的民事案件立案阶段中的送达法律文书内容。

步骤 8　分案

对于分案规则，一般是由立案庭负责办理，计算机随机分案。案件立案后，书记员在登记立案之日起 2 日内，应将案件材料移送至业务审判庭，审判流程管理系统会将该案件直接增加到承办人的案件范围内。

步骤 9　移转案件材料

分案后，立案庭书记员应在 2 日内将案件材料扫描录入审判流程管理系统，并将案件移交审判庭。立案庭书记员向审判庭书记员移交案件材料时，手续应当齐备，并注明日期。

书记员将案件基本信息录入审判流程管理系统后，应通知案件承办部门内勤到立案庭领取案件材料，同时在该系统中进行移送操作，在案件登记簿上登记案件相关信息。

行政案件收案信息登记表
和移交行政审判庭案件材料清单

步骤 10　实质审查诉讼材料

1. 审查行政起诉状

书记员应当审查行政起诉状的形式是否规范，材料是否齐备，提交的身份证明材料、诉讼代理手续等是否符合要求，诉讼请求意思表达是否明确具体。审查行政起诉状的具体流程，参见项目 1 任务 1 中的相关内容，此处不再赘述。

2. 审查诉讼费用交纳情况

书记员应当审查案卷材料中是否有当事人交纳诉讼费用的凭证。如果案卷材料中没有交纳诉讼费用的凭证，书记员应及时通知当事人交纳诉讼费用，当事人接到交纳诉讼费用通知的次日起，7 日内不交纳诉讼费用的，按自动撤诉处理。

3. 审查诉讼主体资格

1）审查原告与具体行政行为是否存在法律上的利害关系。

① 原告的诉讼请求是权利还是权利性利益。

② 权益是否属于原告。

③ 权益损害是否实际存在。

④ 原告主张的权益是否是受到行政规范的保护。

⑤ 查阅起诉证据材料中行政主体作出的行政管理决定法律文书。

⑥ 审阅起诉状的事实与理由，判断起诉人与被诉行政行为之间是否存在法律上的利害关系，即判断当事人的合法权益是否受到该行政行为实质性影响。

2）审查被告主体资格是否适格。

① 被告是否独立承担法律责任。

② 行政机关或者被授权组织是否具有行政管理权限。

③ 行政管理行为是否与其行政职权有关联。

④ 审查诉状列明的被告是否有遗漏或须变更，是否应当追加共同被告，如认为存在需要追加或者变更被告的情况，应及时报告法官。

3）审查第三人的主体资格：行政行为是否侵害其合法权益。

行政诉讼第三人的判断标准取决于是否和被诉行政行为存在法律上的利害关系，是行政诉讼第三人的判断标准。可参见项目 1 任务 1 中的相关内容。

相关法规法条

1.《中华人民共和国行政诉讼法》第二十五条、第二十六条、第二十九条。

2.《最高人民法院关于适用〈中华人民共和国行政诉讼法〉的解释》第十二条至第二十六条、第三十条、第一百三十三条、第一百三十四条。

4. 审查起诉期限

1）审阅起诉状的证据材料。行政机关做出行政处罚、行政许可、行政强制等行政行为，当事人对其不服提起诉讼，其起诉期限的计算规则如下。

① 行政行为作出之日。

② 当事人知道行政行为内容之日。

③ 当事人被告知诉权之日。

2）判断起诉期限的起算点。

① 查看被诉行政行为决定的落款日期。

② 审核起诉期限的起算点。

③ 计算法律规定提起诉讼的期限。

④ 计算法律规定的最长保护期限。

⑤ 查阅当事人向人民法院提交起诉状的时点。

⑥ 查阅超过起诉期限是否存在正当理由。

行政诉讼的起诉期限

3）判断起诉期限是否超期。

超过法定起诉期限且无正当理由的行政案件，人民法院组成合议庭合议后，可以裁定驳回起诉。

相关法规法条

1.《中华人民共和国行政诉讼法》第四十五条至第四十八条。

2.《中华人民共和国行政复议法》第十九条、第三十一条。

3.《最高人民法院关于适用〈中华人民共和国行政诉讼法〉的解释》第六十四条、第六十五条。

4.《最高人民法院关于审理行政协议案件若干问题的规定》。

步骤 11　送达文书

行政诉讼法对送达问题并没有做出明确规定，行政诉讼中法律文书的送达方式与民事案件法律文书送达的工作流程基本一致。根据《中华人民共和国行政诉讼法》第一百零一条规定，关于期间、送达等，适用《中华人民共和国民事诉讼法》的相关规定，在此关于送达方式和途径不再赘述。

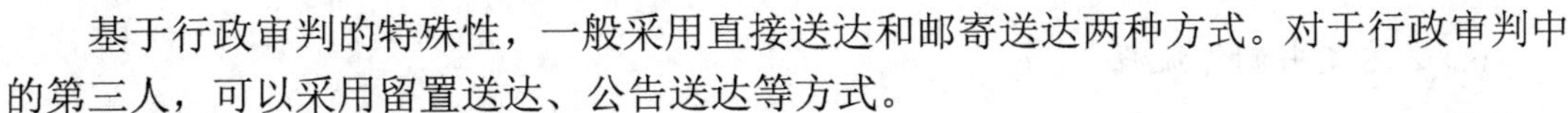

基于行政审判的特殊性，一般采用直接送达和邮寄送达两种方式。对于行政审判中的第三人，可以采用留置送达、公告送达等方式。

1. 送达法律文书的流程

1）登录审判流程管理系统。

2）在“送达文书”页面，根据需要选择并单击“制作文书”按钮。

3）单击“制作程序文书”按钮。

4）单击“上传文书”等功能模块。

5）在文书模板中，勾选相应的法律文书。

6）制作并完成相应法律文书的电子送达。

2. 交换诉状的流程

1）法院将原告起诉状副本自立案之日起 5 日内向被告送达。

2）被告自收到起诉状副本之日起 15 日内向法院提交答辩状和证据材料。

3）法院 5 日内将答辩状副本送达原告。

4）在开庭 3 日前向当事人送达传票，向证人、鉴定人、勘验人、翻译人员送达出庭通知书，通知其出庭。

3. 向被告送达文书

行政诉讼被告参加诉讼的相关法律文书

审判庭书记员在收到案卷材料后，于立案之日起 5 日内将起诉状副本及原告提交的证据材料、应诉通知书、举证通知书、行政机关负责人出庭通知书、传票（若确定不了开庭日期，须在确定开庭 3 日前送达）、廉政监督卡送达被告。

4. 向原告送达文书

1）案件材料经过审查无误后，应及时将收取的材料送达对方当事人。

2）在收到被告的答辩状后，应当在收到之日起 5 日内将答辩状送达给原告和第三人，第三人参加诉讼材料应当送达原告、被告。

3）须向原告送达答辩状副本、举证通知书、当事人申请人民陪审员参加合议庭审判案件告知书、传票（若确定不了开庭日期，须在确定开庭 3 日前送达）、廉政监督卡等法律文书。

人民陪审员参加审判的相关法律文书

5. 向追加的第三人送达文书

案件如果需要追加第三人，书记员应在确定追加第三人后，及时制作参加诉讼通知书，同时向第三人送达起诉状副本、举证通知书、权利义务告知书、传票（若确定不了开庭日期，须在确定开庭 3 日前送达）、廉政监督卡等法律文书。

6. 送达文书制作流程

在右侧的“操作”中选择“文书”按钮，在弹出的页面中单击“制作文书”按钮，弹出“制作文书”页面，勾选要制作文书的常规模板，单击“由此展开编辑”按钮，在弹出的页面中出现已选择的文书，确认案号后缀后，单击“开始制作”按钮。在弹出的所制作的文书页面右侧选择“编辑”操作，打开此文书模板，按照本案信息进行适当编辑后保存。

相关法规法条

1.《中华人民共和国行政诉讼法》第六十七条。

2.《最高人民法院关于执行〈中华人民共和国行政诉讼法〉若干问题的解释》第二十六条、第三十二条。

3.《最高人民法院关于行政诉讼证据若干问题的规定》第七条。

步骤 12 案件排期

书记员应在原被告诉辩材料和证据材料齐备且被告答辩期期满之后，认为应依法开庭审理的，应及时确定开庭时间，登录审判流程管理系统，添加案件排期信息，确定开庭日期。具体步骤如下。

1. 协商沟通开庭时间

书记员应与合议庭组成人员、人民陪审员、原被告及其诉讼代理人、第三人等协商沟通开庭时间。

2. 预定法庭

书记员登录审判流程管理系统，进入“法官办案平台”，找到具体案件，单击“办理事务”，选择“开庭”选项，单击“排期”按钮。

3. 查看法庭使用情况

在打开的页面中查看本院法庭的使用情况，选择空闲的法庭，输入开庭日期。

4. 填写开庭内容

根据页面提示，填写开庭时间、结束时间、开庭地点、书记员、排期日期、庭次、开庭方式等信息，单击“保存”按钮。

步骤 13 证据保全

在办理庭审前准备过程中，证据保全分为依申请的证据保全和依职权的证据保全。下面介绍依申请的证据保全的流程。

1. 接收申请

当事人或诉讼代理人向人民法院提出证据保全的，应提出书面申请，写明申请保全证据的具体内容、范围、所在地点，请求保全的证据能够证明的对象、申请的理由等。书记员收到当事人或诉讼代理人的证据保全申请且初查后，应及时告知承办人。

2. 参加合议，做好记录

书记员应如实记录合议庭审查证据保全申请的过程和决议结果。

3. 办理担保

申请人申请诉前保全证据可能涉及被申请人财产损失的，人民法院可以让合议庭裁定责令申请人提供相应的担保，书记员应及时办理担保事宜。

4. 交付执行

书记员将证据保全裁定书交付执行庭执行，同时将裁定书送达当事人。

步骤 14 庭审前证据交换

1. 接收申请

接收当事人提出的证据交换申请，并汇报给承办人。

2. 通知当事人

向当事人送达证据交换通知书，告知证据交换的时间、地点和注意事项。

3. 制作证据交换记录

记录当事人无异议的事实、证据；对有异议的证据，根据证明的事实，记载异议的理由并分类记录。证据交换笔录应当由当事人签字确认。

步骤 15 发布开庭公告

开庭公告样例

公开审理的，应当发布开庭公告。

1. 制作开庭公告

填制开庭公告，须写明当事人姓名、案由和开庭的时间、地点。

2. 发布开庭公告

公开审理的案件，开庭3日前，在法院公告栏发布开庭公告（或在电子显示屏上播出），公告内容包括当事人姓名或名称、案由、开庭时间及地点。在底稿注明“本公告于××××年××月××日张贴”，签署书记员姓名，并入卷。

步骤16　庭前其他准备工作

1. 送达组庭通知

合议庭组成人员确定后，应于开庭3日前告知当事人，并向当事人送达告知合议庭组成人员及书记员通知书。

原告申请人民陪审员参加的案件，当人民陪审员人选确定后，书记员应当按照《人民陪审员参加合议庭通知书》中陪审员的姓名和联系方式，通知其参加审判活动。

2. 审查确认法律文书送达情况

1）开庭3日前，再次确认法律文书送达是否已经送达各方当事人、诉讼代理人及其他诉讼参与人。

2）再次确认开庭时间、地点并通知相关人员。

3. 审查案件信息填写情况

登录审判流程管理系统，审查并确认系统中的当事人身份、审判组织等基本信息是否填写齐全，若有缺漏，应补充填写完整。

4. 准备法庭笔录文头

1）查阅卷宗，了解案件事实，掌握案情要点，明确纠纷争议的诉讼标的和当事人争议的焦点。

2）与审判人员沟通交流，提前了解庭审重点和审判意图，确保笔录的内容完整准确、重点突出。

3）预先填写法庭笔录文头。开庭笔录中的开庭时间、开庭地点、合议庭组成人员姓名、记录人姓名、当事人姓名、审判员告知当事人的权利义务等程式化的内容应提前填写完整。

知识平台

1. 行政诉讼的起诉条件

1）原告是认为具体行政行为侵犯其合法权益的公民、法人或其他组织。

① 自然人应提交身份证明。

② 法人应提交当年度经年检合格的企业法人营业执照、法定代表人身份资格证明

并加盖公章、法定代表人身份证复印件并加盖公章。

③ 其他组织应提交营业执照或其核准登记部门出具的资格证明。

④ 原告应确认自己的受送达人和送达详细地址、联系电话、邮政编码，并承担因送达不能而产生的相应法律后果。

2）有明确的被告。被告应是作出所诉具体行政行为的行政主体，应提供被告明确的住所地或经常居住地详细地址和法定代表人或主要负责人的姓名、职务、联系电话、邮政编码。

3）有具体的诉讼请求和事实根据。原告应提供与争议事实有关的符合起诉条件的证据材料，并填写证据清单，注明证据名称、份数、证明对象及提交时间。

4）属于人民法院受理行政诉讼的范围和受诉人民法院管辖。

2. 管辖

1）中级人民法院管辖的案件。

① 县级以上地方政府（县政府、市政府、省政府）和国务院部门为被告的案件。

② 海关处理的案件、证券交易所为第三人的案件。

③ 人数众多的重大共同诉讼。

④ 涉外、涉港澳台案件（含国际贸易案件、部分反倾销案件、部分反补贴案件）。

2）经复议的案件。复议机关与原机关为共同被告，以作出原行政行为的机关确定级别管辖。

3）地域管辖。行政案件由最初作出行政行为的行政机关所在地人民法院管辖。一般地域管辖采取“原告就被告”原则。

① 不动产案件，由不动产所在地的法院专属管辖。

② 经过复议案件，由原行政机关所在地或复议机关所在地法院管辖。

③ 限制人身自由案件，对行政机关基于同一事实，既采取限制公民人身自由的行政强制措施，又采取其他行政强制措施或者行政处罚不服的，由被告所在地或者原告所在地法院管辖。

3. 起诉时效

1）公民、法人或其他组织直接向人民法院提起诉讼的，应当自知道或者应当知道作出行政行为之日起 6 个月内提出。法律另有规定的除外。

2）因不动产提起诉讼的案件自行政行为作出之日起超过 20 年，其他案件自行政行为作出之日起超过 5 年提起诉讼的，人民法院不予受理。

3）经过行政复议再起诉的案件，具体法律、法规如果没有规定对复议不服的起诉期限，原告可在收到复议决定书之日起 15 日内起诉；具体法律、法规规定了对复议决定不服的起诉期限，依照具体法律、法规的规定起诉。

4. 审查起诉后的处理情形

1）登记立案。

起诉材料齐全、符合起诉条件，人民法院应在接到起诉状之日起 7 日内立案，制作立案通知书并及时通知当事人。

2）补正诉讼材料或退回。

书记员认为材料不齐全或不符合要求的，应一次性告知当事人补正。补正后符合起诉条件的，从当事人补正后交人民法院之日起 7 日内立案。

3）不予立案。

不符合起诉条件的，书记员应向当事人释明；当事人坚持要求立案的，书记员应接收起诉材料并出具书面凭证，7 日内依法报法官作出裁定，并载明不予立案的理由。

4）先行登记立案。

当场不能判定是否符合起诉条件的，书记员应接收起诉材料并出具书面凭证，7 日内决定是否登记立案；7 日内不能决定的，应先行登记立案。

5. 行政诉讼的原告

行政诉讼的原告是认为行政主体的行政行为侵犯其合法权益，依照法定程序向人民法院提起行政诉讼并受法院裁判拘束的公民、法人或其他组织。行政诉讼原告知识体系如表 2-1-1 所示。

表 2-1-1　行政诉讼原告知识体系

序号	内容	
	原告类型	原告确定
1	直接原告	行政相对人和与行政行为有利害关系的人
2	合伙组织诉讼	合伙企业起诉的，以核准登记的字号为原告，由执行合伙企业实务的合伙人作诉讼代表人；其他合伙组织起诉的，合伙人为共同原告
3	其他组织诉讼	不具备法人资格的其他组织起诉的，由该组织的主要负责人作诉讼代表人；没有主要负责人的，可以由推选的负责人作诉讼代表人
4	共同诉讼	同案原告为 10 人以上的，应当推选 2～5 名诉讼代表人；在指定期限内未选定的，法院可依职权指定
5	联营、合资、合作企业诉讼	企业有原告资格，其投资人均可因自己利益或企业利益受损以自己的名义起诉
6	土地承包诉讼	土地使用权人可以自己的名义起诉。承包土地的村民可以起诉，经过半数同意也可以村委会或村民小组的名义起诉
7	非国有企业诉讼	被行政机关注销、撤销、合并、强令兼并等，企业或法定代表人（含原企业和合并后的新企业）可以起诉
8	股份制企业诉讼	股东大会、股东代表大会、董事会等均可以企业名义起诉

6. 行政诉讼的被告

行政诉讼的被告是对行政相对人作出行政行为并被起诉到人民法院的行政主体，“谁作出行政行为，谁就是被告”是确定行政诉讼被告的一般规则。具体的行政实践较为复杂，行政诉讼被告知识体系如表 2-1-2 所示。

表 2-1-2 行政诉讼被告知识体系

<table>
<tr><th rowspan="2">序号</th><th colspan="3">内容</th></tr>
<tr><th colspan="2">行为主体</th><th>被告</th></tr>
<tr><td>1</td><td colspan="2">行政机关或法律、法规、规章授权组织</td><td>以该行政机关或被授权组织为被告</td></tr>
<tr><td>2</td><td rowspan="2">复议机关作出复议决定</td><td>维持原行政行为的情形</td><td>原行政行为机关和复议机关为共同被告</td></tr>
<tr><td>3</td><td>改变原行政行为的情形</td><td>复议机关为被告</td></tr>
<tr><td rowspan="2">4</td><td rowspan="2">复议机关不作为</td><td>对原行政行为不服的情形</td><td>以作出原行政行为的行政机关为被告</td></tr>
<tr><td>对复议机关不作为不服的情形</td><td>复议机关为被告</td></tr>
<tr><td>5</td><td colspan="2">经上级机关批准而作出的行政行为</td><td>以对外生效的文书上署名的机关为被告</td></tr>
<tr><td>6</td><td colspan="2">组建的无独立责任机构以自己名义作出的行政行为</td><td>以组建该机构的行政机关为被告</td></tr>
<tr><td>7</td><td colspan="2">内设机构、派出机构无授权以自己名义作出的行政行为</td><td>以该行政机关为被告</td></tr>
<tr><td>8</td><td colspan="2">法律、法规、规章授权的行政机构所属机关的越权行为</td><td>幅度越权的，以该行政机构为被告；种类越权的，以该机构所属的行政机关为被告</td></tr>
<tr><td>9</td><td colspan="2">作出撤销行政机关的决定或继续行使职权的行政机关</td><td>由继续行使职权的行政机关为被告；没有继续行使职权的行政机关，由作出撤销决定的行政机关为被告</td></tr>
<tr><td>10</td><td colspan="2">行政机关在没有法律、法规、规章授权的情况下，授权其内设机构、派出机构或其他组织行使行政职权的，应当视为委托</td><td>以该行政机关为被告</td></tr>
</table>

7. 行政诉讼的第三人

公民、法人或其他组织同被诉行政行为有利害关系但没有提起诉讼，或者同案件处理结果有利害关系，可以作为第三人申请参加诉讼，或者由法院通知参加诉讼。

1）同被诉行政行为有利害关系即具有原告资格，可以自己名义提起行政诉讼；如果第三人没有提起诉讼，其他利害关系人提起行政诉讼，也可以作为第三人参加诉讼。

2）有些公民、法人或其他组织，虽然与被诉行政行为没有利害关系，但同案件的判决结果有利害关系，为维护自己的合法权益，可以作为第三人参加到已开始的诉讼中。

3）第三人参加已开始的行政诉讼，是为了维护自己的合法权益，无论是同被诉行政行为有利害关系，还是同案件处理结果有利害关系，只要法院判决其承担义务或者减损其权益的，第三人都有权以自己的名义提起上诉。

任务实训

请学生按照表 2-1-3 中的内容进行任务实训。

表 2-1-3　行政一审案件庭审前实务工作实训单

项目内容	要素描述及内容和要求
实训素材	姚某某在陕西省宝鸡市渭滨区神农镇陈家村拥有合法房屋。2015 年 9 月 20 日，宝鸡市渭滨区人民政府（住所地陕西省宝鸡市渭滨区公园路 21 号）设立的临时机构宝鸡市渭滨区神农镇陈家村城中村改造指挥部办公室（以下简称“陈家村改造指挥办”）与姚某某签订了编号为 336 的拆迁过渡协议。 2015 年 10 月 5 日，陈家村改造指挥办向姚某某发出编号为 C2—57 的渭滨区神农镇陈家村城中村改造被拆迁户腾空房屋交回原住房钥匙编号通知单，确认了腾空房屋交回原住房钥匙的时间，并对顺序进行编号作为选择安置房的依据。 2015 年 10 月 9 日，从陈家村改造指挥办领取了拆迁过渡协议约定的第一年过渡费及全部奖励、搬迁补助等，合计 41 278.00 元。 姚某某从宝鸡市国土资源局渭滨分局 2016 年 3 月 17 日对李某某、张某某的信息公开回复中知悉，渭滨区神农镇陈家村城中村改造项目尚未进入征地环节。原告认为被告在征地尚未得到批准的情况下与原告签订拆迁过渡协议的行为违法，遂于 2016 年 7 月 6 日提起行政诉讼。 姚某某认为宝鸡市渭滨区人民政府（以下简称“渭滨区政府”）与其签订《拆迁过渡协议》的行为违法，于二〇一六年七月六日向宝鸡市中级人民法院提起行政诉讼。 姚某某提交了以下证据： 第一组： 1 号　2014 年 9 月 21 日宝鸡市××房地产评估咨询有限公司出具的编号为 C2—57、户主为姚某某的渭滨区神农镇陈家村城中村改造项目区房屋及附属物拆迁补偿价值评估明细表； 2 号　产权人为姚某某的房屋分层分户平面图； 3 号　土地使用者为朱某某的渭滨区人民政府渭集建（92）字第 3779 号《集体土地建设用地使用证》。 第二组： 4 号　2015 年 9 月 19 日宝鸡市渭滨区神农镇陈家村城中村改造指挥部办公室与容某某、编号为 336 的拆迁过渡协议。 第三组： 5 号　2016 年 6 月 28 日宝鸡市渭滨区人民政府连霍高速过境公路渭滨段项目土地征收公告。 第四组： 6 号　2016 年 3 月 17 日宝鸡市国土资源局渭滨分局对李某某、张某某的信息公开回复。 第一组用以证明原告具有诉讼主体资格；第二组用以证明被诉行政行为存在；第三组用以证明被告准备强行拆除原告房屋；第四组用以证明被告违法实施拆迁行为。
实训目的	① 熟练掌握行政案件立案条件； ② 及时准备做好行政一审案件审理前的送达工作内容； ③ 正确送达行政一审案件各种诉讼文书和通知书的送达工作
实训内容	立案材料接收与审查、网上立案操作步骤、受理工作内容、相关法律文书的制作与送达流程
实训要求	根据上述材料，一人一角色，完成起诉、立案审查、网上立案、法律文书制作与送达、案卷材料整理等工作任务
实训结果	实训报告/实训心得体会
实训评价	一般/良好/优秀

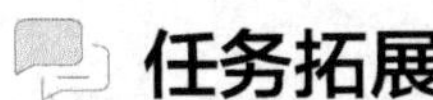

任务拓展

1. 登录中国裁判文书网，搜索并阅读 5 件驳回起诉的裁定文书。

2. 登录河南省高级人民法院官网，查询并总结行政诉讼流程、电子送达的相关规定内容。

3. 查阅法律和案例材料，结合法院工作实际，掌握行政案件案由的确定方法、行政诉讼受案范围等法律知识。

任务评价

请学生自己和教师根据行政案件庭审前书记员实务训练任务完成情况，参照评价项目和评价要点进行自评与师评，如表 2-1-4 所示。

表 2-1-4　行政案件庭审前书记员实务训练任务评价表

评价项目	评价要点	权重	自评	师评
立案登记办理流程	是否熟练掌握立案咨询的工作要领	5 分		
	是否熟练掌握行政立案的条件	10 分		
	是否熟练掌握行政案件起诉时效及处理	5 分		
	能否模拟完成登记立案工作	10 分		
审查起诉和受理案件	能否按照审查起诉的程序完成对行政起诉状的审查和受理工作	10 分		
	能否正确编辑完善登记立案相关信息	10 分		
法律文书的制作与送达	能否正确制作交纳诉讼费用通知书	10 分		
	能否正确制作受理案件通知书，内容是否正确，格式是否规范	10 分		
	能否掌握向被告送达的法律文书类型及送达时间要求	10 分		
	能否掌握电子平台短信送达、邮寄送达操作流程	10 分		
办理案件排期工作	能否熟练操作案件排期和法庭预定的工作步骤	10 分		
总分		100 分		

任务 2　行政案件庭审中书记员实务训练

任务情境

2020 年 9 月 19 日零时许，李某某与韩某某打电话，韩某某的对象贾某某得知后与

李某某发生争吵，进而厮打在一起，贾某某头部、面部等部位受伤住院治疗。贾某某随之报案。

A县公安局调查后，于2020年12月3日做出“×公行罚决字〔2020〕×号行政处罚决定”，对李某某给予拘留10日并罚款500元的行政处罚。李某某不服，向A法院提起行政诉讼，请求依法撤销A县公安局的行政处罚决定。

A法院依法组成合议庭，于2021年3月31日公开开庭审理了本案。原告李某某，被告A县公安局负责人及委托诉讼代理人王某、韩某，第三人贾某某到庭参加诉讼。合议庭组成人员：审判长于某某，人民陪审员李某某、江某，书记员王某某。

思考

1. 假定你是一名书记员，在开庭前应做好哪些准备工作？
2. 在庭审中，书记员的主要任务有哪些？

任务分析

开庭审理是指人民法院按照《中华人民共和国行政诉讼法》规定的程序和形式，由审判人员主持，当事人和其他诉讼参与人参加，通过法庭调查、法庭辩论等查明案件事实、分清是非责任，进行实体审理并做出裁判的诉讼活动。在案件审理中，书记员的业务能力和工作质量直接影响案件的审判质量。庭审中书记员的工作任务流程如图2-2-1所示。

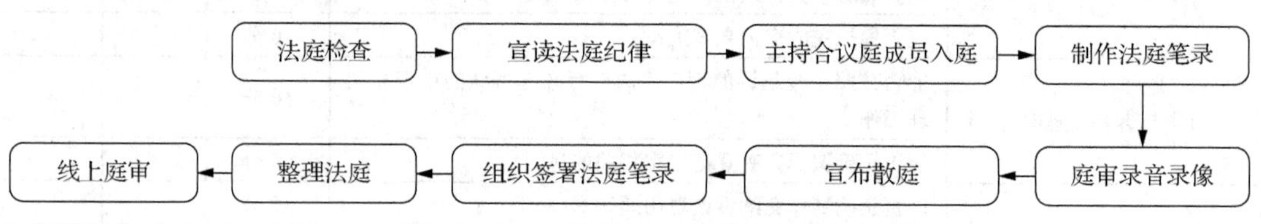

图2-2-1　庭审中书记员的工作任务流程

任务实施

步骤1　法庭检查

书记员应当按规定着装，至少提前15分钟到达法庭，检查法庭准备情况，核查诉讼参与人身份。在这一环节，书记员的工作任务及办理流程如下。

1. 庭前准备

1）联系相关部门，在电子显示屏上公布开庭信息。

2）通知法警进入审判区值庭。

3）检查、调试法庭音响、照明及视听资料播放设备，确保能够正常使用。

4）检查、打开光盘刻录系统。

5）检查审判区和旁听区是否符合要求，将法槌放置在审判长的法台前方，准确摆放审判席、诉讼参与人席卡。如已摆放好，检查摆设是否正确。

6）如有证人、鉴定人、勘验人、检查人出庭的，应将誓词放置在相应席位桌面，并准备好保证书。

2. 核查诉讼参与人身份及到庭情况

1）如发现有一方当事人未到庭的，应立即报告审判长处理。

2）核对诉讼参与人的身份。核对诉讼参与人身份内容如表 2-2-1 所示。

表 2-2-1　核对诉讼参与人身份内容

诉讼参与人	核对内容
个人	有效身份证明，授权委托书及姓名、性别、年龄、民族、工作单位、职务、住址、联系方式等
法人或其他组织	营业执照副本，法定代表人身份证明文件，代表人身份证明及姓名、性别、年龄、工作单位及住所地、职务、联系方式等
律师	授权委托书、委托代理合同、律师执业证书、律师事务所函、法律援助机构函

如有证人、鉴定人、勘验人、检查人、视听资料录制人、翻译人员等出庭的，在查验身份证明无误后，提请司法警察将其引领至休息室等候。

3）核实《当事人诉讼权利义务告知书》、《举证通知书》、《告知合议庭组成人员及书记员通知书》、开庭《传票》及《通知书》，以及诉状等诉讼材料的收悉情况。

4）询问原告方、被告方、第三人方是否知悉诉讼权利义务。

5）如有记者到庭采访，核对记者证、采访证，告知未经批准，不得录音、录像或者摄影。

6）如发现有未成年人（经批准的除外）、精神病人和醉酒的人及其他不宜旁听的人旁听开庭的，请其退出法庭。

7）根据以上内容制作《庭前准备工作报告单》。

合议庭决定延期开庭的处理

相关法规法条

1.《中华人民共和国行政诉讼法》第六条、第十条、第五十四条、第六十七条、第一百零一条。

2.《中华人民共和国人民法院法庭规则》第十六条至第十八条。

3.《中华人民共和国民事诉讼法》第一百三十九条、第一百四十条、第一百四十二条。

步骤 2　宣读法庭纪律

1. 完整宣读法庭纪律

宣读法庭纪律应完整，最好脱稿。宣读时，应使用普通话，语速适中，沉稳响亮，吐字清晰。

特别提示

对不公开审判的和无旁听人员的案件不必宣读法庭纪律，但应提示出庭人员发言、陈述和辩论须经审判长许可。

法庭纪律

2. 提醒保持肃静

宣读完毕后，提请全体人员保持肃静，关闭通信工具。

步骤 3　主持合议庭成员入庭

得到合议庭成员可以入庭的提示后，书记员主持入庭仪式，请合议庭成员入庭。待合议庭成员入座后，向审判长报告当事人、诉讼代理人出庭情况，将《庭前准备工作报告单》递交审判长。

特别提示

如果法官在书记员做准备工作或宣布法庭纪律时进入法庭的，书记员应中止手头工作，主持法官入庭仪式，然后再恢复手头工作。

相关法规法条

1.《中华人民共和国行政诉讼法》第一百零一条。

2.《中华人民共和国民事诉讼法》第一百四十条。

步骤 4　制作法庭笔录

制作法庭笔录是书记员在开庭审理环节的核心工作。书记员应经常加强训练，熟练掌握制作要求，使之成为书记员的核心技能。

1. 提前做好准备

1）开庭前阅读全部案卷材料，熟知各方当事人的基本情况。

2）主动与承办人沟通，了解案情和审理重点。

3）预先填写开庭前可以填写的笔录内容。

2. 如实记录

根据庭审进程，如实记载庭审过程和内容。庭审记录的记录事项和记录内容如表 2-2-2 所示。

表 2-2-2　庭审记录的记录事项和记录内容

记录事项	记录内容
宣布开庭及有关事项	宣布案由、原告起诉、法院受理情况，公开审理或不公开审理及理由
	合议庭成员的姓名和职务，以及书记员等其他有关成员名单
	向当事人告知诉讼权利义务等情况
	当事人申请回避及是否得到准许、当事人是否申请复议等情况
法庭调查阶段的活动内容	原告陈述诉讼请求及所依据的事实与理由
	被告答辩意见及所依据的事实和理由
	第三人陈述诉讼主张或答辩意见，以及所依据的事实和理由
	法庭的归纳小结，以及当事人对归纳小结的意见
	各方当事人举证、质证情况，告知证人责任及权利义务情况
	合议庭成员、当事人等发问及被询问人回答情况
	当事人补充证据情况
	合议庭对证据的认定意见
法庭辩论阶段的活动内容	各方当事人及其诉讼代理人发言辩论情况
	当事人的最后陈述及诉讼意见
法庭审理过程中的其他情况	应到庭当事人未到庭或中途退庭情况，以及法庭处理意见
	原告申请撤诉及是否得到准许情况
	和解、调解情况
	中止审理、延期审理情况及原因
	严重扰乱法庭秩序并导致休庭情况

相关法规法条

1.《中华人民共和国行政诉讼法》第一百零一条。

2.《中华人民共和国民事诉讼法》第一百四十条、第一百五十条。

步骤 5　庭审录音录像

下面以“上海法院智慧庭审系统”为例，介绍庭审录音录像的操作流程。

1）打开“上海法院智慧庭审系统”，输入密码，登录系统。

2）在已排期案件列表中，选择要开庭的案件，单击右侧的“准备开庭”按钮，进入庭前准备阶段。

3）单击“开庭”按钮，庭审录音录像和智能语音转换系统即同步开启。

4）单击文档页面右侧的光标定位标志，使智能语音转换文字自动下滑，始终显示当前光标位置。

5）单击“法庭纪律”按钮，系统自动播放法庭纪律，法庭内屏幕同步出现法庭纪律文字内容。

6）如果需要展示证据，单击左侧的“电子质证”按钮，启动智慧法庭提供的无纸化示证和质证模块；单击“示证区”或“查阅区”按钮即可调取本案电子卷宗的证据材料，当庭予以展示。如需返回笔录界面，单击左侧的“庭审笔录”按钮即可。

7）如果需要进行不公开的举证、质证、调解活动，或合议庭需要休庭讨论，单击“休庭”按钮，暂停录音录像及语音转写，待不公开活动结束后再单击“开庭”按钮恢复庭审。

8）庭审结束后，单击“闭庭”按钮，结束录音录像及转写。

庭审录音录像工作相关要求

9）单击“元数据表”按钮，系统自动生成《上海法院庭审录音录像文件元数据记录表》，由诉讼参与人签字确认。

需要注意的是，书记员应提前到达法庭，检查并启动录音录像系统，做好准备工作。如果系统存在技术问题应及时联系网管员解决，同时应保持录音录像的连续性，除休庭、公开庭审中的不公开举证、质证活动和不宜录音录像的调解活动外，录音录像不得间断。在庭审过程中，如遇到需要临时中止庭审的，应注意及时保存笔录。

相关法规法条

1. 《最高人民法院关于庭审活动录音录像的若干规定》第一条至第七条。
2. 《最高人民法院关于人民法院庭审录音录像的若干规定》第一条至第九条。

步骤6　宣布散庭

对于当庭宣判的案件，审判长宣布休庭后，进入案件评议环节，评议结束后当庭宣判。对于定期宣判的案件，审判长宣布闭庭后，书记员应主持退庭仪式，并宣布散庭。

步骤7　组织签署法庭笔录

1. 校对法庭笔录

散庭后，书记员应认真校对法庭笔录，修改错别字、病句。若发现有遗漏的，应予以补记。

2. 打印法庭笔录

法庭笔录确认无误后，应打印完整的法庭笔录。

3. 报审判长审阅

将打印完整的法庭笔录报审判长审阅。

4. 组织当事人审阅

向当事人及诉讼参与人宣读法庭笔录，或由当事人及诉讼参与人阅读。不能当庭宣读、阅读核对的，应交代阅读的时间和地点。

5. 组织当事人和诉讼参与人签署

当事人和诉讼参与人确认笔录内容无误后，在笔录尾部签名、捺指印，并写明“本笔录阅读无误”字样和日期。当事人和诉讼参与人拒绝签名、捺指印的，应在法庭笔录上予以记明并附卷。

6. 修改法庭笔录

庭审笔录注意事项

当事人和诉讼参与人认为法庭笔录有误要求更改的，如确属错记、漏记的，应当场补正；如属于当事人反悔、否认庭审中陈述内容的，应坚决不予补正。不予补正的，应将当事人和诉讼参与人的申请记录在案。

7. 组织合议庭成员审阅确认

书记员在法庭笔录上签名确认后，提请合议庭成员审阅并签名确认。

相关法规法条

《中华人民共和国民事诉讼法》第一百五十条。

步骤 8　整理法庭

庭审活动结束后，书记员要做好整理工作：收存席卡，方便下次开庭时使用；关闭法庭所有设备；刻录庭审光盘；检查庭审光盘刻录情况，若刻录设备发生故障，应及时联系技术部门进行修复。

步骤 9　线上庭审

线上庭审就是当事人登录法院网络，以视频会议的方式进行举证、质证、法庭调查、法庭辩论等环节的庭审活动。线上庭审强化对司法活动的制约监督，促进司法公正。深化司法体制综合配套改革，全面准确落实司法责任制，加快建设公正高效权威的社会主义司法制度，努力让人民群众在每一个司法案件中感受到公平正义。

1. 线上庭审的适用范围

线上庭审并不适用于所有行政争议案件，涉及国家秘密、个人隐私及其他法律另有规定不能公开审理的案件，不宜采用线上庭审。除此之外的行政案件一般均可以采取线上庭审的方式，但若当事人不同意线上庭审，或不具备线上庭审技术条件，或需现场查明身份、核对原件、查验实物等情形的，则不适用线上庭审。

2. 线上庭审的工作任务

1）线上开庭3日前，书记员通过短信告知当事人线上庭审的日期、时间。

2）线上开庭3日前，联系当事人及其他诉讼参与人，告知下载诉讼平台当事人客户端或App或微信小程序；告知开庭会议号码或会议号，并登录进行庭前测试，检查网络、声音、图像及功能是否可以正常使用；指导上传相关证据材料；告知妥善保管开庭会议号码或会议号，不得授意他人使用；告知线上庭审的注意事项、庭审纪律，以及无正当理由拒不参加线上庭审的法律后果。

3）提前线上预定开庭，并检查确认音响、摄像头、网络环境、远程庭审系统等网络条件符合线上庭审的需要，确保庭审时网络稳定、畅通，视频画面清晰，音频传输顺畅。

4）正式开庭前，提前联系各方当事人进行庭前测试，检测确认当事人使用设备、所在场所、网络环境等，查明当事人、其他诉讼参与人是否进入线上庭审系统，着装是否规范、文明，核验当事人及其他诉讼参与人身份，告知法庭纪律，完成审判人员授权的其他事务性工作。

5）查看审判人员、法官助理及其他诉讼参与人的在线情况。

6）做好法庭笔录。

7）庭审结束后，请审判人员、法官助理、书记员、当事人及其他诉讼参与人通过诉讼平台电子签名系统签署法庭笔录。对法庭笔录有异议的，以庭审录音录像记载为准。

8）导出法庭笔录，入卷。

知识平台

1. 书记员的职责

根据《人民法院书记员管理办法（试行）》（2003）第二条规定："书记员履行以下职责：（一）办理庭前准备过程中的事务性工作；（二）检查开庭时诉讼参与人的出庭情况，宣布法庭纪律；（三）担任案件审理过程中的记录工作；（四）整理、装订、归档案卷材料；（五）完成法官交办的其他事务性工作。"

2. 庭审活动录音录像的具体要求

1）最高人民法院《关于庭审活动录音录像的若干规定》规定：

人民法院开庭审理第一审普通程序和第二审程序刑事、民事和行政案件，应当对庭审活动全程同步录音或者录像；简易程序及其他程序案件，应当根据需要对庭审活动录音或者录像。

庭审录音录像应当由书记员或者其他工作人员自案件开庭时开始录制，并告知诉讼参与人，至闭庭时结束。除休庭和不宜录音录像的调解活动外，录音录像不得间断。书记员应当将庭审录音录像的起始、结束时间及有无间断等情况记入法庭笔录。

当事人和其他诉讼参与人对法庭笔录有异议并申请补正的，书记员应当播放录音录像进行核对、补正。如果不予补正，应当将申请记录在案。

人民法院应当使用专门设备存储庭审录音录像，并将其作为案件材料以光盘等方式存入案件卷宗；具备当事人、辩护人、代理人等在人民法院查阅条件的，应当将其存入案件卷宗的正卷。未经人民法院许可，任何人不得复制、拍录、传播庭审录音录像。庭审录音录像的保存期限与案件卷宗的保存期限相同。

2）最高人民法院《关于人民法院庭审录音录像的若干规定》规定：

人民法院开庭审判案件，应当对庭审活动进行全程录音录像。

人民法院应当在法庭内配备固定或者移动的录音录像设备。有条件的人民法院可以在法庭安装使用智能语音识别同步转换文字系统。

庭审录音录像应当自宣布开庭时开始，至闭庭时结束。除下列情形外，庭审录音录像不得人为中断：（一）休庭；（二）公开庭审中的不公开举证、质证活动；（三）不宜录制的调解活动。负责录音录像的人员应当对录音录像的起止时间、有无中断等情况进行记录并附卷。

人民法院应当使用专门设备在线或离线存储、备份庭审录音录像。因设备故障等原因导致不符合技术标准的录音录像，应当一并存储。庭审录音录像的归档，按照人民法院电子诉讼档案管理规定执行。

人民法院通过使用智能语音识别系统同步转换生成的庭审文字记录，经审判人员、书记员、诉讼参与人核对签字后，作为法庭笔录管理和使用。

诉讼参与人对法庭笔录有异议并申请补正的，书记员可以播放庭审录音录像进行核对、补正；不予补正的，应当将申请记录在案。

人民法院应当将替代法庭笔录的庭审录音录像同步保存在服务器或者刻录成光盘，并由当事人和其他诉讼参与人对其完整性校验值签字或者采取其他方法进行确认。

未经人民法院许可，任何人不得对庭审活动进行录音录像，不得对庭审录音录像进行拍录、复制、删除和迁移。

任务实训

请学生按照表 2-2-3 中的内容进行任务实训。

表 2-2-3　行政一审案件庭审中实务工作实训单

项目内容	要素描述及内容和要求
实训素材	2020 年 6 月 25 日 16 时 15 分左右，在鞍山市××健身中心××外侧××道，刘某与周某因琐事发生争执，刘某击打周某头部，周某还手，双方厮打起来，并均受伤，随后报警。 鞍山市铁东公安分局根据《中华人民共和国治安管理处罚法》第四十三条第一款之规定，于 2020 年 9 月 11 日作出鞍公东（治）行罚决字〔2020〕第 677 号行政处罚决定，给予刘某拘留三日的行政处罚。 刘某不服处罚决定，向鞍山市公安局提起行政复议。经复议，鞍山市公安局于 2020 年 11 月 4 日作出鞍公行复字〔2020〕第 046 号行政复议决定，决定维持鞍山市铁东公安分局作出的行政处罚决定。刘某不服复议决定，向海城市人民法院提起行政诉讼。海城市人民法院依法受理此案。 海城市人民法院于 2021 年 6 月 1 日公开开庭审理了此案。原告刘某，被告鞍山市公安局铁东公安分局法定代表人杜某（该局局长）、委托诉讼代理人王某、姜某（均系该局民警），被告鞍山市公安局法定代表人陈某（该局局长）、委托诉讼代理人张某（该局民警），第三人周某到庭参加诉讼。经过审理，判决驳回原告刘某的诉讼请求；案件受理费 50 元，由原告刘某承担。 审判长：范某某；人民陪审员：初某某、杨某某；书记员：马某某。
实训目的	熟练掌握行政一审案件庭审中书记员的工作任务和工作流程
实训内容	开庭前准备、当事人及委托代理人身份核对、庭审记录、宣判记录
实训要求	根据案情，组织模拟法庭，一人一角色，完成庭审过程
实训结果	实训报告/实训心得体会
实训评价	一般/良好/优秀

任务拓展

1. 登录中国裁判文书网，搜索并阅读 5 份行政判决书、行政裁定书、行政调解书。

2. 查阅相关书籍或上网查阅资料，总结制作法庭笔录的技巧。

3. 登录河南法院庭审直播网，选择一个你喜欢的案件，观看直播，熟悉庭审流程，试做庭审记录。

任务评价

请学生自己和教师根据行政案件庭审中书记员实务训练任务完成情况，参照评价项目和评价要点进行自评与师评，如表 2-2-4 所示。

表 2-2-4　行政案件庭审中书记员实务训练任务评价表

评价项目	评价要点	权重	自评	师评
开庭前准备	能否熟练掌握庭审前检查的内容和要求	5 分		
	能否掌握送达开庭传票的要求	5 分		
	是否熟知发布开庭公告的要求	5 分		
	是否熟知送达组庭通知的要求	5 分		
	能否熟练掌握通过系统预定法庭的工作	5 分		
法庭检查	是否熟知庭前准备的工作内容	5 分		
	能否熟练掌握核查诉讼参与人身份及到庭情况的内容和要求	10 分		
宣读法庭纪律	能否熟练掌握法庭纪律的内容	5 分		
主持合议庭成员入庭	能否熟练掌握合议庭成员入庭的流程	5 分		
庭审记录	能否熟练掌握庭审记录的格式要求	5 分		
	能否熟练掌握庭审记录的内容	5 分		
	是否具备快速准确记录的技能	5 分		
庭审录音录像	能否熟练操作审判流程管理系统的庭审录音录像功能	10 分		
	能否熟练处置审判流程管理系统的常见故障	5 分		
宣布散庭	是否熟知宣布休庭的流程	5 分		
组织签署法庭笔录	是否熟练掌握法庭笔录的组织签署流程及要求	10 分		
整理法庭	是否熟知庭审结束后整理法庭的内容	5 分		
总分		100 分		

任务 3　行政案件庭审后书记员实务训练

任务情境[①]

A 法院于 2021 年 3 月 31 日公开开庭审理了本案。法院认为，根据《中华人民共和国治安管理处罚法》(以下简称《治安管理处罚法》) 第九十一条规定，被告某县公安局具有作出治安管理的法定职权。本案中，被告提供的证据能够证明原告实施殴打他人的事实，结合本案案情，根据《治安管理处罚法》第四十三条:“殴打他人的，或者故意伤害他人身体的，处五日以上十日以下拘留，并处二百元以上五百元以下罚款；情节较轻的，处五日以下拘留或者五百元以下罚款”的规定，对原告作出的行政处罚决定认定

① 续行政案件庭审中书记员实务训练任务情境。

事实清楚，证据确凿，适用法律正确，处罚适当，符合《治安管理处罚法》第四章处罚程序的规定。关于原告提出诉讼主张，因其无充分证据予以证明，不予采信。综上，依照《中华人民共和国行政诉讼法》第六十九条的规定，判决如下：驳回原告李某某的诉讼请求。案件受理费50元，由原告李某某承担。

思考

1. 案件报结流程有哪些环节？有哪些要求？
2. 如果当事人提起上诉，需要做哪些工作？

任务分析

庭审结束后，书记员承担的任务大多是事务性工作，如制作合议庭评议笔录、宣判笔录，裁判文书校对、印制、送达、公开，案卷材料移转、整理扫描、立卷归档等。庭审后工作任务流程如图2-3-1所示。

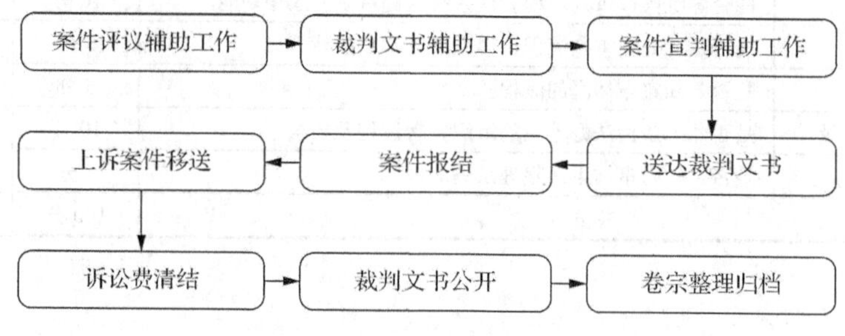

图2-3-1 庭审后工作任务流程

任务实施

步骤1 案件评议辅助工作

决定当庭宣判的，休庭后合议庭成员应立即进入合议室进行评议；定期宣判的，应在庭审结束后5个工作日内进行评议。

1. 当庭宣判案件评议中书记员工作及办理流程

1）退庭合议。合议庭成员退庭后，书记员进入合议室参与合议，并做好辅助工作。

2）如实记录评议过程及内容，并制作合议庭评议笔录。合议庭评议笔录的主要内容如表2-3-1所示。

表 2-3-1　合议庭评议笔录的主要内容

序号	记录内容
1	评议的时间、地点，合议庭成员的姓名、职务，书记员的姓名
2	案由、案号
3	主持评议的审判员或审判长的发言
4	合议庭其他成员的发言，包括对诉讼主体资格的审查意见、对行政主体是否超越法定职权的审查意见、对行政程序是否合法的审查意见、对适用法律法规是否正确的审查意见、对每一份争议的认证意见、对全案的处理意见等
5	主持评议的审判员或审判长对讨论意见的综合归纳
6	评议结果，包括认定事实、案件定性、适用法律和处理意见 4 项内容。对少数人的不同意见及理由，也要如实记入笔录

3）组织签署。评议结束后，书记员在合议庭评议笔录上签名确认后，立即提请合议庭成员审阅并签名确认。

2. 定期宣判案件中书记员工作及办理流程

1）发送评议通知。接到审判长评议通知后，通知其他合议庭成员按时参加评议。

2）查阅资料熟悉案情。参加评议前，查阅案件中的起诉状、答辩状、法庭笔录等，回顾案情。

3）做好准备。提前到达合议室，做好场地准备工作，准备好合议庭评议笔录首部。

4）做好评议记录。评议记录的内容同当庭宣判案件评议记录。

5）组织签署。在合议庭评议笔录上签名，提交合议庭组成人员审阅并签名。

合议庭评议笔录样例及制作注意事项

相关法规法条

1.《中华人民共和国行政诉讼法》第七条。

2.《中华人民共和国民事诉讼法》第四十四条、第四十五条。

3.《最高人民法院关于进一步加强合议庭职责的若干规定》第四条、第六条、第七条。

4.《中华人民共和国人民法院组织法》第三十一条。

步骤 2　裁判文书辅助工作

案件评议结束后，承办人要根据合议庭评议意见制作裁判文书。现实中，法院“案多人少”的现象客观存在，书记员作为法官办案的助手，要在承办人的指导下悉心做好裁判文书工作。裁判文书的制作流程如图 2-3-2 所示。

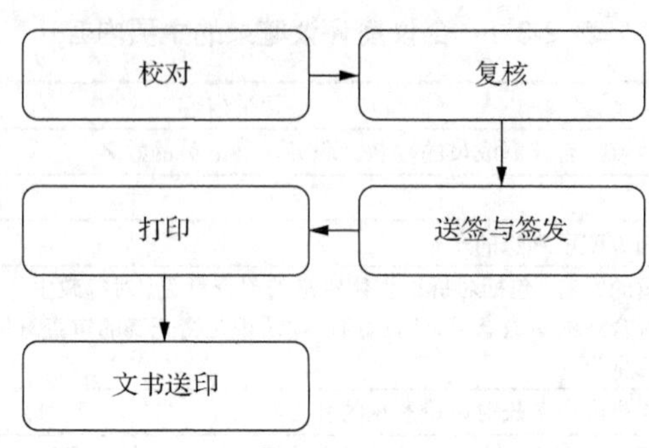

图 2-3-2　裁判文书的制作流程

1. 校对

裁判文书校对注意事项

1）校对的要求。校对裁判文书时，应严格按照《最高人民法院行政诉讼文书样式（试行）》、地方法院规定的诉讼文书格式标准进行校对，做到：①文书格式符合相关文件指引的规定；②文书中的简称及概念保持统一，法律条文及其他引文准确、规范、可靠；③文书中不存在表达错误、逻辑错误；④文书中无错别字；⑤文书中标点符号使用准确；⑥行文流畅，条理清晰，易读易懂，没有歧义；⑦没有泄露当事人的个人隐私和商业秘密；⑧不存在违法情形。

2）校对的内容。裁判文书校对既包括文书具体内容（标题、当事人情况、认定事实、适用法律、裁判主文等）的校对，也包括技术规范、语言文字、标点符号等方面的校对。裁判文书的校对内容如表 2-3-2 所示。

表 2-3-2　裁判文书的校对内容

校对项目	校对内容
文书具体内容	标题中的法院名称是否正确，法院名称一般应与院印的文字一致。基层人民法院、中级人民法院名称前应冠以省、自治区、直辖市的名称。涉外裁判文书，法院名称前一般应冠以“中华人民共和国”字样。案件当事人中如果没有外国人、无国籍人、外国企业或组织的，地方人民法院、专门人民法院制作的裁判文书标题中的法院名称则无须冠以“中华人民共和国”字样
	案号是否准确。案号由收案年度、法院代字、类型代字、案件编号组成，如“〔2021〕郑行终字第 33 号”
	诉讼参与人主体资格信息是否正确。如原告是公民的，自然情况是否准确列明；原告是法人的，法人名称及所在地址、法定代表人的姓名及职务是否准确；原告是未成年人的，法定代理人的信息是否准确列明；共同诉讼案件，是否列明诉讼代表人等；被告及第三人的信息资料是否准确；委托代理人的信息是否准确等
	案由、审理程序、审判组织、开庭时间及诉讼参与人的参加情况等是否与法庭笔录中记载一致
	当事人的诉辩意见有无遗漏、变更，证据是否清楚、全面，事实是否准确、清晰
	法律法规引用是否具体规范，引用法律法规及司法解释时，原条文用阿拉伯数字的，应用阿拉伯数字；原条文用汉字数字的，应用汉字数字；判决的理由是否合法有据
	判决主文是否处理了原告的全部诉讼请求，对于未支持的诉讼请求，应有“驳回其他诉讼请求”项，具有赔偿数额的必须使用大写；对于撤销原行为，应写明是否需要判决被告重新作出行政行为及明确履行期限等
	诉讼费用的负担表述是否清楚，包括案件受理费、保全费、鉴定费等有无遗漏、数额是否正确；上诉期限及上诉法院是否正确
	合议庭成员、法官助理及书记员是否与开庭时告知当事人的一致，文书落款时间是否在审理期限内

续表

校对项目	校对内容
技术规范、语言文字、标点符号	法院名称应用二号标宋，裁判文书名称应用一号标宋，案号和正文应用三号仿宋
	标题单倍行距、居中；正文两端对齐、首行缩进 2 字符、行间距 26 磅
	案号居右对齐
	案号和标题之间空 1 行，连接正文，并与正文右侧相差 1 字符
	字间距、段间距、页眉、页脚等符合规范
	打印一律应用标准 A4 纸
	四位数内（含四位数）的数字，不用分节法；大于四位数的数字，千分位应该分开；一个完整的数字不能出现串行，只能在一行中出现；相邻的两个数字并列连用表示概数，在连用的两个数字之间不得用顿号隔开
	判决主文中的金额等必须使用大写，不得出现小写数字
	判决主文中不能出现简称，一律使用当事人原名称
	标点符号应符合国家标准的《标点符号用法》（GB/T 15384—2011）；在“判决如下”“裁定如下”等词语之后，应使用冒号；在“经审理查明”“本院认为”等词语之后，凡所提示的下文有一层意思的，用逗号；有数层意思的，用冒号；数层意思之间的，用分号
	两页以上的法律文书必须居中编写页码，从“1”开始编起；最后一页无正文内容，仅有合议庭组成、日期等内容的，要顶格写明“此页无正文”字样（尽量通过技术手段避免“此页无正文”现象）

2. 复核

书记员完成校对后，将裁判文书交由审判长复核。

3. 送签与签发

审判长复核后，填写结案呈批表，连同裁判文书、案卷材料一并交付审判长和合议庭成员审核签字。审判长和合议庭成员审核无误后，分别在结案呈批表中的“审判长意见”“合议庭意见”处签署意见和名字。如果需要报请庭长或院长审批的，将案卷全部材料、裁判文书、结案呈批表报庭长或院长签署。书记员应在结案呈批表中的“核稿人”处签名，同时在裁判文书原件尾部“书记员”后签名。

4. 打印

签发后，书记员先打印裁判文书清样，依照原稿再次校对文书内容，确保准确无误。特别是格式上，落款与正文要同处一面，排版后所剩空白处不能容下印章时，可以适当调整行距、字距，尽量避免“此页无正文”现象。核对无误后，交付承办人审核，承办人核对无误，同意印刷后，书记员交付文印室正式印刷。

文书印好后，需要装订或粘贴的，按照规定要求予以装订或粘贴。需要注意的是，案卷归档所用的裁判文书只能用胶水粘贴，不得用订书钉装订，以防止金属物腐蚀卷宗。发放给当事人和代理人的、合议庭成员自己留存的及移送其他法院的裁判文书，可以用订书钉装订。

5. 文书送印

文书送印前，书记员要再次检查裁判文书有无印刷、粘贴或装订错误，是否存在错页、少页现象等，确保裁判文书字迹清晰、版本端正、装订（粘贴）整齐。经检查无误后，及时手动送印或使用电子签章系统送印。

手动送印的，需要在裁判文书上加盖两个印章。一是人民法院院章，加盖在裁判文书尾部判决日期居中位置，上不压审判员，下不压书记员，下弧骑年压月；印章国徽底边缘及上下弧以不覆盖文字为限；公章不应歪斜、模糊。二是核对无误章，即“本件与原本核对无误”章，应加盖在裁判文书尾部及判决日期与书记员署名之间的空行处，左边与裁判文书的正文对齐。裁判文书正本仅加盖院章，不用加盖核对无误章。

使用“人民法院电子签章管理系统”送印的操作流程如下。

1）进入“人民法院电子签章管理系统”，正确填写用户名和密码，然后单击“登录”按钮，进入系统。

2）单击“用印申请”按钮，进入用印申请主页面。

3）在“用印申请信息录入”页面中填写申请人、申请时间、文书标题、文书摘要、打印份数等信息，选择审批人。其中，文书标题和打印份数为必录项目。核对无误后，单击“上传文件”按钮，用印申请信息将上传至电子签章数据库，并分送有权限的审批人。

4）审批人审阅待审批文件、实行电子签章后，文书自动保存到数据库。书记员单击“文书打印”按钮，页面显示有可以打印的文书列表，可以单击“浏览文件”按钮查看文书内容，并且能够看到文书已经签章。但是在浏览文件时不能直接打印，因为此时打印出的印章是黑色的。如果要打印文书，必须单击“文书打印”按钮。

5）随即出现“设置打印份数”页面，书记员可以根据需要设置打印份数，单击“确定”按钮。

6）系统将打开“打印”设置页面，按实际需要设置打印机，完成设置后单击“打印”按钮。

相关法规法条

1. 最高人民法院《行政诉讼文书样式（试行）》。
2. 最高人民法院《人民法院民事裁判文书制作规范》。
3. 《最高人民法院关于裁判文书引用法律、法规等规范性法律文件的规定》。

步骤3　案件宣判辅助工作

案件宣判分为当庭宣判和定期宣判两种。当庭宣判，即在评议结束后，立即复庭宣告判决结果。定期宣判，即审理后另择日期开庭，宣告判决结果。

1. 当庭宣判辅助工作

在当庭宣判中，书记员工作及办理流程如下。

1）主持合议庭成员入庭。案件评议结束后，书记员先行返回法庭，进行复庭准备。

2）做好笔录。在法庭笔录上继续记录，记明这一阶段的过程及内容。

3）组织聆听裁判结果。提请全体起立，聆听裁判结果。

4）宣布散庭。待审判长完成征询当事人意见、交代上诉权、文书送达等事宜，宣布闭庭后，宣布散庭。

5）审阅、签署法庭笔录。

2. 定期宣判辅助工作

1）宣判前的准备工作。在宣判前书记员要做好以下准备工作。①宣判时间确定后，提前预定法庭。②宣判 7 日前通知各方当事人宣判的时间和地点。③宣判 3 日前制作好开庭宣判传票，并送达当事人、委托代理人。④宣判 3 日前在法院公告栏或电子显示屏上发布公开宣判公告，公告中写明公开宣判的时间、地点、案件当事人情况和案由，并注明发布公告的时间。公告要留底联入卷备案。⑤如果需要法警配合的，应办理有关调警手续。⑥准备好裁判文书和裁判文书送达回证。

2）宣判中的工作。书记员要认真核对到庭当事人、委托代理人的身份及授权委托手续等材料。重点工作是制作宣判笔录，如实记录以下内容：案由、案号；宣判时间、宣判地点；合议庭成员、书记员、到庭当事人身份情况；裁判文书的名称及编号、裁判结果；法庭告知当事人的有关事项；当事人对裁判的意见；未到庭参加宣判的当事人；法官的解答意见等。

3）宣判后的工作。闭庭后，认真审阅并打印宣判笔录，报请审判长审阅。随后向当事人宣读或由当事人阅读，并组织当事人核对、签名、捺指印，拒绝签名、捺指印的，记明情况附卷。书记员签名确认后，提请合议庭成员审阅并签名或盖章确认。

宣判笔录样例及制作注意事项

相关法规法条

1.《中华人民共和国行政诉讼法》第八十条。

2.《中华人民共和国民事诉讼法》第一百五十条。

步骤 4　送达裁判文书

宣判后，应向当事人或诉讼代理人送达裁判文书。裁判文书送达工作流程如下。

1. 核对文书

在文书送达前，应再次核对文书是否存在印刷错误、装订错误，页码有无颠倒、重复，页面有无污迹，院章、核对无误章的位置是否正确。

2. 送达

按照法律规定，当庭宣判的，应当在 10 日内发送判决书；定期宣判的，宣判后应立即发送判决书。

3. 填写送达回证

送达后，书记员应规范填写送达回证，让当事人或诉讼代理人在送达回证上签署姓名和日期。送达回证如图 2-3-3 所示。

××××人民法院
送达回证

案由		案号	
送达文书名称和件数			
受送达人			
送达地址			
受送达人签名或盖章			
代收人及代收理由			
备考			

填发人：　　　　　　　　　　　　　　送达人：

图 2-3-3　送达回证

电子送达

相关法规法条

1. 最高人民法院《关于适用〈中华人民共和国行政诉讼法〉的解释》第五十一条、第五十二条。

2.《中华人民共和国民事诉讼法》第八十七条至第九十五条。

步骤 5　案件报结

裁判文书送达各方当事人后，案件在法律上已经审结，书记员应协助承办人完成案件报结工作。案件报结工作流程如图 2-3-4 所示。

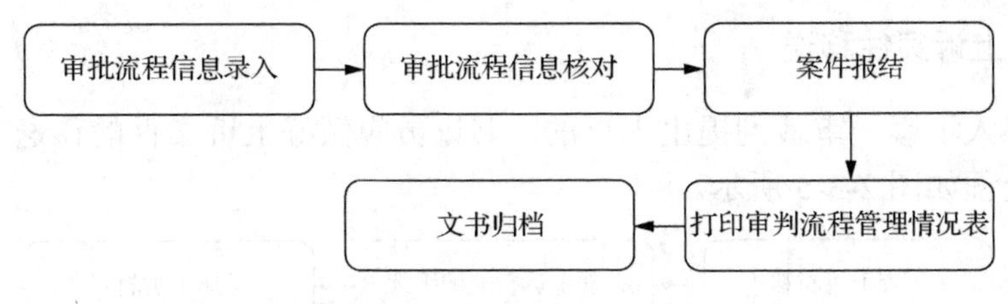

图 2-3-4　案件报结工作流程

1. 审批流程信息录入

案件报结前，登录法院审判流程管理系统，将审批流程信息录入“审判流程管理情况表”中，内容如下。

1）承办人、其他合议庭成员、书记员的信息。

2）当事人信息、被告行政机关的组织机构代码证号。有第三人、委托代理人的，其信息也要录入。

3）开庭信息，包括开庭的时间、地点、结案方式、裁判结果、宣判时间等，并把法庭笔录上传至审判流程管理系统。

4）中止审理、法定扣除审限情况。

5）提出管辖权异议人、处理结果等信息。

6）结案方式、裁判结果、裁判文书送达情况、结案案由、结案日期。

7）诉讼费用交纳情况及收据信息。

8）其他内容。

2. 审批流程信息核对

结案信息录入完毕后应认真核对，如发现录入信息有误的，应及时修改；如无法修改的，应及时与审判管理部门联系，及时加以处理。

3. 案件报结

报结时，书记员应协助承办人将案件裁判文书上传至审判流程管理系统，并录入送达信息、公告、结案时间、结案方式、裁判文书是否有执行内容、裁判文书是否生效等信息。

4. 打印审判流程管理情况表

报结后，从审判流程管理系统中打印《一审行政案件审判流程管理情况表》，以备整卷归档。

5. 文书归档

需要承办人补齐卷宗材料的，承办人应在案件审结后及时完成卷宗材料的补充工作；未上诉的案件，书记员在 3 个月内完成案卷的整理归档工作。

步骤 6　上诉案件移送

如果当事人不服一审裁判提出上诉的，书记员应做好上诉案件的移送工作。上诉案件移送工作流程如图 2-3-5 所示。

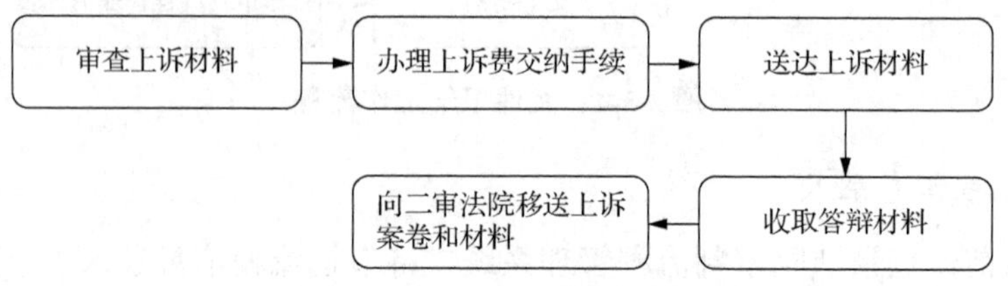

图 2-3-5　上诉案件移送工作流程

1. 审查上诉材料

接到当事人提交的上诉状后，书记员要检查审核以下内容。

1）上诉人是否属于有权提起上诉的当事人。诉讼代理人经当事人授权代为上诉的，有无诉讼代理人的签名或盖章。

2）上诉是否在法定期限内。根据法律规定，当事人不服一审判决的，应在判决书送达之日起 15 日内提起上诉；不服一审裁定的，应在裁定书送达之日起 10 日内提起上诉。对超过上诉期限的上诉，不收取上诉状并告知理由。

3）上诉状是否为原件，上诉状的尾部“上诉人签名”是否为当事人本人手写签名。

4）上诉状内容是否完整，包括当事人的姓名或名称、原审法院的名称、案件的编号和案由是否完整，上诉请求和上诉时间是否明确具体。

5）当事人的诉讼地位是否准确，应列明上诉人（原审原告或原审被告）、被上诉人（原审被告或原审原告），未上诉或未被上诉的原审当事人列明原审地位，如原审原告、原审被告及原审第三人。

6）上诉人应按对方当事人的数量提交上诉状副本，并同时提交身份证复印件、送达地址确认书等材料；有委托代理人的应提交授权委托手续，授权委托书上必须有委托人和代理人的签名或盖章。

2. 办理上诉费交纳手续

上诉人提起上诉，应在提交上诉状时预交案件受理费。书记员在审核缴费凭证后再收取上诉状。上诉人在上诉期内未预交诉讼费用的，书记员通知其在 7 日内预交。当事人通过邮寄方式提交上诉状的，书记员收到上诉状后应及时审查，并通知当事人尽快交纳上诉费。如果双方当事人均不服一审裁判，在法定期限内提起上诉的，各方都应交纳一份诉讼费。上诉人不交纳案件受理费且没有申请司法救助的，应分以下情况处理。

1）上诉人在上诉期内主动撤回上诉状放弃上诉的，书记员应做好工作记录，案件不再移送；上诉人在上诉期满后主动撤回上诉状放弃上诉的，应当将案件移送至二审法院，由二审法院依法处理。

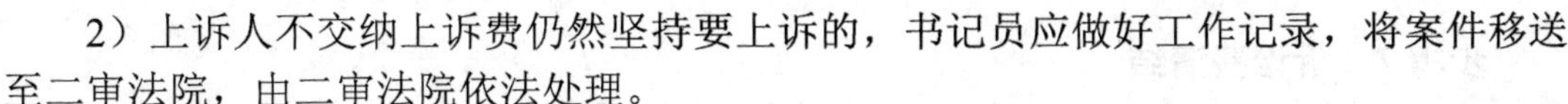

2）上诉人不交纳上诉费仍然坚持要上诉的，书记员应做好工作记录，将案件移送至二审法院，由二审法院依法处理。

3. 送达上诉材料

经审查，上诉手续齐备的，应当在收到上诉状之日起 5 日内将上诉状副本送达其他各方当事人。如果采取邮寄送达的，由于有在途时间，需要在收到上诉状后 2 日内交付邮寄。

4. 收取答辩材料

被上诉人应在收到上诉材料之日起 15 日内提交答辩材料。收到答辩材料后，书记员应在 5 日内送达上诉人。需要提醒的是，被上诉人逾期不提交的，可以在二审提交；不提出答辩状的，不影响人民法院审理。

5. 向二审法院移送上诉案卷和材料

书记员应在收到上诉状、答辩状后 5 日内连同全部案卷和证据，报送二审法院。

1）收集上诉材料。包括：上诉状原件、上诉费交纳凭证或当事人关于减、免、缓交上诉案件受理费的申请书及相关证明、上诉人身份证明及委托代理手续、被上诉人的答辩状或被上诉人不出具答辩意见的说明各 1 份、一审裁判文书原件 5 份。

2）整理、装订一审卷宗。在装订案卷之前，书记员应该对诉讼材料进行认真整理与检查，发现诉讼材料不完备的，应及时补齐，去掉重份材料和与本案无关的材料。然后，按照《人民法院诉讼文书立卷归档办法》要求，将诉讼材料排列好顺序并在右上角编写好页码，按照案卷装订要求进行装订。

3）向二审法院移送。在规定期限内，将一审案卷（正副卷）连同上诉状、答辩状、上诉移送函及其他上诉材料和证据材料，报送二审法院。上诉移送函中应说明案件当事人的情况、上诉情况及移送卷宗材料情况。上诉移送函一式两份，一份移送二审法院，一份订入一审卷宗。同时，备好送达回证，填写清楚向二审法院移送的所有材料和卷宗、二审法院及具体审判庭的名称，并加盖本院院章。

4）录入上诉移送信息。书记员应及时将案卷移送情况录入审判流程管理系统。录入的信息包括：上诉状的提交方式、当事人的上诉地位、上诉状收到时间、上诉状副本送达时间、答辩状的提交及送达情况、交纳上诉费情况等。

上诉案件移送工作注意事项

相关法规法条

1.《中华人民共和国行政诉讼法》第八十五条。

2.《最高人民法院关于执行〈中华人民共和国行政诉讼法〉若干问题的解释》第一百零七条、第一百零八条。

3.《诉讼费用交纳办法》第八条、第二十二条。

步骤7　诉讼费清结

当事人未在法定期限内提起上诉的，或者当事人提起上诉二审法院维持一审裁判的，书记员应及时根据裁判结果办理诉讼费的退还和收取工作。关于诉讼费的退费范围参见《诉讼费用交纳办法》。

1. 线下退费工作流程

1）审核。裁判文书生效后，书记员应立即对诉讼费进行审核，对于应当退费的，填写《案件退诉讼费呈批表》，如图2-3-6所示。

案件退诉讼费呈批表

案由		案号	
原告		收费金额	
被告		退费金额	
退费对象			
退费原因			
承办人签字		审判长签字	
庭长意见			
主管院长意见			
财务主管院长意见			

图2-3-6　案件退诉讼费呈批表

2）送签。将《案件退诉讼费呈批表》层报审判长、庭长、主管院长、财务主管院长核签。

3）填写《诉讼费退费通知书》，交付承办人审核签批，加盖庭章并写明日期。

4）通知。通知当事人携带相关证件到财务部门办理退费。当事人放弃诉讼费用的，应要求其提交书面的放弃声明；对于未表示放弃诉讼费用又逾期不办理的，书记员要做好记录，承办人和书记员签字后附卷。

5）入卷。当事人办完退费手续后，将《人民法院诉讼费用结算通知书》当事人一联交给当事人，将应该入卷留存的一联入卷保存，装订卷宗时钉入案卷内。

2. 网上退费工作流程

1）书记员通知当事人办理退费。

2）当事人通过“法院电子诉讼服务平台”提交退费申请。

3）书记员对退费申请进行审核，经相关领导审批后，通过审判流程管理系统和诉讼费管理系统将退费信息推送至财务部门，同时向当事人推送同意退费通知。

4）当事人收到通知后，持相关材料到法院财务窗口办理退费业务。

3. 诉讼费的收取

诉讼费清结工作注意事项

1）依据已生效的裁判文书中载明的被告应负担的数额，制作《诉讼费收取通知书》，写明履行期限和不履行的法律后果，以书面形式送达被告。

2）被告拒不交纳需要强制执行的，由承办人将有关材料和生效法律文书移交立案部门，转执行部门执行。

相关法规法条

《诉讼费用交纳办法》第五十三条。

步骤 8　裁判文书公开

裁判文书公开是增强法院审判透明度的重要举措，是深化司法体制综合配套改革，全面准确落实司法责任制，加快建设公正高效权威的社会主义司法制度的重要内容。

裁判文书公开，让看得见的正义给公民以信心，起到了法治宣传教育的效果，增强了全民法治观念。用公开弘扬社会主义法治精神，引导全体人民做社会主义法治的忠实崇尚者、自觉遵守者、坚定捍卫者，建立公众对法律与正义的信仰。

按照《最高人民法院关于人民法院在互联网公布裁判文书的规定》，发生法律效力的裁判文书，应当在裁判文书生效之日起 7 个工作日内在互联网公布。上网公开工作办理流程如下。

1. 修改文书格式

在互联网公布裁判文书时，应遵循以下格式要求。

1）文本名称。裁判文书应以案件名称命名，表述为“当事人＋案由＋审级＋文书种类”。例如，“××公司与××局×××纠纷一审行政判决书”。

2）裁判文书标题。例如，“××××人民法院行政判决书”，统一用“小二号黑体”。

3）裁判文书的其他内容。包括案号、正文等统一用“小三号宋体”。

4）行间距和字间距。行间距统一设定为“25 磅”，字间距设定为“标准”。

5）结尾。结尾处保留合议庭成员、裁判日期、法官助理、书记员，这些信息要上下对齐、居右设置，删除“(院印)”“本件与原本核对无异”等内容。

2. 对文书进行技术处理

1）直接删除以下信息和内容：涉及国家秘密、商业秘密和个人隐私的内容；当事人县级行政区划以下的具体住所地；自然人的家庭住址、通信方式、身份证号码等个人信息；法人及其他组织的银行账号、车牌号码、动产或不动产权属证书编号等信息；其他不宜公开的内容和信息。删除部分不以任何文字及符号替代，删除信息影响对裁判文书正确理解的，用符号“×”作部分替代。

2）对以下身份信息作隐名处理：证人、鉴定人、未成年人保留姓氏，名字以“某”替代；少数民族姓名，保留第一个字，其余内容以“某”替代；对于外国人、无国籍人姓名的中文译文，保留第一个字，其余内容以“某”替代；对于外国人、无国籍人的英文姓名，保留第一个英文字母，删除其他内容。

3）除根据前述规定作隐名处理的以外，应当保留下列信息：当事人及其法定代理人是自然人的，保留姓名、出生日期、性别、住所地所属县、区；当事人及其法定代理人是法人或其他组织的，保留名称、住所地、组织机构代码，以及法定代表人或主要负责人的姓名、职务；委托代理人是律师或者基层法律服务工作者的，保留姓名、执业证号和律师事务所、基层法律服务机构名称；委托代理人、辩护人是其他人员的，保留姓名，出生日期，性别，住所地所属县、区，以及与当事人的关系。

3. 文书公开的流程

1）制作文本。拟网上公开的裁判文书，按照以上规范进行文本制作。

2）校对纠错。文书上网前，应认真校对和纠错，确保裁判文书电子文本内容真实、准确，格式规范，引用法律条款无误，文字表述、数字和标点符号应用等无错漏。

文书公开工作有关要求

3）审核。经修改确认无误后，预览检查，符合要求后提交承办人、本院审判管理部门审核。

4）公开。院审管办审核同意后，将裁判文书在中国裁判文书网公布。

相关法规法条

1.《最高人民法院关于人民法院在互联网公布裁判文书的规定》。

2.《中华人民共和国行政诉讼法》第六十五条。

步骤 9　卷宗整理归档

行政案件立案后，书记员应开始收集有关本案的各种诉讼文书材料，着手整理立卷工作。在案件办结以后，及时整理归档。归档工作流程如图 2-3-7 所示。

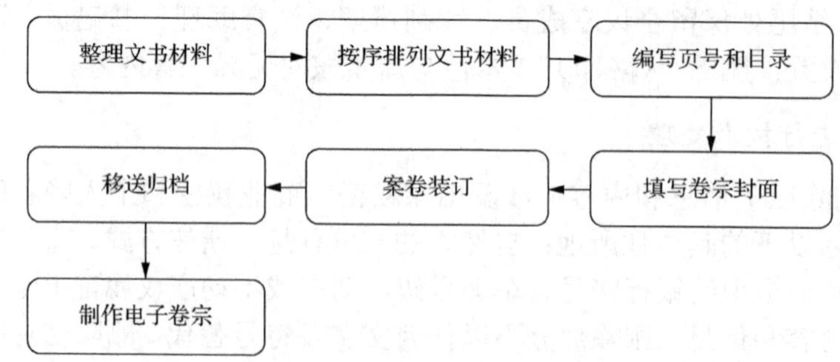

图 2-3-7　归档工作流程

1. 整理文书材料

书记员应认真检查案件的文书材料是否收集齐全，诉讼文书不完备的应及时补齐或补救，并去除与本案无关的材料。各类诉讼文书必须使用标准 A4 纸，用不耐久字迹材料书写的证据文件材料应复印一份附后；传真文件材料必须复印，复印件归档，传真件不归档。入卷的诉讼文书材料应为原件，不能提供原件的可保存一份复印件，同时注明没有原件的原因。卷内诉讼文书材料，一般只保存一份（有领导同志指示的除外），重份的文书材料一律剔除。本院的判决书、裁定书、调解书等法律文书原件应保留 3 份。

2. 按序排列文书材料

诉讼文书材料的排列顺序，总的要求是按照法定审判程序和文件材料形成的时间顺序，兼顾文件之间的有机联系进行排列。行政一审案件卷宗包括正卷和副卷。

1）正卷排列顺序。卷宗封面；卷内目录；案件审判流程管理信息表；起诉书；诉讼费收据；答辩状；法定代表人及诉讼代理人的身份证明及授权委托书；当事人提供的证据材料；开庭通知、传票及开庭公告底稿；开庭审判笔录；当事人及其代理人书面代理意见；撤诉书；判决书、裁定书正本；宣判公告；宣判笔录；送达回证；上诉案件移送书；上级法院退卷函；上级法院判决书、裁定书；备考表；卷底。

2）副卷排列顺序。卷宗封面；卷内目录；阅卷笔录；审理报告；合议庭评议笔录；判决书、裁定书原本；司法建议书；发回重审意见书；其他不宜对外公开的材料；备考表；卷底。

3. 编写页号和目录

对诉讼文书材料逐页编号。页号一律用阿拉伯数字编写，正面书写在右上角，反面书写在左上角，反面无字迹的不编页号。卷宗封面、卷内目录、备考表、证物袋、卷底不编页号。

卷内目录要按照文书排列顺序逐件列明条目，同类文件应编写一个序号。卷内目录中各项编号的所在页号，除最后一项需填写起止页号外，其余各项只填写起始页号。目录中未编页码的空白行应用斜对角线（右斜线）划掉，不得使用 S 形、波浪形等曲线随意勾画。

4. 填写卷宗封面

卷宗封面必须按项目要求逐项填写齐全，字迹要清晰、工整，卷面要整洁、规范。

1）卷宗封面的书写。

① 审级用汉字数字的小写表示，如一审、二审等。

② 年度和案号一律用阿拉伯数字书写。年度不加括弧，直接书写案号，不需用零补足位数。

③ 案由的填写应准确、规范。

④ 当事人诉讼地位及姓名、合议庭组成人员及书记员姓名，必须与裁判文书一致。

⑤ 结案日期填写正式宣判日期，并加盖统计登记章，印章尽量避开结案的月份和日期。

⑥ 归档日期必须与实际的归档日期保持一致。

⑦ 保存期限按照《诉讼文书材料保管期限表》对应填写。

2）卷脊的书写。

① 每一册归档卷宗均应书写卷脊；卷脊上的文字一律横写并应做到字迹清楚，笔道适当加重，数字之间的距离适当拉开，不扎堆。

② 年度和案号用阿拉伯数字书写，年度不加括弧，案号不需用零补足位数。

③ 卷脊上的年度、案号应与卷宗封面上、卷内法律文书、立案审批表、审判流程管理信息表上的年度、案号相一致。

④ 案号如有变动，应及时发裁定书予以更正并通知档案部门。

5. 案卷装订

1）检查。材料不完整的要补齐，破损或褪色、字迹扩散的要修补、复制；纸张过大的应自左向右、自上而下折叠，纸张过小、订口过窄的要加贴衬纸。折叠、加衬纸都应以标准 A4 纸为准；外文及少数民族文字材料应附上汉语译文；需要附卷保存的信封，应打开展平加贴衬纸，邮票不得去掉；卷宗内严禁留置订书钉、曲别针、大头针等金属物。

2）装订。应根据卷内文件材料的多少选择合适的卷皮。一般来说，案卷厚度在 50 页以内时应选用 5mm 卷皮；案卷厚度在 50～100 页时应选用 10mm 卷皮；案卷厚度在 100～150 页时应选用 15mm 卷皮。每卷的厚度以不超过 200 页为宜，材料过多的，应按顺序分册装订。每册案卷都应重新编写页号。卷宗内文件材料应下对齐、右对齐，用线绳或装订机三孔一线装订。

3）复查。案卷装订完毕后，应认真检查卷内文件材料有无漏订、压字等现象，如有问题，则拆卷重订。然后在卷底装订线上贴上封纸，并用书记员个人印章加盖骑缝章。

4）填写备考表。将本卷需要说明和记录的事项及立卷人、检查人和立卷时间等项目填写清楚。“本卷情况说明”一栏应填写卷内文书材料缺损、修改、补充、移出、销毁等情况，并记录与本卷相关的实物档案归档情况。“立卷人、检查人”一栏应由立卷人、检查人亲笔签名，一律不得用个人印章代替。“立卷日期”一栏填写立卷完成的日期。

6. 移送归档

诉讼文书材料经过收集、整理、立卷、编目、装订等环节，经检查无误后应在案件结案后 3 个月内到档案管理部门办理验卷归档手续。

1）移送归档前，交由承办人检验卷宗，并在审判流程管理系统中完成案件归档信息的录入。

2）检验人检查合格后，签字确认。

3）书记员规范填写案件卷宗归档表，交庭长审核。

4）庭长审核后，书记员将案卷移送档案管理部门。

5）档案验卷工作人员检查合格的，接收归档；检查不合格的，退回重新整理，退回后在 2 日内重整完毕并归还卷宗。

7. 制作电子卷宗

电子卷宗制作工作是诉讼案件材料电子化的形成过程，包括诉讼案件材料电子文件的形成、整理和归档。制作电子卷宗工作流程如下。

1）收集。自立案后，书记员应按照真实、完整、安全、有效的原则，随案件进程同步收集案件诉讼材料，包括在案件受理时接收或办理过程中形成的电子文档、图像、音频、视频等电子文件，以及将纸质案卷材料依托数字影像、文字识别等技术制作而成的电子文档、数据等电子文件。诉讼中产生的文件资料，随时通过扫描或摄像方式制作成电子文件。完成电子化后，及时上传至审判流程管理系统，并根据材料属性分别录入到正卷或副卷目录中。

2）排列。电子卷宗与纸质卷宗一样分为正卷和副卷。电子卷宗材料的排列顺序要与该案纸质卷宗材料顺序保持一致。

3）检查。案件办结后，在审判流程管理系统中应认真检查全案材料是否录入齐全完整。若发现电子卷宗材料不齐全或材料录入不完整、不规范的，应当及时补正。

4）编号。在审判流程管理系统中逐页编号，同时按电子材料的排列顺序对应填写电子卷宗的卷内目录及相应电子材料的起始（止）页号。

5）制作封面、封底。卷宗名称、案号、案由、保管期限、密级标识等相关归档信息要做到齐全完整、准确无误；立卷人、检查人等栏目应当有经办人员的电子签名。

6）提交归档。报请承办人检查全案材料，卷内文件目录名称是否规范、要素是否齐全，电子诉讼材料是否齐全完整、排列是否有误，内容是否真实，录入的图像是否清晰、整洁。若发现不符合上述要求的，应及时自行（或安排书记员）补齐或补救，重新生成电子卷宗。经检查确认符合提交归档要求的，应及时向档案管理部门提交归档。

7）接收检查。交由档案管理部门后，该部门对电子卷宗中的文件材料项目和内容是否齐全进行检查。经检查合格的，由档案管理部门确认归档。

卷宗整理归档工作注意事项

相关法规法条

1. 最高人民法院《人民法院诉讼文书立卷归档办法》第四条、第五条、第八条、第十七条至第二十条、第二十五条、第二十六条。

2.《最高人民法院关于全面推进人民法院电子卷宗随案同步生成和深度应用的指导意见》。

3. 最高人民法院、国家档案局《人民法院电子诉讼档案管理暂行办法》。

知识平台

1. 裁判文书校对

在裁判文书校对中，常见有以下错误。

1）对于涉外案件，标题遗漏“中华人民共和国”字样；当事人单独提起的行政赔偿案件中，标题遗漏“赔偿”字样。

2）当事人的基本信息错误，如姓名、年龄、工作单位等；当事人身份证住址与起诉状不一致；文书中遗漏“原告”“被告”字样，直接写成“张某，男……”等。

3）当事人诉称、辩称错误，诉称、辩称等不能照搬照抄；证据材料名称、内容错误。

4）不必要的空格错误，如误用空格键、回车键造成的空格。

5）数字换行的错误，如金钱数额为多位的，易出现数字断行、千分位不空格的错误。

6）在案件审理过程中，更换合议庭成员的，文书中尾部易出现合议庭成员与开庭时不一致的错误。

7）裁判文书日期错误，如文书日期早于合议庭审阅的日期。

2. 裁判文书送达

1）宣判前，应核对好当事人及委托代理人的身份情况。特别需要注意的是，当事人在起诉时提交的送达地址确认书是判决书送达的依据，如在地址确认书上受送达人签字是委托代理人签名，则在宣判前应要求当事人在送达地址确认书上签名确认，以确保裁判文书和上诉状诉讼送达无误。

2）当事人及委托代理人拒绝在宣判笔录上签字的，由书记员在笔录上记明拒签的情况，并由法官签字。

3）当事人要求邮寄送达的，应提交书面申请。邮寄送达裁判文书时，应以当事人签署的邮寄送达地址确认书上的地址为准。当事人变更地址的，应签署新的送达地址确认书，否则送达无效。送达时要保留好邮单存根，邮寄后及时督促当事人将送达回证寄回。

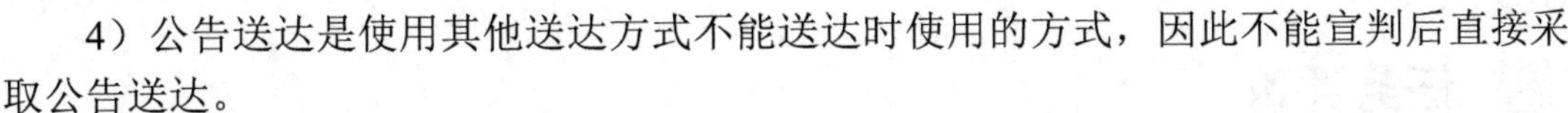

4）公告送达是使用其他送达方式不能送达时使用的方式，因此不能宣判后直接采取公告送达。

任务实训

请学生按照表 2-3-3 中的内容进行任务实训。

表 2-3-3　行政一审案件庭审后实务工作实训单

项目内容	要素描述及内容和要求
实训素材	胡某在河南省项城市花园办事处辖区内拥有一处合法宅基地，在宅基地上依法建有房屋。2017 年 7 月，项城市人民政府与胡某签订了《项城市土地房屋征收补偿安置协议》，约定：向胡某支付附属物补偿款、搬家费、过渡安置费、奖励等应得款项合计为 66 376 元；安置房屋面积 240 米^2。双方在协议中未约定安置房的具体位置。协议签订后，胡某按约定向征收部门交付了房屋，征收部门按约定向胡某支付了各项补偿款。 2018 年 3 月，胡某的房屋被强制拆除。2018 年 4 月 9 日，项城市人民政府花园办事处向胡某出具《证明》，载明：“经请示市政府有关部门研究，同意拆迁户就地安置在正泰路以南拆迁地块内。”据此，胡某请求项城市人民政府将其安置在位于正泰路以南新建的“澜庭叙”住宅小区。 2019 年 12 月 26 日，花园路办事处通知胡某等拆迁户选安置房。胡某对安置房地点不满意，认为项城市人民政府未完全履行安置补偿协议，遂向周口市中级人民法院提起诉讼。 周口市中级人民法院一审认为，双方签订的《补偿安置协议》系双方真实意思表示，系有效协议。项城市花园办事处出具的《证明》，该证明为复印件，没有证明单位负责人和出具人签字，不符合证据的形式要件，应不予采纳。且绝大多数被拆迁户已经进行安置，并没有被拆迁户安置在原地建设的“澜庭叙”住宅小区，如果允许胡某在原地安置势必会给当地的征迁工作带来不利影响，影响社会稳定。综合以上原因，依照《中华人民共和国行政诉讼法》第六十九条之规定，一审法院判决：驳回胡某的诉讼请求。 胡某不服一审判决，向河南省高级人民法院提起上诉。
实训目的	熟练掌握行政一审上诉案件移送的工作任务
实训内容	审查上诉材料，办理上诉费交纳手续，送达上诉材料及收取答辩材料，向二审法院移送上诉案卷和材料
实训要求	根据案情，总结上诉案件移送环节的主要工作及流程
实训结果	实训报告/实训心得体会
实训评价	一般/良好/优秀

任务拓展

1. 登录中国裁判文书网，选取一个判决书，根据案情制作相关诉讼材料，动手进行卷宗整理工作。

2. 成立一个活动小组，分别扮演行政庭庭长、承办人、书记员、档案管理员等角色，演练卷宗移送工作流程。

任务评价

请学生自己和教师根据行政案件庭审后书记员实务训练任务完成情况，参照评价项目和评价要点进行自评与师评，如表 2-3-4 所示。

表 2-3-4 行政案件庭审后书记员实务训练任务评价表

评价项目	评价要点	权重	自评	师评
案件评议辅助工作	是否熟悉案件评议的流程	2 分		
	能否熟练掌握评议笔录的制作要求	5 分		
	能否熟练掌握评议笔录的签署流程及要求	3 分		
裁判文书辅助工作	是否熟知裁判文书校对的要求和内容	5 分		
	是否熟知裁判文书的签署流程	3 分		
	是否熟知裁判文书的送印流程	3 分		
	能否熟练掌握电子签章系统送印的操作流程	4 分		
案件宣判辅助工作	是否熟知案件宣判的流程	2 分		
	能否熟练掌握合议庭评议笔录的签署流程及要求	3 分		
送达裁判文书	是否熟知裁判文书的送达方式和要求	3 分		
	能否熟练掌握裁判文书送达回证的填写要求	2 分		
案件报结	能否熟练掌握案件报结的流程	5 分		
	能否熟练操作审批流程信息录入	5 分		
上诉案件移送工作及流程	是否熟知上诉材料的审查内容	5 分		
	是否熟知上诉费的交纳流程及要求	3 分		
	能否熟练掌握向二审法院移送案卷材料的内容和要求	3 分		
	能否熟练掌握上诉案件移送的录入信息	4 分		
诉讼费清结工作	能否熟练掌握线上、线下诉讼费退还流程	3 分		
	能否熟练掌握诉讼费的收取流程	2 分		
裁判文书公开	是否熟练掌握裁判文书格式的修改要求	3 分		
	是否熟练掌握裁判文书的技术处理	4 分		
	是否熟练掌握裁判文书公开的流程	3 分		
卷宗整理归档工作	是否熟知文书材料的整理要求	5 分		
	是否熟练掌握卷内材料的排列顺序	5 分		
	是否熟练掌握页号和目录的编写要求	3 分		
	是否熟练掌握卷宗封面的填写要求	2 分		
	是否熟练掌握案卷装订的要求	3 分		
	是否熟知案卷的移送归档要求	2 分		
	是否熟练掌握电子卷宗的制作流程	5 分		
总分		100 分		

项目3 刑事案件书记员工作

【学习目标】

1. 熟悉刑事案件的立案、分案、庭审和结案的基本任务与基本流程。
2. 掌握法庭笔录、宣判笔录等笔录的记录要求和制作规范。
3. 能够熟练完成刑事案件裁判文书的校对、印制、送达等工作任务。
4. 领会案件材料的整理、立卷、归档工作要求，能够熟练完成相关工作任务。

任务 1　刑事案件庭审前书记员实务训练

任务情境

2021 年 7 月，书记员张丽第一天到法院诉讼服务中心上班。快下班时，检察院的工作人员送来一大摞案卷材料。张丽看案卷材料很多，而自己手头上又有棘手的工作还未完成，就让检察院的工作人员先行回去，准备加班对案卷材料进行整理。

思考

1. 作为法院诉讼服务中心的书记员，在接收到检察院的案卷材料后，应当做好哪些庭审前的审查工作呢？

2. 法院决定开庭后，审判庭书记员在开庭前要做好哪些必要的准备工作呢？

任务分析

人民法院对人民检察院提起公诉的案件，并非径直开庭审判，而是需要经过初步的程序性审查，才能决定是否开庭审判。确定开庭审理的，为了保证法庭审判的顺利进行，还应做好必要的庭前准备工作。刑事案件庭审前书记员工作任务流程如图 3-1-1 所示。

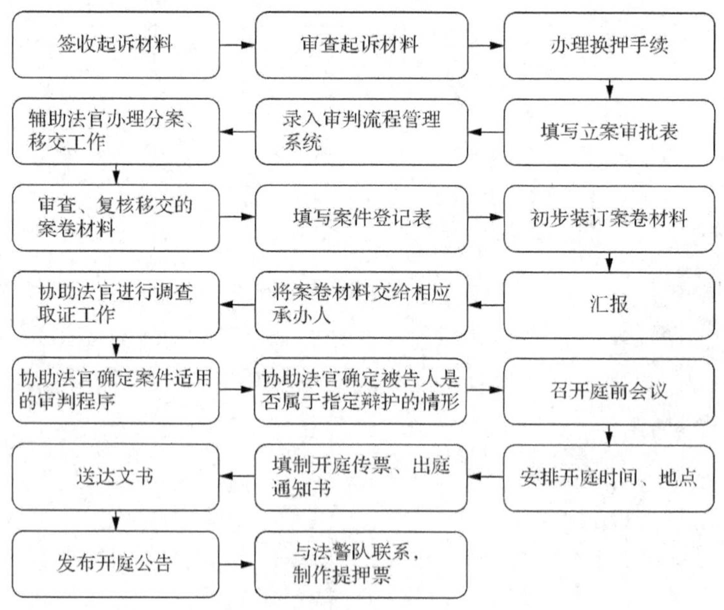

图 3-1-1　刑事案件庭审前书记员工作任务流程

任务实施

步骤 1 签收起诉材料

对于人民检察院移交过来的案件，立案庭书记员应当签收起诉材料，填写《诉讼材料收取清单》。要求起诉书一式 8 份，每增加一名被告人，增加起诉书 5 份。检察院移送的材料要求全部装订成卷和编页，卷宗目录填写齐全，附有证据目录，且相关的物证也应随案移送。

步骤 2 审查起诉材料

《中华人民共和国刑事诉讼法》第一百八十六条规定："人民法院对提起公诉的案件进行审查后，对于起诉书中有明确的指控犯罪事实的，应当决定开庭审判。"这一规定表明，人民法院对人民检察院提起公诉的案件，并非径直开庭审判，而是需要经过初步审查，然后才能决定是否开庭审判。

在立案阶段对公诉案件的审查是一种程序性的审查，应当在 7 日内审查完毕。表 3-1-1 为书记员审查起诉材料的内容及处理办法。

表 3-1-1 书记员审查起诉材料的内容及处理办法

序号	审查的内容	审查后的处理
1	根据立案管辖和审判管辖的规定，判断是否属于本院管辖	属于本院管辖的，应当予以立案，否则应当退回人民检察院
2	起诉书内容是否完整	起诉书应当写明被告人的身份信息，是否受过或者正在接受刑事处罚，被采取强制措施的种类、羁押地点，犯罪的时间、地点、手段、后果及其他可能影响定罪量刑的情节。需要补充材料的，应当通知人民检察院在 3 日内补送
3	是否移送证据材料	检察院应当随案移送相关的证据材料
4	是否对被告人的违法所得或者其他涉案财物采取相关措施	检察院应当对被告人的违法所得或者其他涉案财物采取查封、扣押、冻结等措施
5	是否提起附带民事诉讼	提起附带民事诉讼的，应列明附带民事诉讼当事人的姓名、住址、联系方式，并提交证据材料
6	有无《中华人民共和国刑事诉讼法》规定的不应追究刑事责任的情形	如有不应追究刑事责任情形的，应当终止审理或退回人民检察院

相关法规法条

《中华人民共和国刑事诉讼法》第十六条、第一百八十六条。

步骤 3 办理换押手续

如果被告人在押的，人民检察院与人民法院之间应相互交接在押的被告人，书记员应当制作换押票，向看守所办理换押手续，从看守所收到换押票开始，该被告人属于法院的羁押人员，任何人会见被告人都需要经过法院的允许。

换押票

换押票为二联填充式。一联送羁押被告人的看守所；另一联是回执，由看守所填写并加盖公章后退回人民法院。换押票要填写清楚，有特别需要说明的问题，可在“附注”栏中说明。

步骤 4　填写立案审批表

立案审批表

经审查认为，起诉符合受理条件的，书记员应填写立案审批表，由负责审查起诉的审判人员决定立案，其中疑难复杂、新类型案件应报审判长核准及庭长审批。重大疑难案件报院长审批或经审判委员会讨论决定。

步骤 5　录入审判流程管理系统

人民法院审判流程管理系统采用先进的计算机开发技术，对案件立案、分案、排期、审结、归档等各个环节进行科学化管理。该系统对整个审判流程实行电子化操作，流程自动传递，为无纸化案件流程管理提供可靠的保证。

步骤 6　辅助法官办理分案、移交工作

立案庭书记员根据法院立案系统收集到的案件数据，报送立案庭分案法官。分案后，立案庭书记员将案件材料移交给审判庭书记员签收。

步骤 7　审查、复核移交的案卷材料

审判庭书记员对案卷负有保管责任，案卷材料的丢失和损坏都由书记员负责。书记员在接收立案庭书记员移交的案卷材料时，要检查核对案件法律手续和法律文书是否齐全，审查证据材料与其提交的证据清单的名称和份数是否一致。如果书记员在接收案卷材料时没有对证据材料进行核对，书记员就要对证据清单中列举的所有证据负有保管和出示的责任。表 3-1-2 为书记员需要审查、复核的案卷材料。

表 3-1-2　书记员需要审查、复核的案卷材料

序号	需要审查、复核的案卷材料
1	立案审批表
2	起诉书及其副本
3	证据目录、证据材料
4	证人名单（分别列出出庭作证和不出庭作证的证人的基本信息）
5	证据清单
6	被告人被采取强制措施的法律文书
7	其他案卷材料

步骤 8　填写案件登记表

书记员在接到新案件后，应当填写案件登记表。对新案件进行登记，便于书记员合理安排开庭时间。

刑事案件登记表

步骤 9　初步装订案卷材料

书记员在收到案件后，应当在 5 个工作日内对案卷材料进行初步装订。初步装订时只需要将案卷材料按时间顺序排列好，把案卷材料固定好，不需要编写页码和装订正式卷皮，也不需要永久固定所装订的材料。对案卷材料的初步装订是为了防止案卷材料在审理案件的过程中散落丢失，或者混入其他案卷。

步骤 10　汇报

书记员将收到的材料登记后向庭长或合议庭审判长进行汇报。对接收案件的审查、登记、调阅、装订等情况做详细的汇报后，由庭长或合议庭审判长确定案件的具体承办人员。

步骤 11　将案卷材料交给相应承办人

按照庭长或合议庭审判长的批示，将案卷材料分别交给相应的承办人，并由承办人在收案登记本中签收。

步骤 12　协助法官进行调查取证工作

在办理刑事案件的过程中，如果对公安机关、检察机关等提交的证据有疑问，或是被告人、辩护人、自诉人申请人民法院调取证据的，人民法院可以对案件进行调查取证工作。

1）人民法院向被害人、证人及有关单位进行调查、询问案情的，书记员应准备调查用纸、制作调查笔录。

2）对刑事案件现场及有关场所、物品、痕迹等进行勘验的，书记员应准备勘验用纸、制作勘验笔录。

3）对被告人进行讯问的，书记员应制作讯问笔录，记录被告人的供述、辩解情况，被告人及法官、书记员应当在笔录上签名。

4）对于认罪认罚的案件，书记员应当协助法官制作认罪认罚程序告知书、提供法律帮助回执。在讯问被告人时，应当审查认罪认罚的自愿性和认罪认罚具结书内容的真实性、合法性，审查被告人认罪认罚、签署具结书是否出于自己的意愿，是否受到人身伤害、暴力威胁或者精神强制，还要注意审查核实认罪认罚具结书是否有辩护人或者值班律师在场见证签署。

步骤 13　协助法官确定案件适用的审判程序

大多数刑事案件的一审按照普通程序进行审理，符合简易程序、速裁程序的适用条件时，人民法院可以按照简易程序、速裁程序进行审理。书记员应当协助法官制作送达起诉书笔录、讯问笔录、送达回证等。

决定适用简易程序审理案件时，应当讯问被告人对指控的犯罪事实的意见，告知适用简易程序的法律规定，对于被告人对指控的犯罪事实没有异议并同意适用简易程序的，可以适用简易程序，并在开庭前通知人民检察院和辩护人。若被告人对起诉书中所列的罪名有异议，应及时报告主审法官，主审法官根据案件情况决定该案是否适用普通程序审理。

决定适用速裁程序审理案件时，应当重点审查检察机关提交的被告人具结书，以确认被告人是否自愿认罪并同意适用速裁程序。书记员向被告人送达《适用速裁程序审理决定书》时，应当即时告知犯罪嫌疑人、被告人适用速裁程序办理案件可能导致的法律后果，告知其可以向法律援助值班律师请求获得法律帮助等权利义务。发现被告人有违背意愿认罪认罚、被告人否认指控的犯罪事实或者其他不宜适用速裁程序审理的情形的，应及时报告主审法官。

相关法规法条

《中华人民共和国刑事诉讼法》第二百一十四条、第二百一十五条、第二百二十二条、第二百二十三条。

步骤 14　协助法官确定被告人是否属于指定辩护的情形

被告人属于指定辩护的情形包括：被告人是盲、聋、哑人；尚未完全丧失辨认或者控制自己行为能力的精神病人；未成年人；可能被判处无期徒刑、死刑的人。人民法院应当通知法律援助机构指派律师为其提供辩护。被告人因经济困难或者其他原因没有委托辩护人的，人民法院可以指派法律援助机构的律师为其提供辩护。

符合指定辩护情形的，书记员应向法律援助机构送达提供法律帮助通知书及起诉书。

相关法规法条

《中华人民共和国刑事诉讼法》第三十五条。

步骤 15　召开庭前会议

庭前会议是开庭审理前审判人员听取各方意见的预备程序。为了使庭审顺利进行，在开庭前应将导致延期审理或庭审延滞的问题解决，如对出庭证人、回避、排除非法证据等问题，向控辩双方了解情况，听取意见。书记员在召开庭前会议过程中要制作庭前会议笔录。

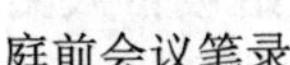
庭前会议笔录

召开庭前会议的案件情形

步骤 16　安排开庭时间、地点

1. *确定开庭时间*

参与开庭的人员涉及审判人员、人民陪审员、检察人员、当事人等各方人员，安排开庭并不是一项简单的工作，它充分体现了书记员在工作中的协调和沟通能力。

书记员应首先注意协调审判人员和人民陪审员的时间，避免所安排的开庭时间与其他工作相冲突。协调好审判人员和人民陪审员的开庭时间后，就可以确定开庭时间并通知检察人员、当事人和其他诉讼参与人参加诉讼。

2. *提前一周预定法庭*

开庭时间确定后，书记员可以在网上进行法庭登记，提前预定开庭时所使用的法庭地点。

若因正当理由已经预定的法庭未能使用，要向主管部门说明情况并及时将所预定的法庭取消。

步骤 17　填制开庭传票、出庭通知书

为了使开庭顺利进行，书记员应当在开庭审理前准备相关的法律文书。为被告人准备起诉书副本、开庭传票等法律文书；为其他诉讼参与人准备出庭通知书；为人民检察院准备开庭通知书。

人民法院传票（存根）

人民法院出庭通知书

步骤 18　送达文书

送达文书是法院书记员的基本工作任务之一，庭前阶段的送达直接影响庭审活动能否按时顺利进行。书记员应当按照法律规定的期限向当事人及诉讼参与人送达起诉书副本、诉讼须知、出庭通知书、开庭传票等法律文书。通过送达，可以使当事人和其他诉讼参与人了解诉讼的进展，依法行使相关的诉讼权利。

1）开庭10日前，书记员将起诉书副本送达被告人、辩护人；同时向被告人送达《当事人申请人民陪审员参加案件审判权利告知书》，告知被告人可以申请人民陪审员参加合议庭审理案件的权利、申请回避权利等事项。在向被告人送达法律文书时，应当准备笔录用纸，制作送达笔录。起诉书副本送达笔录应当交给被告人阅读或向其宣读。被告人阅读笔录，认为无误后，应让其在笔录下面签名并捺指印。

2）对于刑事自诉案件，应把《应诉通知书》送达给自诉案件的被告人，告知被告人提出答辩状及期限，并在告知委托辩护人时应递交授权委托书。

刑事案件送达笔录

应诉通知书

3）通知被告人、辩护人于开庭 5 日前提供申请出庭作证的证人、鉴定人名单及不出庭作证的证人、鉴定人名单、理由和拟当庭宣读、出示的证据复印件、照片。

4）开庭 3 日前，书记员将传唤当事人的传票和通知辩护人、诉讼代理人、法定代理人、证人、鉴定人等出庭的通知书送达。

5）完成送达后，制作送达回证。由受送达人在送达回证上记明收到日期、签名或者盖章，受送达人在送达回证上的签收日期为送达日期。

步骤 19　发布开庭公告

为了方便公众旁听，提高庭审的透明度，凡是公开审理的案件，书记员应当在开庭3 日前公布案由、被告人姓名、开庭时间和地点。开庭公告一式两份，一份对外发布，另一份入卷备案。开庭公告可以在法院的公告栏内发布，也可以在报纸上发布。

送达的方式和程序

人民法院开庭公告

相关法规法条

《中华人民共和国刑事诉讼法》第十一条、第一百八十七条。

步骤 20　与法警队联系，制作提押票

确定开庭时间后，对于被关押的被告人，书记员在开庭之前应与法警队联系，告知法警队开庭时间、地点，将提押票交给法警队，法警队在开庭前用提押票将被告人从看

守所提出，押解到庭审现场。

1. 庭前审查内容

在提起公诉后、开庭审理前，法院要对检察院提起公诉的案件进行程序上的书面审查，以决定是否开庭审判。人民法院应在 7 日内审查以下内容。

1）是否属于本院管辖。

2）起诉书的内容是否完整。

3）是否移送证明指控犯罪事实的证据材料。

4）是否查封、扣押、冻结被告人的违法所得或者其他涉案财物，并附证明相关财物应当依法追缴的证据材料。

5）是否列明被害人的姓名、住址、联系方式；是否附有证人、鉴定人名单；是否申请法庭通知证人、鉴定人、有专门知识的人出庭，并列明有关人员的姓名、性别、年龄、职业、住址、联系方式；是否附有需要保护的被害人、证人、鉴定人名单。

6）当事人已委托辩护人、诉讼代理人，或者已接受法律援助的，是否列明辩护人、诉讼代理人的姓名、住址、联系方式。

7）是否提起附带民事诉讼；提起附带民事诉讼的，是否列明附带民事诉讼当事人的姓名、住址、联系方式，是否附有相关证据材料。

8）侦查、审查起诉程序的各种法律手续和诉讼文书是否齐全。

9）有无《中华人民共和国刑事诉讼法》第十六条规定的不追究刑事责任的情形。

2. 庭前准备工作

决定开庭审理后，为了保证法庭审判的顺利进行，在开庭前要做好以下必要的准备工作。

1）确定审判长及合议庭组成人员。

2）开庭 10 日前将起诉书副本送达被告人、辩护人。

3）通知当事人、法定代理人、辩护人、诉讼代理人在开庭 5 日前提供证人、鉴定人名单，以及拟当庭出示的证据；申请证人、鉴定人、有专门知识的人出庭的，应当列明有关人员的姓名、性别、年龄、职业、住址、联系方式。

4）开庭 3 日前将开庭的时间、地点通知人民检察院。

5）开庭 3 日前将传唤当事人的传票和通知辩护人、诉讼代理人、法定代理人、证人、鉴定人等出庭的通知书送达；通知有关人员出庭，也可以采取电话、短信、传真、电子邮件等能够确认对方收悉的方式。

6）公开审理的案件，在开庭 3 日前公布案由、被告人姓名、开庭时间和地点。

任务实训

请学生按照表 3-1-3 中的内容进行任务实训。

表 3-1-3　刑事一审案件庭审前实务工作实训单

项目内容	要素描述及内容和要求
实训素材	2020 年 8 月 23 日 11 时许，被告人李某见邻居被害人张某家中无人，便从张某家厕所窗户翻越进入室内，将张某放在卧室枕头下面红色包内的 1 630 元现金盗走。8 月 26 日，被告人李某经公安机关电话通知到案后，对自己盗窃的事实供认不讳。2021 年 9 月 22 日，县检察院向县法院移送被告人李某涉嫌盗窃罪一案，要求法院追究李某盗窃罪的刑事责任。 问题：1. 作为诉讼服务中心负责刑事案件登记的书记员小赵在得到庭长的审批后，应当负责哪些手续的办理？ 2. 审判庭书记员小刘应当做哪些庭前准备工作？
实训目的	熟练掌握刑事案件立案和庭审前工作流程
实训内容	案件材料接收、立案、分案、受理、送达、庭前准备工作
实训要求	由学生分角色扮演有关刑事案件立案审查的场景，检查案卷材料，清点相关证据，填写相关文书
实训结果	实训报告/实训心得体会
实训评价	一般/良好/优秀

任务拓展

请学生以法院书记员的身份模拟送达《开庭通知书》和《传票》的情景：

1. 当向被害人送达时，被害人不在家。
2. 当向证人送达时，证人拒不接收，害怕自己被打击报复，并当场表示不会出庭。
3. 当向被告人送达文书时，被告人不愿意在送达回证上签字。

任务评价

请学生自己和教师根据刑事案件庭审前书记员实务训练任务完成情况，参照评价项目和评价要点进行自评与师评，如表 3-1-4 所示。

表 3-1-4　刑事案件庭审前书记员实务训练任务评价表

评价项目	评价要点	权重	自评	师评
立案阶段	能否签收起诉材料	5 分		
	能否审查起诉材料	5 分		
	能否办理换押手续	5 分		
	填写立案审批表是否规范	5 分		
	能否录入审判流程管理系统	5 分		
	能否将案件移交给审判庭书记员签收	5 分		

续表

评价项目	评价要点	权重	自评	师评
审前阶段	能否审查、复核案卷材料	5分		
	填写案件登记表是否完整	5分		
	能否按照时间顺序初步装订案卷材料	5分		
	能否向庭长或审判长汇报接收案件的审查、登记、装订情况	5分		
	能否将案卷材料交给相应承办人	5分		
	能否协助法官进行调查取证、认定被告人是否属于指定辩护的情形	5分		
	能否协助法官确定案件适用的审判程序	5分		
	能否协助法官召开庭前会议	5分		
	能否协调各方安排开庭时间、地点，能否发布开庭公告	5分		
	决定开庭审理的，有无制作开庭通知书、开庭传票等	10分		
	有无向当事人及诉讼参与人送达起诉书副本、诉讼须知、开庭传票等法律文书，送达过程是否规范	10分		
	能否与法警队联系，制作提押票	5分		
总分		100分		

任务2　刑事案件庭审中书记员实务训练

任务情境

被害人陈某在沈阳市沈河区某饭店门前，因琐事与被告人马某发生口角，继而双方发生厮打，被害人陈某被马某打倒在地，致其左肘部受伤。经司法鉴定，被害人陈某左肘部损伤的程度为轻伤一级，针对马某的犯罪事实，沈阳市沈河区人民检察院依法向沈阳市沈河区人民法院提起了公诉。案件经过庭前的准备程序，确定于2021年9月2日在沈河区人民法院第二审判庭公开开庭审理此案，并向社会发布了庭审公告，某检察职业学院的学生张悦和李茹申请参加旁听，并获得了准许。

思考

1．张悦和李茹参加旁听时，书记员需要核实他们的身份吗？

2．张悦和李茹在庭审过程中需要遵守哪些规定？

3．书记员为提高法庭笔录制作的效率，可以从哪几个方面进行提前准备？

任务分析

庭审中书记员的主要工作是围绕庭审活动进行的，如庭审准备、核对出庭人员情况、进行法庭记录等，这些工作都强调时效性，因此书记员可以针对案件情况，提前着手准备，提高司法效率。庭审中书记员工作任务流程如图 3-2-1 所示。

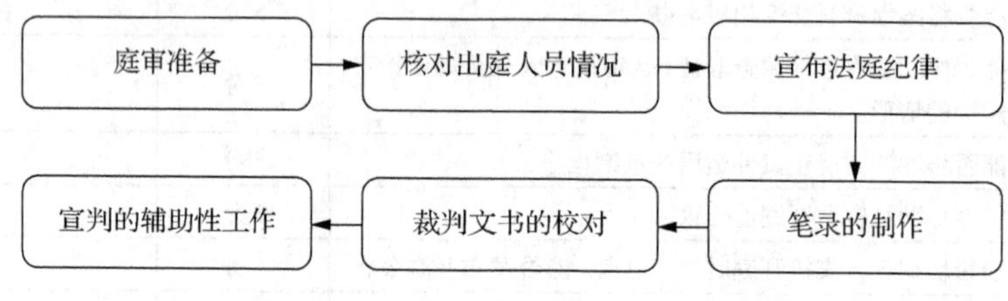

图 3-2-1　庭审中书记员工作任务流程

任务实施

步骤 1　庭审准备

在开庭前，书记员需要到庭审前预定好的审判法庭进行检查，查看审判法庭是否能够达到开庭审理的要求。具体工作流程如下。

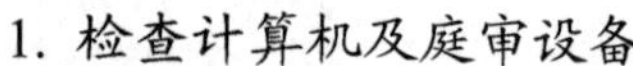
1. 检查计算机及庭审设备

1）确保计算机及庭审设备能够正常运行。

2）电源接头连接妥当，充电设备电量正常。

3）确保法庭中的话筒能够正常使用。

话筒及其他电子设备的检查

2. 查看审判庭布置

1）查看法庭正面上方国徽是否悬挂适当，有无松动脱落迹象。

审判法庭

2）检查审判活动区布置是否合理。

书记员需要根据案件情况提前预定审判法庭，以节约司法资源为原则，提前查看审判活动区布置是否合理。

3）检查法官、公诉人、被告人、辩护人的座位牌、座椅及法槌摆放是否准确。

庭审直播、录播

4）查看法庭卫生情况。

3. 庭审直播、录播准备

为建立健全有序开放、有效管理的旁听和报道庭审的规则，消除公众和媒体知情监督的障碍，依法公开审理的案件，旁听人员应当经过安全检查进入法庭旁听。因审判场所等客观因素所限，人民法院可以发放旁听证，或者通过庭审视频、直播、录播等方式满足公众和媒体了解庭审实况的需要。因此，书记员应根据案件情况做好庭审直播、录播准备。

1）庭审直播。对于符合庭审直播要求的案件，书记员需要提前录入案件信息，通知本院负责庭审网络视频直播的技术部门做好开庭前的设备调试和其他技术准备工作，确保在庭审过程中能够正常直播，并登录庭审直播管理系统，提前录入案件相关信息，做好直播准备。

2）庭审录播。对于符合庭审录播要求的案件，由审判庭按照规定的程序申报，并填写庭审录播申报表，由主管副院长批准。

4. 法庭笔录准备

书记员工作职责中的一项重要内容就是负责记录，而在庭审过程中，书记员记录工作较为紧张，因此书记员可以提前将法庭笔录首部要求的庭审时间、庭审地点、录音录像时间、合议庭组成人员、书记员及案由等固定内容提前录入计算机，从而提高庭审记录效率。

5. 检查庭审着装

刑事庭审，需要人民法院在控辩双方的参与下，按照法定的方式和程序针对检察院或自诉人的指控，对被告人进行定罪量刑，是人民法院代表国家对被告人的刑事责任问题作出最终权威裁判的活动。因此，代表国家行使审判职能的审判人员及司法辅助人员在着装和精神面貌上都要符合要求。书记员需要按照规定穿着审判制服，佩戴胸徽。女性书记员不能化浓妆，不能披头散发，不能佩戴饰物。

相关法规法条

1.《中华人民共和国人民法院法庭规则》。

2.《最高人民法院关于人民法院直播录播庭审活动的规定》。

步骤 2　核对出庭人员情况

在开庭前，书记员需要提前到达法庭，查明公诉人、当事人及其他诉讼参与人是否到庭，提前的时间书记员可根据案件情况自行把握。一般情况下，在开庭前 15 分钟书记员需要到庭，涉及参与庭审人数较多的案件时，书记员需要预留较长的时间进行核对工作。

1. 核对出庭人员情况

1）在开庭前，书记员提前到达审判法庭，宣布当事人及其诉讼代理人、辩护人入庭，出庭人员就座后，要求他们将身份证件置于桌面，逐一查验身份证明，核实身份，查明到庭情况。

2）公诉案件的控方为检察院，书记员需要在控方席位摆放公诉人的座签，并核对公诉人的身份，自诉案件中书记员需要摆放自诉人的座签，并核对自诉人的身份。

3）妥善安排其他诉讼参与人就座等待。刑事案件庭审中，如果需要证人、鉴定人、翻译人员、专家等其他诉讼参与人到庭，书记员应当首先核对这些到庭人员的身份信息，然后请其退庭，等候传唤，并安排其到指定地点等待。如果是特殊类型的案件，需要对出庭证人予以采取保护措施的，应提前进行处理。

2. 与诉讼参与人及旁听人员进行简单交流

1）书记员核对出庭人员身份的同时或者核对完出庭人员身份后，可以与被告人、证人等需要发言的诉讼参与人进行简单交流，主要告知被告人、证人在开庭发言时，尽量使用普通话，声音要大一些，语速慢一点。如果有附带民事诉讼原告人或者被害人的亲属到场的，要予以嘱咐，注意克制情绪，如果发现有异常情况，应及时向审判长报告。

2）若是公开开庭的，应当查看参加旁听的人员是否适合，是否有现场采访的记者。若发现有记者到庭采访的，应当确认其是否办理审批手续，并向审判长报告，如果未获得批准，应当明确告知记者不得录音、录像或者摄影，但应当允许记者作为旁听人员参加旁听。

3）如果发现未成年人（经批准的除外）、精神病人和醉酒的人及其他不宜旁听的人参加庭审的，应当请其退出法庭并向审判长报告。

换押工作

指派律师辩护

证人保护措施

公开的庭审活动公民可以旁听

相关法规法条

1.《中华人民共和国刑事诉讼法》第六十四条、第一百八十二条、第二百零九条至第二百一十三条、第二百九十三条。

2.《中华人民共和国人民法院法庭规则》。

步骤 3　宣布法庭纪律

检查、核对工作完毕后，书记员需要宣布法庭纪律。书记员在确认开庭准备工作就绪后，应站到书记员席的位置，起立面向旁听席，宣读法庭纪律，一般应使用普通话。

全体人员在庭审活动中应当服从审判长或独任审判员的指挥，尊重司法礼仪，遵守法庭纪律，不得实施下列行为。

1）鼓掌、喧哗。

2）吸烟、进食。

3）拨打或接听电话。

4）对庭审活动进行录音、录像、拍照或使用移动通信工具等传播庭审活动。

5）其他危害法庭安全或妨害法庭秩序的行为；旁听人员不得进入审判活动区，不得随意站立、走动，不得发言和提问。

书记员应使用普通话

各民族公民都有使用本民族语言文字进行诉讼的权利

相关法规法条

《中华人民共和国刑事诉讼法》第九条。

步骤 4　笔录的制作

根据《人民法院书记员管理办法》，书记员工作职责中最重要的一项内容就是担任案件审理过程中的记录工作。案件审理过程中的记录工作非常重要：一方面，它是查清案件事实、认定案件性质的重要依据，也是诉讼活动得以顺利进行的重要保障；另一方面，它是法官制作裁判文书的基础和重要依据，也是检验案件审判质量的重要依据。刑事案件记录工作要点提示如下。

1）掌握犯罪基本理论（如犯罪主体、犯罪客体、犯罪构成、刑罚的相关理论等），各种具体犯罪的构成要件及相关法律、法规。

2）不断总结各类刑事案件记录的共同点。

① 记清犯罪构成要件。

② 记清定罪量刑六要素：犯罪时间、地点、手段、后果、动机、目的。

③ 记录被告人陈述的语气、声调、动作、表情等。

3）熟悉常见类型刑事案件的记录要点。

① 盗窃案件。盗窃案件的记录要点有：必须准确记录被告人的出生日期，精确到

“日”；被告人犯罪时的主观心理状态（直接故意、间接故意、过失）；盗窃的手段；盗窃财物的数量；盗窃的情节（作案的原因、地点、目标、后果、是否自首、认罪态度、退赃情况等）。这些都是法官判定被告人的行为是否构成盗窃罪及量刑的重要依据。

② 抢劫案件。抢劫案件的记录要点有：被告人抢劫的手段（暴力、胁迫、对人身实施强制、作案时间、作案工具、作案过程等），抢劫的结果（既遂、未遂、抢劫何种财物、数量、对被害人人身伤害情况等），抢劫的故意，抢劫的准备等。

③ 贪污贿赂案件。贪污贿赂案件的记录要点有：犯罪主体（是否为国家工作人员），主观故意（以非法占有为目的、索取、非法收受），犯罪客体（公务行为廉洁性、公私财物所有权），客观方面（利用职务为他人谋取利益），犯罪情节等。

4）制作笔录的基本要求如表 3-2-1 所示。

表 3-2-1　制作笔录的基本要求

基本要求	具体内容
查阅案卷，熟悉案情	熟悉案情是保证记录准确、迅速的首要条件，书记员可以通过查阅案卷或与审判人员进行沟通来了解庭审重点
正确使用笔录格式和记录符号	针对笔录格式中固定的首部及尾部内容，书记员可以事先填好；在记录时可以用一些记录符号来提高记录速度，如审判人员的提问可以用“审”或者“？”代替
在保持原意的基础上掌握记录技巧和方法	归纳法、综合法、补记法、分句法、实时法
制作笔录的程序必须合法	笔录签字和补正的程序要合法，编写页码要注意先后顺序
笔录文字和书写要符合要求	笔录书写要整洁清楚、规范

庭审中重要的笔录

相关法规法条

《中华人民共和国刑事诉讼法》第一百八十七条。

步骤 5　裁判文书的校对

庭审结束后，法官根据庭审情况制作完案件的裁判文书后，需要交给书记员进行校对，裁判文书代表了国家审判机关的权威，因此书记员在校对时不仅要改正文书中的错别字、修改语句不通顺的地方，而且要按照相关规定核对数字、计量单位和标点符号是否符合规范，还要注意法官引用的法律条款是否正确。

1. 校对文书版面

裁判文书应以标准 A4 纸为准；页面方向为纵向；页边距，上为 3.5cm，下为 3.2cm，左为 2.8cm，右为 2.6cm；页眉 1.5cm；页脚 3.4cm；行间距为 29 磅；文档网格每页 22 行，每行 28 个字。

2. 校对标题、案号

1）标题由制作裁判文书的人民法院名称和裁判文书种类组成。标题应分两行，上行写制作法院名称，下行写裁判文书种类，均写在各行的正中。

法院名称应当用 2 号宋体字；文书名称应当用 1 号大标宋体字；案号、落款应当用 3 号仿宋体字。涉外文书应在法院名称前标注“中华人民共和国”，应当用 2 号小标宋体字，可视情形与法院名称排列成一行或两行。

2）案号应与案件审判流程管理信息表所记载的一致。案号由立案年度、受理案件法院的简称、案件性质简称、审判程序的代字及案件的顺序号组成。

案号＝收案年度＋法院代字＋类型代字＋案件编号＋“号”。

3. 校对文书标点符号、数字

1）标点符号。根据国家语言文字工作委员会 1990 年 3 月修订发布的《标点符号用法》的规定使用标点符号。

2）数字。文书中的数字用法应符合中华人民共和国国家标准《出版物上数字用法》（GB/T 15835—2011）的相关规定。

标点符号用法示例

诉讼文书中汉字数字与阿拉伯数字表示的区分

4. 诉讼主体基本情况的校对

1）自然人和法人书写要求不同。

刑事案件中的当事人

书记员在校对当事人信息时要注意，当事人是自然人的，要核对当事人姓名、性别、民族、出生年月、住址及工作单位和职位。住址应是其住所地，若住所地和经常居住地不一致时，应当为经常居住地。若当事人是法人时，要注意法人的名称应当写全称，另起一行写该单位法定代表人的姓名和职务。

2）刑事案件中的专门机关和诉讼参与人。

刑事案件不同于民事案件，书记员在校对民事法律文书时要格外注意诉讼参与人信息的校对，而在刑事案件中，裁判文书中还会出现侦查机关和公诉机关，书记员需要多加注意。

3）诉讼参与人的表述。

在刑事案件中除了当事人外，还可能有证人、翻译人员、鉴定人等其他诉讼参与人的参与，书记员也要认真校对上述人员的身份信息及表述。但需要注意的是，刑事案件中接受被告人委托行使辩护权的诉讼参与人称为辩护人，接受被告人之外其他当事人委托的称为委托代理人，书记员在校对时需要和民事案件相区别。

另外，刑事案件中侦查人员有可能作为证人出现，这时需要注意身份的变化。

4）当事人为外国人的，应当写明其经过翻译的中文姓名或者名称和住所，并用括号注明其外文姓名或者名称和住所。外国自然人应当注明其国籍，国籍应当用全称。无国籍人，应当注明“无国籍”。港澳台地区的居民，在姓名后写明“香港特别行政区居民”、“澳门特别行政区居民”或“台湾地区居民”。外国自然人的姓名、性别等基本信息以其护照等身份证明文件记载的内容为准；外国法人或者其他组织的名称、住所等基本信息以其注册登记档案记载的内容为准。

引用法条的规范写法

5. 裁判文书中援引法律问题的校对

书记员在校对援引的法律、法规、司法解释时需要注意以下几个问题。

1）引用法律、法规、司法解释应书写全称并加书名号。

2）法律全称太长的，也可以写简称，简称不使用书名号，可以在第一次出现全称后使用简称。例如，“《中华人民共和国刑事诉讼法》（以下简称刑事诉讼法）”。

3）引用法律、法规和司法解释条文有序号的，书写序号应与法律、法规和司法解释正式文本中的写法一致。

4）引用公文应先用书名号引标题，后用圆括号引发文字号；引用外文应注明中文译文。

6. 校对文书尾部及落款

书记员在校对文书尾部及落款时需要重点校对尾部对当事人上诉权有无告知，落款中审判组织成员签名有无遗漏、时间落款是否准确。

1）对于不同刑事判决，要注意尾部的差别，一审刑事案件，尾部应当写明：“如不服本判决，可在接到判决书的第二日起十日内，通过本院或者直接向××××人民法院提出上诉。书面上诉的，应当提交上诉状正本一份，副本二份。”二审刑事案件，尾部应当写明：“本判决为终审判决。”

2）校对署名时要注意，署名诉讼文书应当由参加审判案件的合议庭组成人员或者独任审判员署名。合议庭的审判长，不论审判职务，均署名为“审判长”；合议庭成员有审判员的，署名为“审判员”；有陪审员的，署名为“人民陪审员”。独任审理的，署

名为“审判员”。书记员，署名为“书记员”。

3）书记员校对日期时需要注意裁判文书落款日期为作出裁判的日期，即裁判文书的签发日期。当庭宣判的，应当写宣判日期。

4）核对有无加盖核对戳，即“本件与原本核对无异”字样的印戳。

相关法规法条

《最高人民法院关于人民法院案件案号的若干规定》。

步骤 6　宣判的辅助性工作

1. 当庭宣判

刑事案件经合议庭评议后，决定当庭宣判的，不需要另行通知当事人和诉讼参与人宣判的时间、地点，也无须制作宣判笔录。当庭宣告判决的，应当在 5 日内将判决书送达当事人和提起公诉的人民检察院。

2. 定期宣判

刑事案件经合议庭评议后，决定定期宣判的，定期宣判的笔录应当记明宣判的内容和法律依据。定期宣判时需要制作宣判笔录和送达回执。定期宣判的，应当在宣告后立即将判决书送达当事人和提起公诉的人民检察院。判决书应当同时送达辩护人、诉讼代理人。

宣判笔录的制作

相关法规法条

《中华人民共和国刑事诉讼法》第二百零二条。

知识平台

在诉讼过程中面对不同的诉讼对话场景，需要书记员进行实时记录，在实践中，由于诉讼对话场景和各地区法院实际情况不同，存在多种形式的记录方式，本书主要简单介绍以下 4 种。

1. 手写速记

手写速记是用纸和笔以简易的符号记录信息的速记方式。这种方式主要通过：①草字写法与快速写法；②双音节词略写法；③三音节词略写法；④词组略写法；⑤合体字替代法；⑥语句略写法等规则达到手写快速记录的目的，但由于现在法院的计算机等智能化设备的普及使用及法律文书电子化的要求，手写速记应用的场合越来越少。

2. 专业速录设备

随着时代的发展，速录专业应运而生，速录是由具备相当的信息辨别、采集和记忆能力及语言文字理解、组织、应用、整理等能力的人员，运用速录软件和速录机对语音或文本信息进行实时采集、整理。

3. 普通键盘录入

无须速录机等设备的介入，只需通过计算机键盘和书记员所熟练运用的输入法，达到快速记录的目的。这是目前法院比较常见的记录方式，由于不需要专业的速录知识，对书记员本身的技能要求较低，但相较于专业的速录设备完成的记录而言，这种方式相对效率较低。

4. 智能同步语音转换

近年来，全国法院深入推进智慧法院建设，不少法院引进了智能语音转化系统，这在一定程度上减轻了书记员庭审记录的负担，提高了庭审效率。但由于全国智慧法院建设进程的不统一和我国多民族语言、方言并存的现状，智能同步语音转换系统在现阶段还存在一定的不足。但据了解，2021 年 5 月由科大讯飞承建的“人民法院智能语音云平台”已经亮相，借助该平台效果优化服务，将方言模型、案件模型进行优化训练，对涉及的方言口音、多音词汇、专业词汇有针对性地进行升级优化。经过语音云平台对语料的不断训练优化，标准普通话语音识别正确率可达 98%，目前已支持 28 种方言口音及粤语、四川话等纯方言的语音识别。相信在不久的将来智能同步语音转换系统能够为书记员记录工作效率的提高带来新的进步。

任务实训

请学生按照表 3-2-2 中的内容进行任务实训。

表 3-2-2　刑事一审案件庭审中实务工作实训单

项目内容	要素描述及内容和要求
实训素材	2021 年 5 月 11 日 4 时 20 分，被告人张某某驾驶豫 A*****号货车行驶至郑州市六堡村北四环路口向东 10 米处时，与在此处等待信号灯的文某某驾驶的电动二轮车相撞，致使文某某受伤，车辆受损，造成交通事故，后张某某驾车逃逸。经郑州市公安局交警支队五大队认定，张某某负事故全部责任，文某某不负事故责任。经郑州市公安局交通事故鉴定所鉴定，文某某阴囊撕脱损伤，伤情评定为重伤二级；髋臼及耻骨上下支骨折伤情评定为轻伤一级；左踝、跟骨骨折及左下肢神经损伤伤情评定为轻伤二级。案件侦查终结后，惠济区人民检察院依法向惠济区人民法院提起公诉，文某某也依法提起刑事附带民事诉讼，惠济区法院经过庭前准备阶段，现决定于 2021 年 8 月 23 日开庭审理此案。

续表

项目内容	要素描述及内容和要求
实训目的	熟练掌握刑事案件庭审中的工作任务和工作流程
实训内容	模拟法庭，展现刑事案件庭审一审简易程序庭审中的工作内容
实训要求	根据案情，分组认领公诉人、附带民事诉讼原告、被告人、辩护人、诉讼代理人、证人、鉴定人、法官、书记员等角色，再现庭审过程
实训结果	实训报告/实训心得体会
实训评价	一般/良好/优秀

任务拓展

1. 学习常见法院刑事案件笔录，明确笔录需要记载的内容，掌握基本格式。
2. 登录中国裁判文书网，查看5篇刑事裁判文书进行学习。

任务评价

请学生自己和教师根据刑事案件庭审中书记员实务训练任务完成情况，参照评价项目和评价要点进行自评与师评，如表3-2-3所示。

表3-2-3　刑事案件庭审中书记员实务训练任务评价表

评价项目	评价要点	权重	自评	师评
刑事案件庭审中书记员的主要工作内容	是否明确刑事案件庭审中书记员的工作流程	10分		
	是否明确刑事案件庭审中的重要工作	10分		
开庭前的准备工作	能否完成庭审直播准备工作	10分		
	能否完成法庭笔录提前准备工作	10分		
法庭记录及裁判文书校对	能否做好法庭记录	20分		
	能否对裁判文书进行校对	20分		
与法官及当事人之间的沟通协调	能否做好宣读法庭纪律及与当事人的沟通工作	10分		
	能否配合法官完成其他事务性工作	10分		
总分		100分		

任务3　刑事案件庭审后书记员实务训练

任务情境

2020年8月的一天，被告人段某某到南乐县管某家，趁屋内无人之际，将被害人管某放在二楼堂屋西间卧室衣柜档案袋内的3 000元盗走。南乐县人民检察院于2021年8月3日向南乐县人民法院提起公诉。南乐县人民法院于2021年8月5日公开开庭审理了本案，并依法作出了判决，被告人段某某犯盗窃罪，判处拘役4个月缓刑6个月，并处罚金人民币2 000元。

思考

1. 如果本案是当庭宣判，应如何进行判决书送达，送达的对象有哪些？
2. 如果被告人在一审宣判后表示上诉，书记员应该进行哪些工作？
3. 在整卷过程中，有一页诉讼材料破损，书记员应该怎样处理？

任务分析

刑事案件庭审后书记员的主要工作是围绕法院作出的相关裁判文书进行的，如进行裁判文书的送达、立卷、整卷、归档、评查等，还需要根据实际情况完成相应的工作，如上诉、抗诉案件的报送等。在选择送达方式时，应当注意刑事案件与民事案件、行政案件的不同，针对已羁押和未羁押的被告人，书记员需要选择不同的送达方式。庭审后书记员工作任务流程如图3-3-1所示。

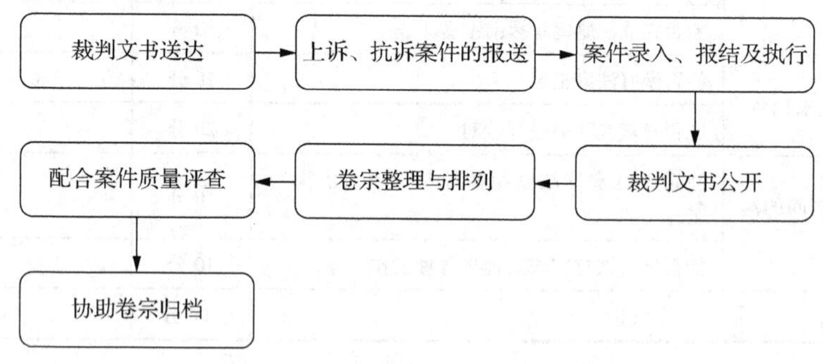

图3-3-1　庭审后书记员工作任务流程

任务实施

步骤 1　裁判文书送达

裁判文书送达是指人民法院依照法律规定的程序和方式，将裁判文书送交专门机关、当事人或其他诉讼参与人的行为。刑事裁判文书送达分为两种情况：一种是当庭宣判的裁判文书的送达；另一种是定期宣判的裁判文书的送达。宣告判决，一律公开进行。当庭宣告判决的，应当在 5 日内将判决书送达当事人和提起公诉的人民检察院；定期宣告判决的，应当在宣告后立即将判决书送达当事人和提起公诉的人民检察院。

1. 明确送达的对象

1）刑事案件裁判文书作出后，一般要送达以下诉讼主体：①本案的当事人；②提起公诉的人民检察院；③辩护人；④诉讼代理人；⑤法定代理人；⑥被告人的近亲属。

送达对象包括检察院

2）裁判文书送达的特殊对象。刑事裁判文书作出后，除了送达上述对象外，《最高人民法院关于执行〈中华人民共和国刑事诉讼法〉若干问题的解释》中还作出了补充规定，对以下几类主体也需要进行送达：①侦查机关（公安、检察院）的侦查部门、法制部门；②看守所；③交通管理部门，主要针对近几年较为高发的交通肇事等刑事犯罪，法院在送达过程中，往往也会对交通管理部门进行送达。

2. 选择送达方式

智慧法院建设以来，各地区法院都积极进行了智能化、数字化的探索，在送达方面也紧跟时代步伐进行积极探索。例如，法院集中送达平台，可以进行线上送达，但由于刑事案件的特殊性，现阶段刑事案件采取的送达方式还较为传统。书记员需要根据案件情况（如被告人是否被羁押），选择合适的送达方式。

（1）直接送达

刑事案件中主要的送达对象是被告人、被害人及公诉机关，作为当事人的被告人往往处于被羁押的状态，不论是当庭宣告判决还是定期宣告判决，都需要直接面对被告人及公诉机关，因此一般都采用直接送达。

缺席审判程序和违法所得没收程序中，针对下落不明或在境外的被告人，需要采取符合实际情况的送达方式，如通过外交途径送达。

邮寄送达

（2）邮寄送达

对于除被告人之外的诉讼参与人，如果直接送达有困难，可以使用邮寄送达的方式。邮寄送达的，书记员可以直接在线上将需要邮寄的接收人

送达回证

员信息和邮寄内容转交给平台合作的邮政部门，由其进行邮寄送达，也可以在邮政部门去法院取件的时候，交由其进行送达。

3. 制作送达回证

书记员完成裁判文书的送达工作后，需要制作相应的送达回证。

相关法规法条

《中华人民共和国刑事诉讼法》第三十三条、第二百零二条。

步骤 2　上诉、抗诉案件的报送

按照诉讼流程，法院判决作出后，完成相应的宣判和送达工作，上诉期满，当事人不上诉，检察院不抗诉的案件就依法生效，对于上诉、抗诉或者依法需要报请复核的案件，书记员要办好案件移送手续。

1. 上诉案件报送

1）收取被告人递交的上诉状，审查上诉期限是否过期、上诉状的书写内容及份数是否符合规定，不符合规定的让被告人重写。刑事案件的上诉期是收到一审判决后的 10 日内，不服一审裁定的上诉期是收到裁定书后的 5 日内。

2）将上诉状副本送达检察院及被害人。

3）填写上诉卷宗移送函、装订卷宗，经主审法官审核后将上诉材料及卷宗移送立案庭报送上一级人民法院。

2. 抗诉案件报送

1）收取人民检察院的抗诉书。

2）向当事人送达人民检察院抗诉书副本。

3）将案卷、正卷移送立案庭，立案庭将抗诉书、案卷、证据一并报送上一级人民法院。

地方各级人民检察院对同级人民法院第一审判决、裁定的抗诉，应当通过原审人民法院提出抗诉书，并将抗诉书抄送上一级人民检察院。原审人民法院应当将抗诉书连同案卷、证据移送上一级人民法院，并将抗诉书副本送交当事人。

3. 复核案件报送

需要复核的刑事案件作出判决后，没有上诉或者抗诉的，应当在 3 日内报送上一级人民法院核准。报送的材料主要有报请复核的报告、死刑案件综合报告和判决书，以及全部诉讼案卷和证据；对于共同犯罪的案件，应当报送全案的诉讼案卷和证据。

死刑案件判决作出后须在 3 日内自动上报，且遵守“逐级上报，一案一报”的原则。

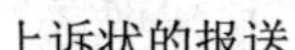
上诉状的报送

报送上诉案件函模板

相关法规法条

《中华人民共和国刑事诉讼法》第二百二十七条、第二百二十八条、第二百三十一条。

步骤 3　案件录入、报结及执行

案件结案以后，书记员应当及时将案件审理各个阶段的信息录入审判流程管理系统，录入计算机的信息应当与案卷材料中的信息保持一致，录入信息的内容包括：合议庭组成人员和书记员姓名、开庭的时间和地点、各种通知书、开庭笔录、合议庭评议笔录、结案方式、裁判结果、宣判时间、裁判文书送达日期、结案案由、结案日期、相关判决书及裁定书等主要内容。在审判流程管理系统中完成案件报结工作后，案件进入结案库中，此时案件的审理阶段正式结束。

1. 案件录入

在案件录入过程中需要注意的是：二审案件结案后，书记员应对一审卷宗中需要复印的重要证据材料进行复印，装订入二审卷宗。书记员将二审法院裁判文书送达给当事人及检察院后，应及时将一审案卷退回原审人民法院。在退回一审案卷时需要填写退卷函并使用送达回证。退卷函一式两份，一份交给原审人民法院，一份存入二审法院卷宗备案保存。

2. 办理报结

1）刑事审判发生法律效力后，书记员需要填制罪犯结案登记表和执行通知，填写处理结果和结案日期，录入审判流程管理系统。在填写过程中，需要以刑事判决为依据，谨慎、认真地填写。

2）将刑事结案登记表和执行通知一并送交看守所。

① 对于判处死刑缓期二年执行、无期徒刑、有期徒刑的罪犯，书记员应当及时将人民法院的判决书、裁定书、人民检察院的起诉书副本、人民法院执行通知书、结案登记表及时送达看守所，由公安机关将罪犯交付监狱执行。无期徒刑、有期徒刑的执行场所为监狱。罪犯在被交付执行前，剩余刑期在 3 个月以下的，由看守所代为执行。

② 被判处拘役、管制、缓刑的罪犯由公安机关执行，在判决书、裁定书生效后，

由交付执行的人民法院将判决书、裁定书、人民检察院的起诉书副本、人民法院的执行通知书、结案登记表及时送达公安机关或社区矫正机构。如果被告人的刑罚是缓刑，书记员需要给评估被告人缓刑的司法局送达法缓刑执行通知书、回执及判决书。在给被告人送达缓刑判决时，除了送达判决书、执行通知书外，还需要被告人签署接受社区矫正的保证书。

③ 暂予监外执行的被告人的执行，应将《暂予监外执行通知书》交罪犯居住地派出所，同时将该通知书送达同级人民检察院、被告人户籍所在地社区矫正机构。

④ 刑事附带民事诉讼的执行，宣判之后，对于没有执行到位的刑事原告/被害人的损失应当在宣判之后送达判决书、申请强制执行告知书，及时受理被害人的申请并向立案庭转执行。转执行的手续包括：执行案件审查表、送达回证、申请强制执行告知书、申请举证通知书、执行案件备用登记表、判决书、申请人身份复印件等材料按照执行庭要求份数转交执行局。

⑤ 单处剥夺政治权利的，由书记员将判决书副本、执行通知书送达给罪犯居住地的公安机关或有监督权的其他机关。

3. 办理生效裁判的执行

刑事执行案件的移送包括有关执行通知书的填制和执行材料的移送。如果被告人收到判决的 10 日内没有向上一级法院上诉，检察院也没有抗诉，一审法院的判决就正式生效了，这时就需要把羁押在看守所的犯人移送到各个相应的监狱服刑，而从法院送达的移送执行通知书就是转移犯人的一个必备文书。为了及时移送犯人入监，书记员必须及时填写相关的执行材料，判处缓刑的要填写缓刑相关材料，并将相关材料移送公安机关、司法局、检察院和社区矫正机构。

刑事审判发生法律效力的几种情形

结案登记表模板

人民法院执行通知书（存根）（有期徒刑、拘役用）

步骤 4　裁判文书公开

为促进司法公正，司法活动应当受到制约监督。在互联网公布裁判文书是案件审判结果的公开，其重要目的是满足公众对司法的知情权，便于公众对司法进行监督，同时推动全社会的诚信体系建设，切实履行司法的社会责任。书记员在案件审理完成后，应当按照流程将裁判文书公开。

1. 告知当事人

书记员应当在送达受理案件通知书、应诉通知书等过程中告知当事人在互联网公布裁判文书的范围，并通过政务网站、电子触摸屏、诉讼指南等多种方式，向公众告知人民法院在互联网公布裁判文书的相关规定。

2. 上网公开

书记员应在承办人的指导下，在裁判文书发生法律效力后的7日内，对符合公布条件的裁判文书进行技术处理和校对，报送专门管理机构审查并在互联网公布。公开前应当对裁判文书进行认真审阅，确保内容真实准确、格式规范、引用的法律条款无误、文字表述及数字和标点符号的用法等无错漏。

3. 文书补正

已经在互联网公布的裁判文书若发现笔误的，应由独任法官或合议庭及时作出补正裁定，书记员应将补正裁定按前述程序公布上网。在互联网公布裁判文书前发现笔误，若已经作了补正裁定并送达的，直接按程序公布补正完善后的裁判文书。

4. 文书撤销

已经在互联网公布的裁判文书，确因法定理由或者其他特殊原因需要撤销的，以北京地区为例，承办人应当填写裁判文书网上撤销审批表，书记员配合报中基层法院部门负责人审核、主管副院长批准后，由本院专门管理机构报送北京市法院司法公开工作领导小组办公室审查决定；市高级人民法院由独任法官或合议庭报部门负责人审批后，送审判管理办公室审查决定。

公布裁判文书的平台

裁判文书公开范围

裁判文书公开时的技术处理

相关法规法条

最高人民法院《关于人民法院在互联网公布裁判文书的规定》。

步骤5 卷宗整理与排列

人民法院的各类诉讼文书是国家重要的专业文书之一，它所形成的诉讼档案是人民法院审判活动的真实记录，反映了人民法院贯彻执行党的路线、方针、政策和国家法律、法令的情况及人民法院的基本职能，又是人民法院进行审判活动的重要依据和必要条件。在书记员的工作职责中，整理卷宗是其中重要的一项内容。实质上，刑事案件从庭前阶段就会涉及卷宗的收集和整理，而且这项工作会贯穿于整个诉讼过程，但随着诉讼进程的推进，庭审后，诉讼卷宗材料更加充实，订卷和归档也在这一诉讼阶段完成，因此本书将这一工作放到庭审后进行介绍。

1. 刑事案件卷宗材料立卷

人民法院的诉讼文书，要根据刑事、民事、经济、行政等案件类别，按年度、审级、一案一号的原则，单独立卷。一个案件从收案到结案所形成的法律文书、公文、函电都使用收案时编定的案号。各类诉讼文书必须用标准 A4 纸，并用毛笔或钢笔（用墨汁或碳素、蓝黑墨水笔）书写、签发。各类诉讼文书，应按照有利于保密、方便利用的原则，分别立为正卷和副卷。

人民法院在收案后，书记员应开始收集有关本案的各种诉讼文书材料，着手立卷工作，在案件办结后要认真检查全案的文书材料是否收集齐全，若发现法律文书不完备的，应及时补齐或补救，并去掉与本案无关的材料。

入卷的诉讼文书材料，一般只保存一份（有领导人批示的材料除外），重份的材料一律剔除。本院的判决书、裁定书、调解书可保留三份，装入卷底袋内备用。

2. 刑事案件卷宗材料的收集

刑事案件庭审前书记员需要检查、复核刑事案件的相关法律手续和法律文书是否齐全。这项工作与民事案件、行政案件的书记员庭前收集、审查诉讼文书材料基本相同，其主要区别在于刑事公诉案件庭前的诉讼材料一般已经形成一套卷宗，是由检察院向法院移交的诉讼材料，其中包含公安侦查阶段形成的卷宗材料和证据卷，以及检察院起诉书、量刑建议书、认罪认罚具结书、适用简易（速裁）程序建议书等文书。

审判庭书记员应当将收集的案件材料按照时间顺序初步进行排列，用夹子或者回形针进行初步整理装订。

随着智慧法院建设的推进，不少地区已经开始试点使用公安机关、检察院、法院等共同使用的政法跨部门大数据办案平台。在收集、整理卷宗的过程中，如果公安机关和检察院已经将案件侦查、审查起诉中产生的法律文书上传到平台的情况下，书记员可以直接登录平台，从平台进行相关法律文书的下载。

3. 区分正卷与副卷

正卷材料是指能够体现诉讼流程、反映案件情况，可以向当事人公开的诉讼材料。副卷材料是指不需要公开，但能够记录诉讼流程、体现程序公正的相关材料，主要指讨

论、汇报案件情况的相关文书材料，如合议庭评议笔录、审判委员会讨论记录等。

4. 刑事案卷材料的排列

诉讼文书材料的排列顺序，总的要求是按照诉讼程序的客观进程形成文书时间的自然顺序，兼顾文书之间的有机联系来进行排列。

刑事一审案件正卷诉讼文书材料的排列顺序

5. 诉讼文书材料的编目

书记员应按照《人民法院诉讼文书立卷归档办法》进行编目及案卷封面的制作。

规范编目要求

6. 卷宗的装订

卷宗材料按照卷宗目录的顺序装订，卷宗目录上未显示的材料应放在卷宗中适当位置，并在卷宗目录上予以注明。案卷封面、封底内容要填写齐全，字迹工整、清晰。每卷的厚度以不超过 15mm 为宜，材料过多的，应按顺序分册装订。每册案卷都应重新编写页号。卷宗对齐后，用线绳三孔一线装订，并在卷底装订线结扣处粘贴封纸，由立卷人及档案管理部门加盖骑缝章。

卷宗装订的标准

相关法规法条

1. 最高人民法院《人民法院诉讼文书立卷归档办法》。
2. 最高人民法院《人民法院诉讼卷宗材料排列顺序（试行）》。

步骤 6　配合案件质量评查

案件质量评查是指上级政府相关部门、上级法院或各级法院自身对已经发生法律效力的刑事案件，从立案到结案、执行的处理、法律文书质量、案卷归档整理等各个方面是否严格按照规范执行的情况进行的评查工作。它是一种事后监督方式或措施。书记员在这项工作中的主要任务是配合法官围绕评查的主要内容对案卷进行检查、校对，对评查中发现的问题积极进行整改，并负责进行评查材料的送达与接收。

1. 配合评查部门进行相关辅助工作

针对案件评查中涉及案件庭前、庭中、庭后等具体工作，需要由书记员说明、解释的地方，书记员应当积极配合。

2. 配合法官对案卷进行检查、校对

按照评查要求，针对案卷中的文书质量、卷宗归档整理等方面配合法官对案卷进行相应的检查、校对。

3. 评查中问题的整改

针对评查部门提出的审判流程中涉及程序方面存在的问题，若与书记员工作相关的，应积极进行整改修正。

案件评查中对书记员主要工作的评查

步骤 7　协助卷宗归档

诉讼档案是指各级人民法院审判活动中形成的对国家、社会和本单位具有保存、查考和利用价值的各种形式、各种载体的历史记录。人民法院的诉讼档案是国家重要的专业档案之一，是人民法院审判活动的真实记录，是做好审判工作、实行审判监督的重要依据和必要条件。在目前的司法实践中，案卷需要电子化，做到纸质卷宗和电子卷宗的同步，因此需要将纸质卷宗材料转化为电子卷宗材料，目前这一转化过程主要是通过扫描上传来实现。具体工作步骤如下。

1）应仔细接收每一件档案材料，分门别类清册登记，安全存放档案卷宗，休息时间必须将档案材料放回档案柜。

2）扫描工作中必须仔细检查材料与封面是否一致，扫描的电子档案必须清晰、端正、录入完整，如发现材料有问题，应及时做好相关记录，并督促改正，同时建立完好的电子档案备份文件。

3）一般应当对纸质卷宗的正、副卷材料从封面至封底进行完整数字化；确实不宜数字化的材料可以不予数字化，但应当登记备查。

4）电子卷宗图像档案应当采用未加密的 TIFF 或者 JPEG 格式，并且永久留存。提供查询应用时，可以转存为 PDF 等其他格式。

5）电子卷宗加工一般采用黑白二值模式进行扫描；对材料中有多色、红头、印章、插有照片图片、字迹清晰度较差、黑白扫描模式下无法辨识清晰的页面，以及年代较为久远的历史档案，应当采用彩色模式进行扫描，扫描分辨率不低于 200dpi。

6）电子卷宗在制作过程中，应当建立案卷级和卷内文件级目录数据。目录数据应当真实、准确、完整。

7）应当符合国家保密管理的有关规定。

8）扫描工作完成后，应在卷内目录上盖“卷宗已电子化”章，并在卷底装订结扣

处粘贴封纸，由装订人员加盖骑缝章，向档案库房管理员办理移交登记手续。

9）档案库房管理员对已进行电子化处理并装订好的档案，应进行电子卷宗和纸质卷宗的检查核对，确认无误后方可入库上架。

案卷电子化

纸质档案归档要求

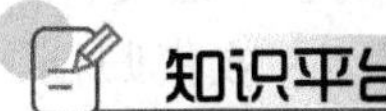

1. 人民法院的声像档案及归档要求

（1）声像档案

人民法院的声像档案是指各级人民法院在工作活动中直接形成的具有保存、查考和利用价值的照片、录音带、录像带、影视片等专门载体材料。

（2）声像档案的归档要求

声像档案的归档要求如下。

1）主办部门或经办人员要把声像材料与有关行政文书材料或诉讼文书材料一起整理，单独组卷，统一编号。

2）归档的声像材料必须是原版、原件。

3）声像材料必须图像清晰、声音清楚，并加以必要的说明。

4）照片材料必须由底片、照片、文字说明三部分构成。说明部分包括：事由（案由、案号）、时间、地点、人物、背景和摄影者。

5）录音带、录像带、影视片须注明当事人姓名、案由、案号、录制时间、录制内容、录制人、盘数及带长、型号、保管期限等内容。

6）声像材料的说明必须用毛笔或碳素笔、蓝黑墨水笔书写。

7）声像材料的归档时间须按声像材料形成的特点，由主办部门或经办人员分别按照行政文书档案或诉讼文书档案规定的归档时间向档案管理部门移交。

2. 电子卷宗的归档要求

电子卷宗的归档要求如下。

1）人民法院诉讼档案应当实现纸质卷宗与电子卷宗同步归档。电子卷宗的制作可以采用案卷归档后对卷内材料进行集中数字化的方式，也可以采用在案件办理过程中对纸质诉讼材料进行同步数字化的方式。

2）在案件审结后按时将电子卷宗与纸质卷宗一并向档案机构移交，电子卷宗的归档范围、保管期限和密级的划分工作，按照纸质卷宗归档的有关规定执行。

3）电子卷宗以案件为单位进行接收，分立正卷、副卷。

4）案卷级和卷内文件级目录数据与电子卷宗对应关联、同步归档。

5）电子卷宗元数据是描述电子卷宗的内容、结构、背景和管理过程的数据，应与电子卷宗一并归档。

6）采用技术手段加密的电子卷宗应当解密后归档，压缩的电子卷宗应当解压缩后归档。

7）应当对电子卷宗进行质量检查，检查结果形成记录保存备查。质量检查的内容包括目录数据、图像文件及数据挂接等，质量检查不合格的应退回纠正。

8）采用符合国家规定的通用格式存储。原始格式是非通用格式的电子诉讼文件，一般应当转换成通用格式。如确实无法转换的，应当将相关软件及说明一并收集归档。

9）具有永久保存价值的文本或图形形式的电子文件，如没有纸质等复制件，应当制成纸质文件或缩微品等。归档时，应同时保存文件的电子版本、纸质版本或缩微品。

特别提醒

未经人民法院档案机构批准，任何部门或者个人不得擅自获取、利用、迁移、修改、删除以各种形式存储的电子诉讼档案及其备份数据。

3. 诉讼档案保管期限

1）诉讼档案是国家重要的专业档案之一，是人民法院审判活动的真实记录，又是人民法院进行审判活动的重要依据和必要条件，应从历史的和现实的使用价值方面，准确划定其保管期限。划定刑事诉讼档案保管期限，应根据刑期、犯罪主体身份、案件的政治和科研价值、案件的性质综合考虑，取用其中最长的保管期限。

2）诉讼档案的保管期限分为永久、长期、短期三种。凡属需要永久保存、查考和利用的档案划为永久保管；凡属在相当长的时期内需要保存、查考和利用的档案划为长期保管，保管期限为 60 年；凡属在相对较短的时期内需要保存、查考和利用的档案划为短期保管，保管期限为 30 年。

3）诉讼案件中的证物，凡需附卷保存的，其保管期限与案卷相同。不适于保存的，可拍照片附卷，实体证物经主管院长批准后予以销毁或做其他处理。

4）诉讼档案的保管期限，从案件的判决、裁定或调解发生法律效力后的下一年起算。同一案件的不同年代、不同审级形成的案卷，其保管期限从终审结案的下一年起算。共同诉讼的案件和申诉、再审案件，均以其中最长的保管期限划定。

4. 送达主体的解释

1）根据刑事诉讼法的规定，犯罪嫌疑人、被告人除自己行使辩护权外，还可以委托 1～2 人作为辩护人。辩护人行使辩护权的基础是知情权能够得到充分保障，因此需要给其送达裁判文书。以下人员可以被委托为辩护人：①律师；②人民团体或者犯罪嫌疑人、被告人所在单位推荐的人；③犯罪嫌疑人、被告人的监护人、亲友。正在被执行刑罚或者依法被剥夺、限制人身自由的人，不得担任辩护人。

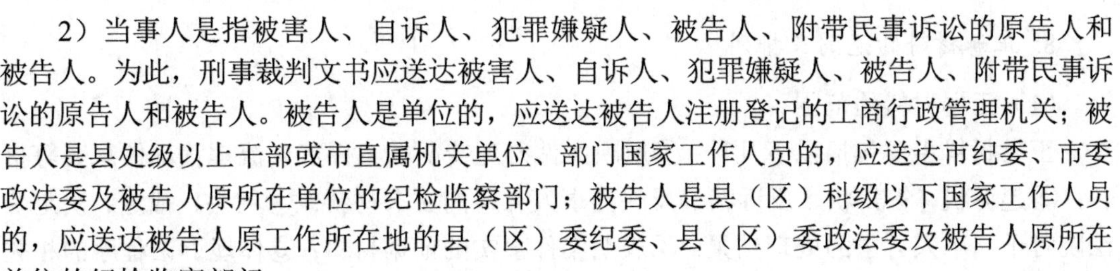

2）当事人是指被害人、自诉人、犯罪嫌疑人、被告人、附带民事诉讼的原告人和被告人。为此，刑事裁判文书应送达被害人、自诉人、犯罪嫌疑人、被告人、附带民事诉讼的原告人和被告人。被告人是单位的，应送达被告人注册登记的工商行政管理机关；被告人是县处级以上干部或市直属机关单位、部门国家工作人员的，应送达市纪委、市委政法委及被告人原所在单位的纪检监察部门；被告人是县（区）科级以下国家工作人员的，应送达被告人原工作所在地的县（区）委纪委、县（区）委政法委及被告人原所在单位的纪检监察部门。

3）诉讼代理人是指公诉案件的被害人及其法定代理人或者近亲属、自诉案件的自诉人及其法定代理人委托代为参加诉讼的人和附带民事诉讼的当事人及其法定代理人委托代为参加诉讼的人。

4）法定代理人是指被代理人的父母、养父母、监护人和负有保护责任的机关、团体的代表。

5）近亲属是指配偶、父母、子女、兄弟姊妹、祖父母、外祖父母、孙子女、外孙子女。

5. 其他常见的送达方式

其他常见的送达方式有留置送达、委托送达、公告送达和电子送达。

1）留置送达。留置送达是指收件人本人或代收人拒绝接收诉讼文件或拒绝在送达回证上签名或盖章时，送达人将诉讼文件留在收件人或代收人住处的送达方式。送达人可以邀请收件人或代收人的邻居或其他见证人到场说明情况；把诉讼文件留在收件人或代收人的住处；在送达回证上记明拒绝的事由、送达的日期，由送达人签名。

2）委托送达。委托送达是指人民法院直接送达诉讼文书有困难的，可以委托其他人民法院代为送达的一种送达方式。

3）公告送达。公告送达是用公开宣告的方式送达诉讼文书，经过法律规定的一定时间，即视为送达。在受送达人下落不明，或者用其他方式无法送达的情况下采用。

4）电子送达。电子送达是指经受送达人同意，以传真、电子邮件等简易方式送达。

6. 上诉、抗诉的解释

被告人、自诉人和他们的法定代理人，不服地方各级人民法院第一审的判决、裁定，有权用书状或者口头向上一级人民法院上诉。被告人的辩护人和近亲属，经被告人同意，可以提出上诉。附带民事诉讼的当事人和他们的法定代理人，可以对地方各级人民法院第一审的判决、裁定中的附带民事诉讼部分提出上诉。地方各级人民检察院认为本级人民法院第一审判决、裁定确有错误时，应当向上一级人民法院提出抗诉。

7. 需要复核的案件

刑事判决作出后，需要报请最高人民法院或高级人民法院复核的案件有两类：一类是判处死刑的案件；一类是法定刑以下量刑的案件。

8. 正卷材料的范围及排列

（1）正卷材料的范围

正卷材料主要包括以下几种：①反映案件办理情况的案件审判流程管理信息表等材料；②起诉状、答辩状、反诉状等反映当事人意愿的文书材料；③判决、裁定、决定等法院对于当事人诉求的处理结果；④表明案件事实的证据材料；⑤体现诉讼程序的相关文书材料，如开庭通知书、相关笔录等。

（2）刑事二审案件正卷诉讼文书材料的排列顺序

刑事二审案件正卷诉讼文书材料的排列顺序为：①卷宗封面；②卷内目录；③上（抗）诉案件移送书；④原审法院判决书、裁定书；⑤上诉书（抗诉书）；⑥答辩状；⑦聘请、指定、委托辩护人材料；⑧调查笔录（调查取证材料）；⑨撤诉书；⑩审问笔录；⑪公诉人、辩护人出庭通知书；⑫开庭公告底稿；⑬传票、提押票；⑭开庭审判笔录；⑮诉词、辩护词、陈述词；⑯庭审后的补充调查材料；⑰司法鉴定材料；⑱被告人坦白交代、揭发问题登记表及查证材料；⑲延长审限材料；⑳判决书、裁定书正本；㉑刑事附带民事部分调解书、协议书、裁定书；㉒宣判笔录、委托宣判函；㉓判决书、裁定书送达回证；㉔退卷函；㉕执行通知书存根和回执；㉖备考表；㉗证物袋；㉘卷底。

刑事二审案件正卷中关于死刑案件材料的排列顺序，在㉔后依次排列：①执行死刑命令正本；②暂停执行死刑的通知、批复；③死刑执行报告及死刑执行前后照片；④执行通知书存根和回执（释放回执）；⑤备考表；⑥证物袋；⑦卷底。

9. 案件质量评查

案件质量评查主要包括实体和程序两个方面。

（1）实体方面

实体方面主要针对认定案件事实的主要证据是否真实、充分，案件的事实是否客观、准确，适用的法律法规是否正确等方面进行验收审查。

（2）程序方面

程序方面主要针对立案、庭前审查、庭审过程、法律文书的送达、宣判、执行等方面是否按照法律的期限和程序进行，是否严格按照审判流程操作，是否做到充分保障当事人的权益，卷宗材料的装订方法和顺序是否符合法律规定等方面进行验收审查。

任务实训

请学生按照表 3-3-1 中的内容进行任务实训。

表 3-3-1　刑事一审案件庭审后实务工作实训单

项目内容	要素描述及内容和要求
实训素材	2020 年 2 月 9 日 14 时许，邓州市张村镇李洼村村民被害人蔡某在村里巡逻，被告人王某某因要进村去超市买东西，双方发生争执，继而发生厮打，王某某持砖块将蔡某右手部打伤。经邓州市公安局刑事科学技术研究所鉴定，蔡某右手部损伤构成轻伤二级。邓州市人民检察院以邓检刑诉〔2021〕××号起诉书指控被告人王某某犯故意伤害罪，于 2021 年 5 月 17 日向邓州市人民法院提起公诉。邓州市人民法院依法适用简易程序，实行独任审判，公开开庭审理了本案。邓州市人民检察院指派检察员周某出庭支持公诉。被告人王某某到庭参加诉讼。经过审理，邓州市人民法院判决被告人王某某犯故意伤害罪，判处有期徒刑一年，缓刑一年。 问题：如果你是书记员，庭审结束后需要完成哪些工作？
实训目的	熟练掌握刑事案件庭审后工作流程
实训内容	裁判文书送达、案件录入及报结、立卷整卷、配合归档等
实训要求	根据案情，准备诉讼材料，模拟送达、整卷等工作任务
实训结果	实训报告/实训心得体会
实训评价	一般/良好/优秀

任务拓展

1. 登录中国庭审公开网，自己选择感兴趣的案例，观看庭审视频。
2. 总结法律文书送达方式，思考民事案件、行政案件和刑事案件送达方式的区别。

任务评价

请学生自己和教师根据刑事案件庭审后书记员实务训练任务完成情况，参照评价项目和评价要点进行自评与师评，如表 3-3-2 所示。

表 3-3-2　刑事案件庭审后书记员实务训练任务评价表

评价项目	评价要点	权重	自评	师评
刑事案件庭审后书记员的主要工作内容	是否明确刑事案件庭审后书记员的主要工作流程	10 分		
	是否明确刑事案件庭审后书记员的重点工作	10 分		
符合程序公正的要求完成庭审后的工作	能否做好法律文书送达工作	15 分		
	能否做好卷宗整理工作	15 分		
	能否做好订卷工作	10 分		
	能否协助做好文书归档工作	10 分		
	能否协助做好案卷评查工作	10 分		
与法官和当事人的沟通对接	能否做好与当事人的沟通工作	10 分		
	能否完成法官交代的其他事务性工作	10 分		
总分		100 分		

下　编　检察院书记员工作实务

书记员是人民检察院人员中不可缺少的组成部分，在检察工作中，书记员在案件承办人的指导下从事检察事务性工作，属于检察辅助人员。

《中华人民共和国人民检察院组织法》第四十四条规定："人民检察院的书记员负责案件记录等检察辅助事务。"在检察业务活动中，书记员没有独立办案的资格，不独立承办案件，其工作职责主要是协助检察官办理案件，在办案中处于辅助性的地位。

人民检察院的具体业务分为刑事检察、民事检察、行政检察和公益诉讼检察四大类。本编内容主要介绍刑事检察业务中书记员在立案侦查程序、审查逮捕程序和审查起诉程序中的工作流程。书记员的主要工作内容包括：线索的登记和移送；法律文书的制作、管理；法律文书的校对、印制、送达；扣押款物的登记；接待当事人及案件相关人员；会议讨论记录、材料管理；设备、器材等物资的准备；案件材料的整理组卷；法律文书等材料的归档，以及承办人安排的其他工作。

项目4　立案侦查程序中书记员工作

【学习目标】

1. 熟悉检察院直接受理案件的立案侦查的基本任务和基本流程。
2. 掌握检察院直接受理案件的范围、侦查工作任务流程。
3. 能够熟练进行法律文书制作、参与侦查工作。

任务1　立案程序中书记员实务训练

任务情境

2017年7月至2018年8月，赵某在担任某监狱干警期间，采取针扎、警用催泪器喷射、扇打脸部、脚踢身体等手段8次虐待黄某等5名被监管人，被监管人的身心及其他在场罪犯的心理均受到了严重伤害。监狱纪检监察部门调查后，将赵某虐待被监管人员的情况通报给当地的区人民检察院，区人民检察院将案件线索上报市人民检察院。

思考

1. 人民检察院直接受理侦查的案件有哪些？
2. 上述任务情境中，书记员应如何辅助检察官完成对自侦案件的立案？

任务分析

对于人民检察院直接受理侦查的案件，在立案阶段，书记员应服从检察官的安排和部署，辅助检察官重点做好案件线索的登记录入、移交及转办案件线索手续、制作和送达法律文书、立卷归档等事务性工作。立案侦查阶段书记员工作任务流程如图4-1-1所示。

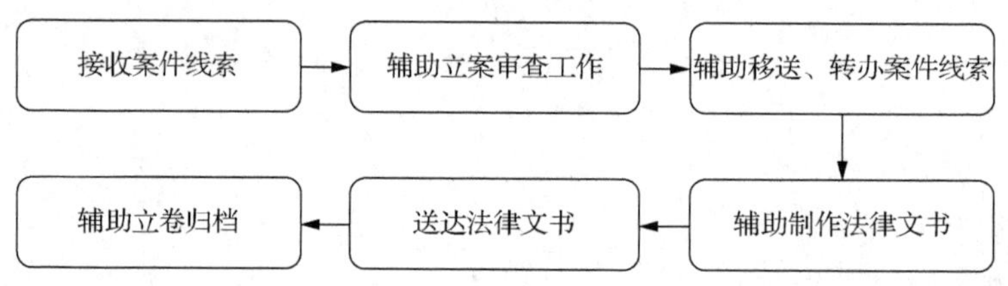

图4-1-1　立案侦查阶段书记员工作任务流程

任务实施

步骤1　接收案件线索

1. 签收线索资料

1）签收举报中心转来的举报材料，制作《线索管理流转单》。

2）写明线索的基本情况、线索来源、接收时间。

2. 登记线索台账

初查之后属于本部门管辖的，在线索信息登记表（台账）上做好登记，录入全国检察机关统一业务应用系统。

3. 移交承办人办理

在全国检察机关统一业务应用系统中选择指定承办人，将线索受理案件移交承办人办理。如果又收到举报中心或者其他部门移送的同一个案件的新线索，应把新线索通过“已有案件接收”并入原线索中。

案件线索的处理及相关文书

相关法规法条

1.《中华人民共和国刑事诉讼法》第一百零九条、第一百一十条。

2. 最高人民检察院《人民检察院举报工作规定》第三十一条、第三十二条。

3. 最高人民检察院《人民检察院刑事诉讼规则》第一百六十六条。

步骤 2　辅助立案审查工作

1. 辅助线索审查

自行发现的线索应当由集体研究分流。线索分流到负责侦查的部门后，经主管检察长决定，将线索交承办人审查。承办人对举报中涉及的举报对象、性质、发生的时间、地点、是否存在犯罪事实等进行认真审查、分析。书记员辅助制作《线索审查评估意见表》，包括线索来源、线索性质、审查评估意见等。

2. 辅助制作文书

承办人审查案件线索后，应提出审查意见。书记员辅助承办人制作和送达相关法律文书。

1）需要初查的，提交《提请初查报告》和初查安全预案等材料，报检察长批准。承办人根据举报内容制订初查计划。

在立案审查过程中需要接触被调查对象时，需要制作《接触被调查对象审批表》，层报检察长批准。

2）认为虽属于检察机关管辖但没有涉嫌犯罪可能的，提出不予初查的意见，报请检察长批准后，退回举报中心处理。

3）认为属于检察机关管辖并有可能涉嫌犯罪，但不具备初查条件和时机的，提出缓查或存查的意见，填写《缓查线索登记表》报请检察长批准。《缓查线索登记表》应由专人统一保管，并报举报中心和案管部门备案。

线索审查的内容及相关文书

4）认为属于向上一级人民检察院备案案件线索的，要按照《最高人民检察院关于要案线索备案、初查的规定》的要求制作《线索备案表》，连同线索材料复印件一并报上一级人民检察院负责侦查的部门。

相关法规法条

《中华人民共和国刑事诉讼法》第一百一十二条。

步骤3　辅助移送、转办案件线索

1. 移送、转办事项的报批

侦查部门接到举报中心移交的案件线索，经初步侦查发现本部门没有管辖权的，应区分情况办理移送、转办手续。

1）不归本部门管辖的，要及时转交有管辖权的部门办理。

2）不属于本检察院管辖的，应将案件移送有管辖权的其他人民检察院。承办人根据案件情况提出《移送案件意见书》，层报检察长批准。应交下一级人民检察院办理的，办案人员提出交办意见，报检察长批准后，移交下一级人民检察院。

3）属于公安机关或者监察机关管辖的犯罪线索，报检察长批准决定，移送有关机关处理。

2. 制作移送文书

1）书记员根据承办人的交办意见，辅助制作《移送案件意见书》《移送案件通知书》《移送案件线索通知书》《案件线索转办通知书》等法律文书，并办理移送手续。

2）向下一级人民检察院交办线索时，应制作《交办案件线索通知书》。向其他机关移送案件线索时，应将举报、控告、报案、自首等材料进行复印，将复印件随同检察公文（如移送函、交办函）等移送，必要时可以将初查中获取的相关书证、调查笔录等证据材料一并复印后移送。

3）指定异地侦查的，在交办案件时应制作《交办案件通知书》，报请检察长或分管副检察长批准。

相关法规法条

1.《中华人民共和国刑事诉讼法》第一百一十条。

2. 最高人民检察院《人民检察院刑事诉讼规则》第一百六十七条、第一百七十三条、第一百七十四条。

步骤4 辅助制作法律文书

初查终结后，书记员辅助制作相应的法律文书，并及时将承办人拟定好的法律文书进行打印或复印。决定书及其他法律文书需报主管领导审批的，应及时将需报批的文书原件连同卷宗报送审批。

1. 制作《初查结论报告》

侦查部门经过初查后，应制作《初查结论报告》并提出处理意见，层报检察长批准。

2. 制作立案文书

认为有犯罪事实需要追究刑事责任的，应制作《提请立案报告》《立案审批表》，连同有关证据材料层报主管领导审批。主管领导批准后，制作《立案决定书》，报请审批人签名或盖章，正式立案。对已经立案侦查的案件，若又发现新的共同犯罪嫌疑人，决定并案侦查时，应制作《补充立案决定书》。

经过审查认为证据不足，不能判明犯罪事实是否发生的，或者对立案材料尚有疑问的，可以要求控告人、报案人、举报人补充材料或进一步说明情况。

3. 制作《不立案通知书》

侦查部门经对案件线索初查，决定不予立案的，应制作《不立案通知书》，写明案由和案件来源、决定不立案的原因和法律依据。在规定时限内，送达移送案件线索的机关、部门或者控告人、举报人。

未构成犯罪，决定不予立案，但需要追究其党纪、政纪、违法责任的，应当移送有管辖权的主管机关处理。

4. 辅助制作笔录

1）自首笔录。报案、控告、举报笔录主要由检察院12309举报中心负责制作。侦查部门办案人员在初查过程中，自首人自动投案时，要制作自首笔录。

2）调查笔录。办案人员在对案件初查过程中，与相关知情人员谈话时要制作调查笔录。制作完成，应交由被调查人核对；被调查人核对无误后，签字、捺指印。调查人和记录人均应在笔录末尾亲笔签名。

特别提示

1）在办案实践中，讯问过程中犯罪嫌疑人自首余罪的，其自首的供述与讯问应体现在一份讯问犯罪嫌疑人笔录内，基于节约司法资源的考虑，一般不再将自首的内容单独制作一份自首笔录。

2）制作检察笔录的总体要求是客观、规范、全面、准确。要正确选择使用检察笔录的种类，打印或手写。如果是手写，要求字迹工整，格式规范，内容准确完整。

初查阶段的相关知识及法律文书

相关法规法条

1.《中华人民共和国刑事诉讼法》第十六条、第一百一十二条。

2. 最高人民检察院《人民检察院刑事诉讼规则》第一百七十一条至第一百七十三条。

3. 最高人民检察院《人民检察院举报工作规定》第二十四条。

步骤 5 送达法律文书

1. 直接送达或邮寄送达

对于移送线索的《不立案通知书》，应自作出不立案决定之日起 10 日内，连同举报材料和调查材料送达移送案件线索的机关或者部门。对于控告、举报的《不立案通知书》，应在 15 日内送达控告人、举报人，同时告知本院负责控告申诉检察的部门。

同单位的文书一般由书记员直接送达。其他单位或个人的文书一般邮寄送达，或电话、短信通知当事人到检察院领取。

2. 填写送达回证

依法向相关单位或个人送达检察机关有关法律文书时，应规范填写送达回证。送达回证文书首部正中处要加盖人民检察院印章，应由收件人签名或盖章。若收件人拒绝签收的，应在备注中注明；若不能送达的，应写明理由。送达回证收回后附卷。

送达方式及送达回证

相关法规法条

1.《中华人民共和国刑事诉讼法》第一百零七条。

2. 最高人民检察院《人民检察院刑事诉讼规则》第一百七十三条。

步骤 6 辅助立卷归档

1. 整理、装订

书记员负责对自侦案件侦办过程中形成的诉讼文书和举报、控告、报案、自首的材料及书证、调查笔录等相关材料进行整理、装订和归档。

2. 立卷归档

初查终结后，相关材料应按照初查案卷归档的相关规定进行立卷归档。初查结论报告的正式打印件及领导审批件均应归入检察内卷。《立案决定书》应归入检察卷，《立案审批表》应归入检察内卷。进入立案侦查程序的，除作为诉讼证据以外的材料，其他材料归入侦查内卷。

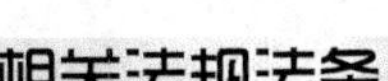

相关法规法条

最高人民检察院、国家档案局《人民检察院诉讼文书材料立卷归档细则》。

知识平台

1. 检察院立案侦查的概念

检察院立案侦查是人民检察院按照刑法、刑事诉讼法关于案件管辖和犯罪的规定，对发现的犯罪事实、犯罪嫌疑人和接收的报案、控告、举报和自首材料进行审查，认为有犯罪事实需要追究刑事责任时，决定作为刑事案件进行侦查的刑事诉讼活动。

2. 检察院立案侦查的范围

根据《中华人民共和国刑事诉讼法》第十九条第二款的规定，人民检察院直接受理的案件如下。

1）人民检察院在对诉讼活动实行法律监督中发现的司法工作人员利用职权实施的非法拘禁、刑讯逼供、非法搜查等侵犯公民权利、损害司法公正的犯罪，可以由人民检察院立案侦查。

检察机关直接进行立案侦查的 14 个罪名如下。

① 非法拘禁罪（《中华人民共和国刑法》第二百三十八条，非司法工作人员除外）；

② 非法搜查罪（《中华人民共和国刑法》第二百四十五条，非司法工作人员除外）；

③ 刑讯逼供罪（《中华人民共和国刑法》第二百四十七条）；

④ 暴力取证罪（《中华人民共和国刑法》第二百四十七条）；

⑤ 虐待被监管人罪（《中华人民共和国刑法》第二百四十八条）；

⑥ 滥用职权罪（《中华人民共和国刑法》第三百九十七条，非司法工作人员滥用职权侵犯公民权利、损害司法公正的情形除外）；

⑦ 玩忽职守罪（《中华人民共和国刑法》第三百九十七条，非司法工作人员玩忽职守侵犯公民权利、损害司法公正的情形除外）；

⑧ 徇私枉法罪（《中华人民共和国刑法》第三百九十九条第一款）；

⑨ 民事、行政枉法裁判罪（《中华人民共和国刑法》第三百九十九条第二款）；

⑩ 执行判决、裁定失职罪（《中华人民共和国刑法》第三百九十九条第三款；）

⑪ 执行判决、裁定滥用职权罪（《中华人民共和国刑法》第三百九十九条第三款）；

⑫ 私放在押人员罪（《中华人民共和国刑法》第四百条第一款）；

⑬ 失职致使在押人员脱逃罪（《中华人民共和国刑法》第四百条第二款）；

⑭ 徇私舞弊减刑、假释、暂予监外执行罪（《中华人民共和国刑法》第四百零一条）。

2）对于公安机关管辖的国家机关工作人员利用职权实施的重大犯罪案件，需要由人民检察院直接受理时，经省级以上人民检察院决定，可以由人民检察院立案侦查。

根据《人民检察院刑事诉讼规则》第十四条的规定，人民检察院办理直接受理侦查的案件，由设区的市级人民检察院立案侦查。

3. 立案的线索来源

立案的线索来源主要包括：①人民检察院自行发现的犯罪事实或者犯罪嫌疑人；②单位和个人的报案或者举报；③被害人的报案或者控告；④犯罪人的自首。

4. 不予立案的情形

对具有下列情形之一的，报请检察长决定不予立案：①具有《中华人民共和国刑事诉讼法》第十六条规定情形之一的；②认为没有犯罪事实的；③事实或者证据尚不符合立案条件的。如果是对移送线索决定不立案，应制作移送线索《不立案通知书》。

任务实训

请学生按照表 4-1-1 中的内容进行任务实训。

表 4-1-1　立案审查工作实训单

项目内容	要素描述及内容和要求
实训素材	刘某为某市公安局巡特警大队队员，2018 年 3 月 2 日，刘某接受某市公安局的安排，协助侦查人员承担看守犯罪嫌疑人赵某的职责，赵某获悉刘某家庭情况后，多次承诺给予好处以拉拢刘某。后赵某被转至另一个看守所羁押，刘某继续与其他办案人员共同承担在看守所 1 号审讯室看守赵某的任务。此后，赵某为逃离看守所，多次利用与刘某单独相处之机，许诺以金钱报酬及日后助其到外地发展为引诱，请求刘某为其脱逃提供帮助，刘某予以应允。尔后，刘某多次在其轮班看守时违反看守纪律将手铐钥匙搁置在审讯室窗台上，并任由赵某自行开锁手铐，还将看守所大门未设置武警站岗、出大门即可逃离等信息提供给赵某。 2018 年 7 月 24 日凌晨，被告人刘某当班看守赵某时，赵某提出要上厕所，刘某遂将搁置在窗台上的手铐钥匙交给赵某自行打开后仍放回原处，赵某独自上厕所回来后，故意未将其手上的手铐与审讯椅上的手铐相互锁上。当日清晨 6 时许，赵某趁刘某睡着之机，用放置在窗台上的钥匙打开手上的手铐后逃至 5 号审讯室，采取手扳防护网、脚踹防护栏的方式从看守所逃脱。 某市检察院举报中心接到群众对刘某的举报之后将线索分流至负责侦查的部门。 问题：书记员如何辅助检察官开展立案审查工作？
实训目的	熟练掌握自侦案件立案审查的内容
实训内容	案件材料接收、立案审查、文书制作
实训要求	根据案情完成接收线索、立案审查、文书制作等工作任务
实训结果	实训报告/实训心得体会
实训评价	一般/良好/优秀

任务拓展

1. 登录中国裁判文书网，搜索查看人民检察院直接进行立案侦查案件的裁判文书。
2. 查阅相关法条和案例材料，掌握直接受理案件的范围及立案程序。

任务评价

请学生自己和教师根据立案程序中书记员实务训练任务完成情况，参照评价项目和评价要点进行自评与师评，如表 4-1-2 所示。

表 4-1-2　立案程序中书记员实务训练任务评价表

评价项目	评价要点	权重	自评	师评
接收线索	能否熟练签收线索	5 分		
	能否熟练登记线索	5 分		
辅助线索审查	能否熟练掌握线索初查中各项文书制作规范及报送流程	20 分		
移送、转办案件线索	能否熟练办理线索移交事项	20 分		
文书制作	能否熟练制作规范的法律文书	40 分		
送达文书	能否及时送达文书	10 分		
总分		100 分		

任务 2　侦查程序中书记员实务训练

任务情境

黄某为某监狱监管人员，于 2018 年 12 月 1 日晚在制止犯人李某、王某打架之后，持木棒抽打犯人李某，致李某牙齿脱落及身体多处受伤。同月下旬的一天下午，因其中队犯人杨某、吴某、傅某未能完成生产任务，被黄某罚跪，并用电警棍、防暴棍电击、抽打。次日，犯人杨某因被打伤不能出勤，又被黄某用手铐铐在通道处十多个小时。2019 年 4 月 25 日下午，其中队犯人彭某与犯人胡某打架，黄某持防暴棍殴打犯人彭某，致彭某颅脑损伤，经抢救后脱险。后黄某因涉嫌虐待被监管人罪被检察院立案侦查。

思考

1. 该案例中，检察机关可以采取的侦查措施有哪些？
2. 书记员应如何辅助检察官完成对案件的侦查？

任务分析

在侦查活动中，书记员在承办人的指导下辅助办理侦查事项的相关法律手续，参与讯问、询问、调查取证等侦查工作，制作侦查笔录，填写、送达法律文书，整理卷宗等事务性工作。侦查程序中书记员工作任务流程如图 4-2-1 所示。

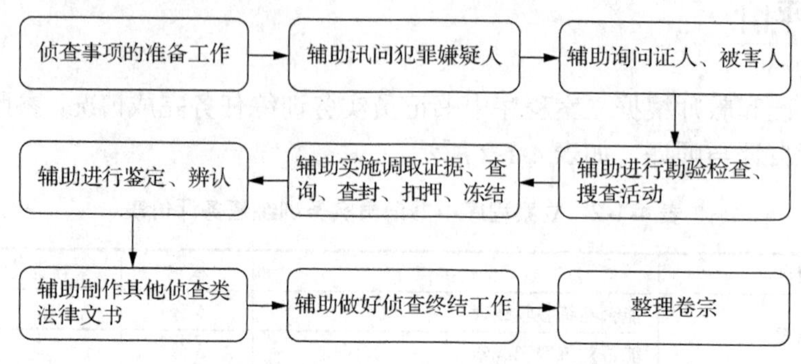

图 4-2-1　侦查程序中书记员工作任务流程

任务实施

步骤 1　侦查事项的准备工作

1. 分析案件材料，熟悉案件情况

书记员应在承办人的指导下查阅相关案件材料，了解与案件相关的法律规定。通过熟悉案情，明确检察笔录的重点和难点，做到心中有数。

2. 办理法律手续

在开展案件侦查前，书记员应协助承办人填写相关法律文书，层报主管领导批准，并加盖院章。

3. 准备物品及文件材料

1）需要携带的工作证件、法律文书、证据资料。

2）相关侦查器材和工具。

3）制作检察笔录所需物品。使用计算机制作笔录的，应准备好计算机、便携式打印机和打印纸，提前将设备充好电。手写制作笔录的，应准备足够的笔录首页和横格纸。

4）准备签字笔和印油，以便当事人在相关法律文书上签字、捺指印。

4. 与相关部门做好沟通协调

在侦查活动中，需要本院司法警察、信息人员、技术人员予以协助时，书记员应协助承办人填写相关法律文书，送交相关部门。

1）申请司法警察执行相应警务工作时，应填写《办案用警申请表》，写明用警的部门、时间、执行警务的内容、出警人数、地点、要求等内容，报侦查部门主管领导审批后，送交法警部门安排派警。

2）在制作讯问、询问等检察笔录，需要进行同步录音录像时，应按程序填写《同步录音录像通知单》，明确讯问开始的时间、地点等情况，报部门负责人批准后，将此文书入卷；并通过全国检察机关统一业务应用系统的文书移送功能移送到本院检察技术部门。检察技术部门通过接收文书并创建新案件与源案件建立关联关系，安排同步录音录像相关事宜。

3）向有关单位和个人收集调取证据时，应制作《调取证据通知书》，并持相关文书与相关单位、个人联系沟通取证事项。需要委托本辖区以外的人民检察院协助调查有关事项时，应制作《委托协查函》，写明协助调查的事项及有关要求，请求协助。

5. 联系通知其他相关人员

1）提前通知相关人员到场。在办案过程中，要尊重和保护证人、犯罪嫌疑人、其他涉案人员的诉讼权利和合法权利。需要通知未成年犯罪嫌疑人、证人的法定代理人到场的，书记员应在承办人的指导下，提前联系相关人员，通知按时到场。因特殊原因无法通知法定代理人到场的，应及时向承办人报告。谈话对象如果是聋哑人或不通晓当地通用语言文字的人，应在承办人的指导下，联系检察机关聘请翻译人员。

2）提前联系参与侦查活动的人员。书记员在承办人的指导下，联系侦查活动参与人员，提前确定好讯问、询问、搜查、勘验、辨认等侦查活动的时间和地点。参与侦查活动的人员向检察机关提出相关请求的，书记员应及时向承办人汇报。

相关法规法条

最高人民检察院《人民检察院刑事诉讼规则》第一百七十六条、第一百八十条、第一百八十一条。

步骤 2　辅助讯问犯罪嫌疑人

根据《人民检察院刑事诉讼规则》第一百八十二条规定，讯问犯罪嫌疑人时，检察人员或者检察人员和书记员不得少于二人。该规定从制度上加强了检察机关内部的监督制约。

1. 传唤的工作流程

确定传唤的对象→确定传唤的地点→确定传唤后讯问地点→确定传唤的时间→制作传唤证→传唤时应出示证件（传唤证、检察人员的工作证件）→传唤时履行告知义务（将传唤的原因和处所及时告知家属）。

2. 提讯的工作流程

1）侦查人员填写《提讯、提解证》，报主管领导签发后，在《提讯、提解证》上加盖所在人民检察院印章。

2）侦查人员将《提讯、提解证》、工作证等相关材料交看守所监管人员保存，然后到监管人员安排的审讯室，等候监管人员将犯罪嫌疑人带至审讯室。

3）第一次讯问犯罪嫌疑人，应当提前准备好《犯罪嫌疑人诉讼权利义务告知书》《讯问通知书》《侦查阶段委托辩护人/申请法律援助告知书》，在询问前交犯罪嫌疑人阅后签字，并附卷。

告知犯罪嫌疑人将对讯问过程进行全程同步录音录像，并将告知情况在录音录像中予以反映。

4）讯问完毕后，侦查人员应当将犯罪嫌疑人送交监管人员，监管人员在《提讯、提解证》上写明还押的时间、签名或者盖章后，侦查人员应当将《提讯、提解证》取回。

5）犯罪嫌疑人安全离开讯问室或者看守所民警收押后，侦查人员才能离开。

3. 讯问犯罪嫌疑人

1）首次讯问时，讯问人员应出示证件，主动表明身份，说明因何事讯问。

2）核实犯罪嫌疑人的基本情况。

4. 制作讯问笔录

1）讯问笔录应当忠实于原话，详细具体。

2）补充或修改讯问笔录。讯问笔录内容临近结束时，书记员应记明是否有补充的讯问，如果犯罪嫌疑人有补充的供述或者辩解，应写明犯罪嫌疑人补充的内容。如果是手工书写的笔录中有遗漏或错误，应允许犯罪嫌疑人补充或者修改，并在补充或修改处捺指印。在正文的最后部分，应记明供述是否属实的提问，并记明犯罪嫌疑人的回答。

3）核对讯问笔录及签名。

① 讯问活动结束时，应将纸质版讯问笔录交犯罪嫌疑人阅读或向其宣读讯问笔录。经犯罪嫌疑人确认无误后，应让其在正文最后一行的下一行亲笔注明“以上笔录我看过（向我宣读过），和我说的相符”字样，注明年月日。

② 让犯罪嫌疑人在每页上签名，在其姓名上用右手食指捺指印。讯问人和记录人在笔录最后一页右下方签名，注明年月日。

5. 文书入卷

1）将犯罪嫌疑人签字后的纸质讯问笔录（标准版）扫描后以附件形式上传至全国检察机关统一业务应用系统的“卷宗区”。

2）录音录像案卷和光盘等相关文书材料的副本资料，书记员要协助案件承办人接收保管。

特别提示

1）传唤犯罪嫌疑人时，其家属在场的，应当当场将传唤的原因和处所口头告知其家属，并在讯问笔录中注明；其家属不在场的，制作并送达《传唤通知书》，及时将传唤的原因和处所通知被传唤人的家属；确实无法通知的，应当在讯问笔录中注明。

2）提讯中，应注意安全防范，防止犯罪嫌疑人出现自杀、自残、逃跑等行为。

3）笔录有固定的模板，一般用笔记本电脑和便携式打印机打印笔录。如果是手写笔录，字体要工整，避免歧义，以防当事人校对修改时不方便。签字要字迹清晰，不能连笔。捺指印时要在名字、职务、修改处或“相符”等重要字眼上捺右手食指指纹，每页笔录一般不少于3个指纹。

讯问措施及讯问的相关文书

相关法规法条

1.《中华人民共和国刑事诉讼法》第六十六条、第一百一十八条至第一百二十三条。

2. 最高人民检察院《人民检察院刑事诉讼规则》第八十一条至第八十五条、第一百八十二条至第一百九十条。

步骤3 辅助询问证人、被害人

根据《人民检察院刑事诉讼规则》第一百九十五条规定，询问被害人，适用询问证人的规定。询问时，检察人员或者检察人员和书记员不得少于二人。

1. 制作、送达文书

准备《询问通知书》、《证人诉讼权利义务告知书》或《被害人诉讼权利义务告知书》，在询问前交证人或被害人阅后签字附卷。

2. 通知未成年证人、被害人的法定代理人

询问未满18周岁的未成年证人、被害人时，可以通知他们的法定代理人到场。

3. 出示证件

1）侦查人员向证人、被害人出示工作证件，告知自己的工作单位、职务，并说明本次来访的目的。

2）到证人、被害人所在单位、住处或者证人、被害人提出的地点询问的，应当出示人民检察院的证明文件。

4. 问明证人的基本情况，告知证人如实作证

询问证人，应当问明证人的基本情况及证人与当事人的关系。告知证人应当如实提供证据证言及故意作伪证或者隐匿罪证应当承担的法律责任。

5. 制作询问笔录

1）详细记明询问的全过程，笔录应该忠实于原话、字迹清楚、详细具体、客观

记载。

2）临近结束，询问被询问人是否有补充。如果被询问人有补充，应详细记明补充的内容，直至被询问人没有补充为止。

3）核对询问笔录及签名。询问活动结束时，让证人、被害人阅读或向其宣读询问笔录。如证人、被害人认为笔录中有遗漏或错误的，应当允许补充或者修改，并在补充或修改处捺指印。经证人、被害人确认无误后，让其在正文最后一行的下一行注明“以上笔录我看过（向我宣读过），和我说的相符”字样，注明年月日，并签名、用右手食指捺指印。此外，证人或被害人还要在每一页询问笔录上签名或捺指印。询问人员和记录人员在笔录末页的右下方签名，注明年月日。

特别提示

1）询问证人应当个别进行。同一案件有几名证人时，应当分别询问和个别询问。这样既可以避免证人之间相互影响、相互串通，也可以保证证人的证言真实可靠。

2）严禁用威胁、利诱、欺骗及其他非法方式进行询问。询问重大或者有社会影响的案件的重要证人，应当对询问过程实行全程录音、录像，并在询问笔录中注明。

询问证人、被害人的法律文书

相关法规法条

1.《中华人民共和国刑事诉讼法》第一百二十四条至第一百二十七条。

2. 最高人民检察院《人民检察院刑事诉讼规则》第一百九十一条至第一百九十五条。

步骤4　辅助进行勘验检查、搜查活动

1. 辅助进行勘验检查活动

（1）制作文书

1）委托他人勘验检查时，书记员应按要求制作《委托勘验检查书》，并送达受委托勘验检查单位（人员）。

2）勘验前需要制作《勘查证》。

3）办案人员认为需要进行侦查实验的，应制作《申请侦查实验审批表》，依程序报检察长批准。若需要委托检察技术人员开展技术协助工作时，书记员应辅助填写《委托技术协助书》。

（2）通知相关人员到场

1）提前联系检察院邀请的见证人，告知勘验检查的时间、地点等事项。

2）在进行人身检查时，协助通知或提解被检查人员到场，说明检查的内容，告知其相应的权利和义务。

3）在侦查中决定对死因不明的尸体进行解剖、检验时，应制作《解剖尸体通知书》，并通知死者家属到场，通知书交家属签名、盖章或注明情况后附卷。

4）侦查实验若聘请有关专业人员参加或要求被害人、证人参加时，书记员应通过电话、短信等方式进行通知。

特别提示

检查妇女身体应当由女性工作人员或者医师进行，要在便于保护其隐私的场所进行。

勘验检查的内容及勘查证

相关法规法条

1.《中华人民共和国刑事诉讼法》第一百二十八条至第一百三十五条。

2. 最高人民检察院《人民检察院刑事诉讼规则》第一百九十六条至第二百零一条。

2. 辅助进行搜查活动

（1）搜查的准备工作

1）准备文书。主要包括《搜查证》《搜查笔录》《扣押财物、物品清单》。

2）提请协助。搜查可以有司法警察参加，必要时可以指派检察技术人员参加或者邀请当地公安机关、有关单位协助进行。书记员辅助提前办理好提请协助手续。

（2）出示《搜查证》

在进行搜查时，应当向被搜查人或其家属出示《搜查证》，并由被搜查人或其家属或其他见证人签名或盖章。

（3）制作《搜查笔录》

搜查结束后应填写《搜查笔录》，由侦查人员、被搜查人或其家属、见证人签名或盖章。如果被搜查人或其家属不到场，或拒绝签名或盖章的，应当在笔录上注明。

（4）依法办理扣押手续

如果在搜查过程中发现了与案件有关的物品、文件，依法需要扣押的，应办理扣押手续，填写《扣押财物、物品清单》，由侦查人员、见证人和持有人签名或盖章，一份交给持有人，另一份附于搜查笔录后，备查。

相关法规法条

1.《中华人民共和国刑事诉讼法》第一百三十六条至第一百四十条。
2. 最高人民检察院《人民检察院刑事诉讼规则》第二百零二条至第二百零七条。

步骤5　辅助实施调取证据、查询、查封、扣押、冻结

1. 辅助调取证据

1）准备好签字笔、印油等物品。

2）制作《调取证据通知书》并送达给提供证据的单位或个人，第四联由被调取证据的单位或个人如实填写并签名或盖章退回后附卷。

3）若调取证据较多时，应填写《调取证据清单》，列明所需调取的证据名称、数量、特征、所在单位，一式三份，一份统一保存，一份附卷，一份交提供证据的单位或个人。

4）调取证据时，可以根据需要拍照、录像、复印和复制。

5）必要时，应当采用录音或录像等方式固定证据内容及取证的过程。

6）证据的提供人、调取证据的检察人员应当在《调取证据清单》上签名或盖章。证据是复印件的，应在“备注栏”中说明原件存于何处。

7）如果到本辖区以外调取物证、书证等证据材料，应当持工作证、《委托协查函》等相关法律文书和证明文件与当地人民检察院联系；也可以发函调取证据，并注明具体的取证对象、地址和内容。

2. 辅助查询

根据办案需要，书记员可以辅助办案人员查询犯罪嫌疑人或者与涉嫌犯罪有牵连的存款、汇款、债券、股票、基金份额等财产。

1）了解拟查询的财产是否已被采取查封、扣押等措施，了解款项存储机构的基本情况，并适时联系沟通，商定有关查询工作安排，以便该金融机构配合开展工作。

2）梳理案件信息，确定查询的事项、范围、数量及拟处理的方式。填写《查询犯罪嫌疑人金融财产通知书》《协助查询金融财产通知书》等法律文书。

3）查询时，应向相关机构和个人出示工作证、《介绍信》，送达查询法律文书，通知相关机构执行。

4）异地查询时，除了遵守常规程序外，办案人员还应携带工作证、人民检察院的证明文件和有关法律文书，联系查询所在地人民检察院的相关部门请求给予必要配合。

5）到银行、证券公司调取银行流水、转账记录、基金、债券、股权时，可根据需要对金融机构提供的资料原件进行抄录、复制、照相。

特别提示

在查询过程中，如发现有应当查封、扣押、冻结的情形，应依法办理有关手续，不

得直接查封、扣押、冻结，但有紧急情形的除外。经查询发现与案件无关的财产，应及时解除已采取的侦查措施。

3. 辅助查封、扣押、冻结

（1）准备法律文书

查封、扣押、冻结需经过检察长批准方能实施。书记员辅助承办人准备《查封决定书》《协助查封通知书》《扣押决定书》《冻结犯罪嫌疑人金融财产通知书》等法律文书。

异地查封、扣押应当按照规定持相关法律文书（案情等说明材料）商请被查封、扣押财物和文件所在地人民检察院协助执行。

（2）清点财物

侦查人员应当会同在场见证人和被查封、扣押财物、文件持有人，对查封扣押的财物查点清楚。实施查封、扣押的物品、文件应制作《查封财物、文件清单》《扣押财物、文件清单》，由侦查人员、见证人和持有人签名或盖章，一份交给持有人，另一份附卷备查。

（3）办理解除查封、扣押的手续

对查封、扣押、冻结的财物，经查明确实与案件无关，应当解除查封、扣押、冻结的，书记员辅助制作《解除扣押决定书》《协助解除查封通知书》《解除冻结犯罪嫌疑人金融财产通知书》等法律文书并送达相关部门和个人。

（4）辅助办理财物移交事项

根据《人民检察院刑事诉讼涉案财物管理规定》，制作《移送查封/扣押、冻结财物、文件决定书》和《移送查封/扣押、冻结财物、文件清单》，将有关财物、文件移送有关部门。

负责侦查的部门承办人登录全国检察机关统一业务应用系统，在“个案办理”界面的涉案财物功能中进行涉案财物信息登记，经负责案件管理的部门与侦查部门核对实物并实际交接后，负责侦查的部门承办人在“涉案财物管理”界面中选择相关涉案财物，单击“移送前台”按钮，最后由负责案件管理部门的涉案财物管理员执行入库操作。

特别提示

1）人民检察院查封、扣押、冻结、处理涉案财物，应当使用最高人民检察院统一制定的法律文书，填写应当规范完备，文书存根应当完整。

2）禁止使用《没收决定书》《罚款决定书》等不符合规定的文书。

调取证据通知书、协助查封通知书

相关法规法条

1.《中华人民共和国刑事诉讼法》第一百四十一条至第一百四十五条。

2. 最高人民检察院《人民检察院刑事诉讼规则》第二百零八条至第二百一十七条。

步骤 6　辅助进行鉴定、辨认

1. 鉴定、辨认工作准备

1）鉴定前的准备工作。鉴定由人民检察院有鉴定资格的人员进行。必要时，也可以聘请其他有鉴定资格的人员进行，但是应当征得鉴定人所在单位同意。委托其他单位或个人鉴定时，要制作《委托鉴定书》并送达给受委托人。

2）辨认前的准备工作。包括：①商请公安机关参加或协助；②辨认犯罪嫌疑人前，需要制作《辨认犯罪嫌疑人审批表》。辨认犯罪嫌疑人时，被辨认的人数不得少于 7 人，照片不得少于 10 张。辨认物品时，同类物品不得少于 5 件，照片不得少于 5 张。

2. 辅助制作文书

1）辅助制作《鉴定意见通知书》。用作证据的鉴定意见，人民检察院办案部门应当制作《鉴定意见通知书》，告知犯罪嫌疑人、被害人；被害人死亡或者没有诉讼行为能力的，应当告知其法定代理人、近亲属或诉讼代理人。

委托鉴定书

2）辅助制作《辨认笔录》。该文书应记录清楚辨认事由、辨认经过、辨认结果。在记录辨认经过时要将被辨认人、同类物品、照片的数量、调查人员和见证人的姓名，以及调查人员是否有明示、暗示辨认人的行为等情况予以记录，将辨认经过详细、客观地反映在《辨认笔录》中。辨认过程可以进行同步录音录像或者有见证人在场。《辨认笔录》制作完毕后，书记员应当让参与辨认的人员在笔录上签字或盖章，包括主持辨认的检察人员、辨认人、被辨认人、见证人等。

相关法规法条

1.《中华人民共和国刑事诉讼法》第一百四十六条至第一百四十九条。

2. 最高人民检察院《人民检察院刑事诉讼规则》第二百一十八条至第二百二十二条。

步骤 7　辅助制作其他侦查类法律文书

1. 辅助制作技术侦查措施类文书

人民检察院在立案后，对确实需要采取技术侦查措施的，应制作《采取技术侦查措施决定书》《执行通知书》《延长技术侦查期限报告书》《延长技术侦查措施期限决定书》《解除技术侦查措施决定书》等法律文书，报批后交有关机关执行。

采取技术侦查措施收集的物证、书证及其他证据材料，应当制作相应的说明材料，写明获取证据的时间、地点、数量、特征，以及采取技术侦查措施的批准机关、种类等，并签名和盖章。

2. 辅助制作、送达强制措施类文书

对犯罪嫌疑人采取变更或者解除强制措施，应当制作《采取（变更）强制措施审批表》《拘传证》《取保候审决定书》《监视居住决定书》《变更逮捕措施报告书》，报检察长批准。

犯罪嫌疑人系县级以上人大代表的，报请所属人大常委会许可采取强制措施，制作《报请许可采取强制措施报告书》。

取保候审及解除取保候审的相关文书送达执行机关和犯罪嫌疑人、保证人。《监视居住决定书》送达犯罪嫌疑人签名、捺指印或盖章。《监视居住执行通知书》送达执行机关。《拘留决定书》送达同级公安机关执行。《拘留通知书》送达被拘留人的家属签字；因无法通知的情形不能在24小时内通知的，应当写明原因附卷。无法通知的情形消除后，应当立即通知其家属。

3. 辅助制作特殊侦查类文书

人民检察院办理直接受理侦查的案件，应当逮捕的犯罪嫌疑人在逃，或者已被逮捕的犯罪嫌疑人脱逃的，经检察长批准，可以通缉。商请公安机关办理通缉事项。

1）准备《在逃人员登记表》《立案决定书》《逮捕证》等复印件。

2）准备在逃犯罪嫌疑人近期的照片、公民身份号码、体貌特征、指纹、携带物品和注意事项等。

3）制作《通缉通知书》，附上以上材料报请检察长批准。检察长批准后，将以上材料送达公安机关，由公安机关发布通缉令。

强制措施的方式及相关文书

4）需要采取边控措施的，办案人员应填写《边控对象通知书》，报请检察长批准后，连同《立案审批表》《立案决定书》《逮捕证》《拘留证》等法律文书，以及在逃犯罪嫌疑人的照片、公民身份号码、体貌特征、指纹、案情简况等情况，送达公安机关，由公安机关办理边控手续。

相关法规法条

1.《中华人民共和国刑事诉讼法》第一百五十条、第一百五十五条、第一百六十五条至第一百六十七条。

2. 最高人民检察院《人民检察院刑事诉讼规则》第二百二十七条至第二百三十六条。

步骤 8　辅助做好侦查终结工作

1. 辅助整理证据材料

对拟侦查终结的案件，书记员在承办人的指导下，对全案证据材料进行整理，然后全面系统地审查案件事实和证据。

2. 辅助制作《侦查终结报告》

（1）制作《侦查终结报告》

对符合侦查终结条件、拟侦查终结的案件，书记员可以在承办人的指导下辅助制作《侦查终结报告》。报告应包括下列内容：犯罪嫌疑人的基本情况；案件的来源；主要案件事实；主要证据；需要说明的问题；定性、处理意见和法律依据。

（2）辅助组织集体讨论

1）准备材料。对拟侦查终结的案件，负责侦查的部门应当组织集体讨论，集体讨论前案件承办人应当按照参加讨论的人数，准备好书面的汇报材料，写明案件的事实和证据，对需要经过集体讨论才能确定的事项予以明确。

2）通知相关人员。在组织讨论前，书记员根据承办人的指示，提前通知参与案件讨论的成员，并告知准确的时间、地点等信息。

3）协助制作讨论笔录。对讨论情况进行记录，由参加人签名后存档。按照集体讨论的决定，《侦查终结报告》需要进行相应修改的，书记员可在承办人指导下进行修改，之后将《侦查终结报告》层报检察长批准。

3. 辅助制作侦查终结后的意见书

根据批准通过后的《侦查终结报告》，书记员辅助案件承办人根据情况分别制作《起诉意见书》《不起诉意见书》《撤销案件意见书》，报请检察长批准。

4. 辅助移送案件材料、送达文书

1）书记员辅助承办人将《起诉意见书》或《不起诉意见书》，查封、扣押、冻结的犯罪嫌疑人的物品、文件清单，以及对查封、扣押、冻结的涉案财物的处理意见和其他案件材料、证据，一并移送本院负责捕诉的部门审查。

侦查终结相关文书

2）决定撤销案件的，应当告知控告人、举报人，听取其意见并记明笔录。撤销案件的决定，应当分别送达犯罪嫌疑人所在的单位和犯罪嫌疑人。如果犯罪嫌疑人死亡的，应当送达犯罪嫌疑人原所在的单位。如果犯罪嫌疑人在押的，应当制作《决定释放通知书》，通知公安机关依法释放。

相关法规法条

1.《中华人民共和国刑事诉讼法》第一百六十八条。

2. 最高人民检察院《人民检察院刑事诉讼规则》第二百三十七条、第二百三十八条、第二百四十六条。

步骤9 整理卷宗

1. 整理案件材料

书记员负责对侦办过程中形成的诉讼文书和相关材料进行整理、装订和归档。负责侦查的部门对立案侦查的案件在侦查终结移送审查起诉时，也需要对案件材料立卷，但是不需要归档，待形成结论性的结果后，再按照立卷归档的相关规定和要求予以归档。

2. 协助案件的立卷归档

立卷时，既要符合《人民检察院诉讼文书材料立卷归档细则》《人民检察院诉讼档案管理办法》《人民检察院诉讼档案保管期限表》等要求，也要符合本院对诉讼档案立卷的具体要求。不予立案的要进行结案立卷。

知识平台

1. 取保候审的适用情形

根据《中华人民共和国刑事诉讼法》第六十七条规定，人民法院、人民检察院和公安机关对有下列情形之一的犯罪嫌疑人、被告人，可以取保候审：①可能判处管制、拘役或者独立适用附加刑的；②可能判处有期徒刑以上刑罚，采取取保候审不致发生社会危险性的；③患有严重疾病、生活不能自理，怀孕或者正在哺乳自己婴儿的妇女，采取取保候审不致发生社会危险性的；④羁押期限届满，案件尚未办结，需要采取取保候审的。

2. 监视居住的适用情形

根据《中华人民共和国刑事诉讼法》第七十四条规定，人民法院、人民检察院和公安机关对符合逮捕条件，有下列情形之一的犯罪嫌疑人、被告人，可以监视居住：①患有严重疾病、生活不能自理的；②怀孕或者正在哺乳自己婴儿的妇女；③系生活不能自理的人的唯一扶养人；④因为案件的特殊情况或者办理案件的需要，采取监视居住措施更为适宜的；⑤羁押期限届满，案件尚未办结，需要采取监视居住措施的。

3. 撤销案件的适用情形

撤销案件的适用情形包括：①具有《中华人民共和国刑事诉讼法》第十六条规定情

形之一的；②没有犯罪事实的，或者依照《中华人民共和国刑法》规定不负刑事责任或者不是犯罪的；③虽有犯罪事实，但不是犯罪嫌疑人所为的。

4. 查封、扣押中的特殊情形

对于应当查封的不动产和置于该不动产上不宜移动的设施、家具和其他相关财物，以及涉案的车辆、船舶、航空器和大型机械、设备等财物，必要时可以扣押其权利证书，查封决定书副本送达有关登记、管理部门。或者经拍照或录像后原地封存，或者交持有人、被告人的近亲属保管，登记并写明财物的名称、型号、权属、地址等详细情况，并通知有关财物的登记、管理部门办理查封登记手续。文书由侦查人员、见证人、持有人签名或盖章。如物品、文件持有人拒绝签名或盖章的，应当在文书上注明。

任务实训

请学生按照表 4-2-1 中的内容进行任务实训。

表 4-2-1　侦查工作实训单

项目内容	要素描述及内容和要求
实训素材	刘某、侯某均为某市公安局民警。2019 年 12 月 14 日 14 时许，某市公安局民警巡逻时发现赵某（因犯盗窃罪已判决）在服装店附近扒窃苗某的手机，遂将其传唤至某市公安局办案工作区。为侦破此案，经市公安局局长李某协调，公安局刑警大队指派民警张某、王某到公安局调查审讯。当晚刘某、侯某得知抓获一名盗窃犯罪嫌疑人，便商量前去殴打。 22 时 50 分许，二被告人进入办案区殴打赵某，侯某用手殴打赵某面部和背部并对其辱骂，扬言将赵某带到隔壁房间继续殴打，并用烟头烫、打火机烧赵某的双手背部，殴打、恐吓赵某要如实回答。 23 时 38 分，审讯人员结束对赵某问话后离开，刘某、侯某再次对赵某进行殴打。经鉴定，烧烫伤致赵某双手多处浅表性瘢痕。该损伤程度为轻微伤。刘某和侯某作为司法工作人员，在其他公安民警审讯犯罪嫌疑人时，进入办案区对犯罪嫌疑人多次殴打，逼迫犯罪嫌疑人交代。 问题：对于此案，书记员应该如何辅助检察官开展侦查工作？
实训目的	熟练掌握自侦案件侦查的内容
实训内容	调查取证、侦查文书制作
实训要求	完成讯问、询问、调查取证、文书制作等工作任务
实训结果	实训报告/实训心得体会
实训评价	一般/良好/优秀

任务拓展

1. 登录中国裁判文书网，搜索查看人民检察院直接进行立案侦查案件的裁判文书。

2. 查阅法律和案例材料，结合检察院工作实际，掌握直接受理案件的侦查方法及各种侦查笔录及法律文书的制作。

任务评价

请学生自己和教师根据侦查程序中书记员实务训练任务完成情况，参照评价项目和评价要点进行自评与师评，如表 4-2-2 所示。

表 4-2-2　侦查程序中书记员实务训练任务评价表

评价项目	评价要点	权重	自评	师评
侦查准备工作	能否及时、全面地准备文书、物品	10 分		
	能否做好与相关部门的沟通协调	10 分		
	能否及时通知相关人员	10 分		
辅助进行侦查活动	是否熟悉各项侦查措施的流程和要求	10 分		
	是否出示相关证件	5 分		
	是否尽到相应的告知义务	5 分		
文书制作及送达	能否熟练制作各类侦查文书	40 分		
	能否及时送达文书	10 分		
总分		100 分		

项目5 审查逮捕程序中书记员工作

【学习目标】

1. 熟悉检察院审查批准逮捕和审查决定逮捕的基本工作任务。
2. 掌握检察院审查批准逮捕和审查决定逮捕的程序。
3. 能够熟练进行文书制作、参与审查逮捕工作。

任务 1　审查批准逮捕程序中书记员实务训练

任务情境

2002 年 7 月 7 日，谢某携带菜刀、尖刀等来到 A 市 B 区预谋抢劫。当天下午 4 时许，谢某见被害人谭某（男，殁年 61 岁）从中国农业银行营业所出来，遂尾随伺机作案。经跟踪、等候，当谭某行至中心小学门口国道路边时，谢某便对谭某实施抢劫，谢某持尖刀朝谭某胸、背等部位捅刺多刀致死亡，未获财物而逃离现场。2020 年 4 月 6 日，谢某向公安机关投案，公安机关经过侦查将案卷材料移送 A 市检察院提请审查批准逮捕。A 市检察院第二检察部的书记员王某接收案卷材料，并交由本部的李检察官审查办理。

思考

1. 案例中书记员王某的工作是否符合程序规定？
2. 刑事案件的审查批准逮捕工作的具体程序是什么？

任务分析

审查批准逮捕是指人民检察院对公安机关、国家安全机关、军队保卫部门、监狱提请逮捕的案件进行审查后，依据事实和法律，作出是否逮捕犯罪嫌疑人的决定的一种诉讼活动。普通刑事案件的审查批准逮捕工作涉及人民检察院两个部门的书记员。一是负责案件管理部门的书记员，其工作职责主要有：对提请批准逮捕的案件进行审查、受理登记、分案移送。二是办案部门的书记员，其工作职责主要有：接收分流案件，对审查批捕案件进行程序性审查、制作送达法律文书、案卷装订和备案等工作。审查批准逮捕程序阶段书记员工作任务流程如图 5-1-1 所示。

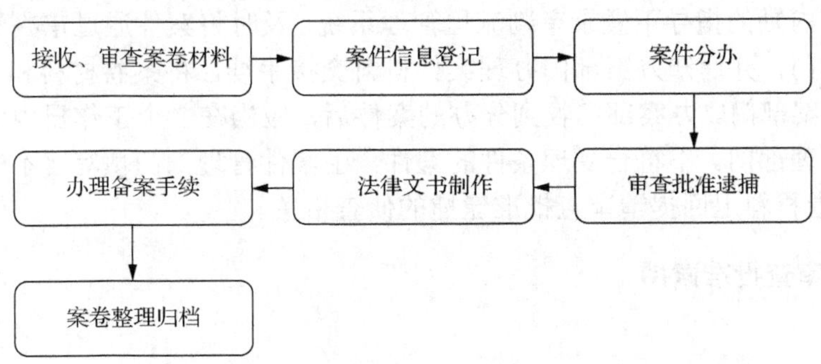

图 5-1-1　审查批准逮捕程序阶段书记员工作任务流程

任务实施

步骤1　接收、审查案卷材料

1. 接收案卷材料

刑事案件审查批准逮捕工作的第一步是由人民检察院负责案件管理部门的书记员接收提请批准逮捕的案卷材料。

2. 形式审查

书记员收到案卷材料后，应按照《人民检察院刑事诉讼规则》第一百五十六条、第一百五十七条的规定进行审查。经形式审查，认为具备受理条件的，应当及时进行登记受理，接收案件卷宗及随卷法律文书；认为案卷材料不齐备的，应当及时要求移送案件的单位补送相关材料。对于案卷装订不符合要求的，应当要求移送案件的单位重新装订后移送。

步骤2　案件信息登记

对符合受理条件的案件，书记员应当及时在内勤的指导下登录审判流程管理系统进行登记，填写《受理案件登记表》，统一编发案号。

步骤3　案件分办

人民检察院受理案件登记表

1. 分办和移送

案件受理后，负责案件管理的部门应在受理当日对统一归口受理的案件按照各办案部门的主管范围进行分办、移送，并将接收的属于其他机关管辖的案件进行移送。

2. 通知办理交接手续

书记员在内勤的指导下登录审判流程管理系统，及时将案件通过审判流程管理系统分发到办案部门，并通知办案部门办理案件材料交接手续，将案卷材料和《受理案件登记表》移送办案部门。办案部门收到分办的案件后，应当在3个工作日内将承办人员名单告知案件管理部门。不符合受理条件的案件，由案件管理部门填写《不受理案件通知书》，连同案卷材料退回提请审查批准逮捕的侦查机关。

步骤4　审查批准逮捕

1. 审查

办案部门接收负责案件管理部门移送的提请批准逮捕案件，应指定承办人对案件进行审查，作出是否批准逮捕犯罪嫌疑人的意见。审查的具体方法如下。

1）审阅案卷材料。

2）讯问犯罪嫌疑人。

3）询问证人、被害人、鉴定人等诉讼参与人。

4）听取辩护律师的意见。

5）调取录音录像资料。

在审查案件过程中，书记员应在案件承办人的指导下辅助审阅案卷材料和证据，复印主要证据材料，在讯问犯罪嫌疑人时做好笔录工作。

2. 作出决定

办案期限及相关文书

案件承办人审查案件后，应当依照事实和法律，提出是否批准逮捕的处理意见，书记员在承办人的指导下制作《审查逮捕意见书》，经办案部门负责人审核后，报请检察长批准；重大案件应当经检察委员会讨论决定。对公安机关提请批准逮捕案件的犯罪嫌疑人，检察长或者检察委员会应当根据案件的具体情况作出批准逮捕或者不批准逮捕的决定。对于审查批准逮捕的案件，书记员应制作打印《××××人民检察院被害人诉讼权利义务告知书》和《××××人民检察院犯罪嫌疑人诉讼权利义务告知书》及其相关回执附卷。

3. 复议、复核案件材料审查

公安机关对人民检察院不批准逮捕的决定，认为有错误时，可以要求复议，但必须将被拘留的人立即释放。如果意见不被接受，可以向上一级人民检察院提请复核。上一级人民检察院应当立即复核，作出是否变更的决定，通知下一级人民检察院和公安机关执行。

相关法规法条

最高人民检察院《人民检察院刑事诉讼规则》第一百二十八条、第一百三十六条、第二百九十条。

步骤5　法律文书制作

1. 受理及审查阶段相关法律文书制作

负责案件管理部门的书记员在内勤的指导下，需要填写《案件受理登记表》《不受理案件通知书》。办案部门的书记员在承办人审查案件的过程中，且在其指导下，填写《阅卷笔录》《讯问提纲》《讯问笔录》《调查笔录》《询问笔录》《案件讨论记录》。

2. 审查批准逮捕阶段相关法律文书制作

案件承办人提出是否批准逮捕的处理意见后，书记员在其指导下制作《审查逮捕意见书》，报检察长作出批示或检察委员会作出决定。在作出决定的当日，依据检察长的批示或检察委员会的决定，书记员在承办人的指导下，填写《××××人民检察院批准逮捕决定书》《继续侦查提纲》《××××人民检察院不批准逮捕决定书》《不批准逮捕理由说明书》《补充侦查提纲》《不批准逮捕案件补充侦查意见书》。

人民检察院批准逮捕决定书相关知识及相关文书

3. 复议和复核阶段相关法律文书制作

公安机关不服不批准逮捕决定提请复议、复核的案件，书记员在承办人的指导下，填写《复议案件审查报告》《复议决定书》《复核案件审查报告》《复核决定书》。

步骤6　办理备案手续

1. 准备备案材料

书记员在承办人的指导下，复印《提请批准逮捕意见书》《××××人民检察院审查逮捕案件意见书》等相关法律文书一式两份，将其中一份报请上一级人民检察院备案，另一份留内勤存档、备查。

2. 办理备案手续

（1）危害国家安全犯罪案件的备案

人民检察院办理审查批准逮捕的危害国家安全犯罪案件，应当报上一级人民检察院备案。上一级人民检察院经审查发现错误的，应当依法及时纠正。

（2）其他特殊案件的备案

外国人、无国籍人涉嫌危害国家安全犯罪的案件或者涉及国与国之间政治、外交关系的案件，以及在适用法律上确有疑难的案件，决定批准逮捕的人民检察院应当层报最高人民检察院审查。

外国人、无国籍人涉嫌上述犯罪以外的其他案件，决定批准逮捕的人民检察院应当在作出批准逮捕决定后 48 小时内报上一级人民检察院备案，同时向同级人民政府外事部门通报。

相关法规法条

最高人民检察院《人民检察院刑事诉讼规则》第二百九十四条、第二百九十五条。

步骤7　案卷整理归档

1. 案卷材料整理

办案部门的书记员应当辅助承办人，按照《人民检察院诉讼文书材料立卷归档细则》《人民检察院诉讼档案管理办法》《人民检察院诉讼档案保管期限表》等规定，对案件材料进行整理。

2. 案卷材料装订

按照案卷装订顺序对案卷材料和相关法律文书进行整理、装订和封存，并及时将审查批准逮捕相关法律文书送交公安机关。

3. 案卷材料归档

整理装订完毕后，按归档要求填写案卷封面，编写页码。案件承办人应当依据《人民检察院诉讼档案保管期限表》，结合案件性质、情节、刑期、社会影响和史料价值等因素，填写案卷保管期限意见。档案部门审核后，加盖保管期限专用章予以确认。归档目录应当制作一式两份，一份留归档部门备查，一份交档案部门留存。归档工作任务流程如图 5-1-2 所示。

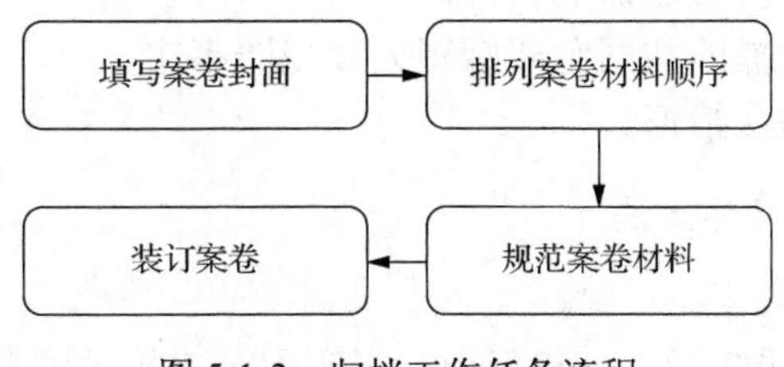

图 5-1-2　归档工作任务流程

相关法规法条

最高人民检察院、国家档案局《人民检察院诉讼文书材料立卷归档细则》第六条至第二十三条。

知识平台

1. 案件管理的概念

案件管理是指人民检察院负责案件管理的部门依照法律规定对案件统一受理、分流、全程监控案件办理过程并对案件进行期限预警和质量考评的综合业务工作。

负责案件管理部门的书记员收到内勤移交的案件材料后，应按照《人民检察院刑事诉讼规则》第一百五十六条、第一百五十七条规定进行审查，应查明以下内容。

1）是否具有《中华人民共和国刑事诉讼法》第十六条规定的不追究刑事责任的情形。

2）案件是否属于本院管辖。

3）《提请批准逮捕书》三份、《未成年人提请逮捕理由说明书》、侦查卷宗是否齐备，制作是否规范。

4）案卷装订、移送是否符合要求和规定，诉讼文书、技术性鉴定材料是否齐全。

5）移送的实物与物品清单是否齐备。

6）审查犯罪嫌疑人是否在案，犯罪嫌疑人采取强制措施的情况，法律程序是否完备、执行文书是否规范。

7）在规定的期限内移送案件。

8）犯罪嫌疑人户籍、身份证明材料是否齐备。

2. 审查批准逮捕的内容

人民检察院办案部门办理审查批准逮捕案件，应当指定承办人进行审查，书记员进行辅助性审查记录工作并在承办人的指导下填写《××××人民检察院案件审查报告》。审查的内容主要如下。

1）犯罪嫌疑人的行为是否构成犯罪。

2）所认定的犯罪性质和罪名是否正确。

3）犯罪嫌疑人是否符合逮捕的条件。

4）有无遗漏应当逮捕的共同犯罪嫌疑人和犯罪事实。

5）侦查活动有无违法情形。

3. 审查批准逮捕的具体方法

（1）讯问犯罪嫌疑人

讯问未被拘留的犯罪嫌疑人，讯问前应当听取公安机关的意见。

办理审查批准逮捕案件，对被拘留的犯罪嫌疑人不予讯问的，应当制作《听取犯罪嫌疑人意见书》，由犯罪嫌疑人填写后及时审查收回并附卷。经审查认为应当讯问犯罪嫌疑人的，应当及时讯问。

讯问未被拘留的犯罪嫌疑人，讯问前应当征求侦查机关的意见，并做好办案安全风险评估预警工作。

犯罪嫌疑人被送交看守所羁押后，讯问应当在看守所内进行。讯问犯罪嫌疑人时，检察人员或者检察人员和书记员不得少于二人。书记员应在检察人员讯问过程中负责记录工作，讯问时，检察人员应出示相关证件或证明文件，书记员应当向犯罪嫌疑人出示《犯罪嫌疑人诉讼权利义务告知书》，并告知认罪认罚的法律规定，由犯罪嫌疑人阅读并签字；若无阅读能力的，由书记员进行宣读并由犯罪嫌疑人签字或捺指印。讯问中，首先应查明犯罪嫌疑人的基本情况，依法告知犯罪嫌疑人的诉讼权利和义务，听取其供述和辩解，有检举揭发他人犯罪线索的，应当予以记录，并依照有关规定移送有关部门处理。讯问犯罪嫌疑人应当制作讯问笔录，并交犯罪嫌疑人核对或者向其宣读，经核对无误后逐页签名、盖章或捺指印并附卷。犯罪嫌疑人请求自行书写供述的，应当准许，但不得以自行书写的供述代替讯问笔录。

（2）询问证人、被害人、鉴定人等诉讼参与人

根据《人民检察院刑事诉讼规则》第二百五十九条的规定，办理审查逮捕、审查起诉案件，可以询问证人、被害人、鉴定人等诉讼参与人，并制作笔录附卷。询问被害人时，应当出示《被害人诉讼权利义务告知书》并告知其诉讼权利和义务。

（3）听取辩护律师的意见

根据《人民检察院刑事诉讼规则》第二百六十一条的规定，办理审查逮捕案件，犯罪嫌疑人已经委托辩护律师的，可以听取辩护律师的意见。辩护律师提出要求的，应当听取辩护律师的意见。辩护律师提出犯罪嫌疑人不构成犯罪、无社会危险性、不适宜羁押或者侦查活动有违法犯罪情形等书面意见的，检察人员应当审查，并在审查批准逮捕意见书中说明是否采纳的情况和理由。

（4）调取录音录像资料

对于公安机关提请批准逮捕、移送起诉的案件，检察人员审查时发现有《人民检察院刑事诉讼规则》第七十五条第一款规定情形的，可以调取公安机关讯问犯罪嫌疑人的录音、录像并审查相关的录音、录像收集方式的真实性和合法性。对于重大、疑难、复杂的案件，必要时可以审查全部录音、录像。

经审查讯问犯罪嫌疑人录音、录像，发现公安机关等侦查机关讯问不规范，讯问过程存在违法行为，录音、录像内容与讯问笔录不一致等情形的，应当逐一列明并向公安机关等侦查机关书面提出，要求其予以纠正、补正或者书面作出合理解释。发现讯问笔录与讯问犯罪嫌疑人录音、录像内容有重大实质性差异的，或者公安机关不能补正或者作出合理解释的，该讯问笔录不能作为批准逮捕的依据。

4. 审查批准逮捕决定

（1）批准逮捕

案件承办人对公安机关提请批准逮捕的案件进行审查后，凡符合逮捕条件的，应制作《批准逮捕决定书》，经检察长签发后，加盖院印，由书记员将案卷材料、证据，一并移送提请批准逮捕的公安机关执行逮捕。需要进一步补充侦查的，书记员在承办人的指导下制作《继续侦查提纲》移送公安机关。

人民检察院办理审查批准逮捕案件时，发现应当逮捕而公安机关未提请批准逮捕的犯罪嫌疑人的，应当制作《应当逮捕犯罪嫌疑人意见书》送交公安机关，建议公安机关提请批准逮捕。如果公安机关仍不提请批准逮捕或者不提请批准逮捕的理由不能成立的，人民检察院也可以直接作出逮捕决定，制作《逮捕决定书》，送达公安机关执行。

对于人民检察院批准逮捕的决定，公安机关应当立即执行，并将执行回执及时送达作出批准逮捕的人民检察院。如果未能执行，也应当将回执送达人民检察院，并写明未能执行的原因。

（2）不批准逮捕

案件承办人对于公安机关提请批准逮捕的案件进行审查后，凡不符合逮捕条件的，无犯罪事实或者具有《中华人民共和国刑事诉讼法》第十六条规定的依法不追诉情形的，应当作出不批准逮捕的决定；犯罪嫌疑人涉嫌的罪行较轻，且没有其他重大犯罪嫌疑，具有下列情形之一的，可以作出不批准逮捕的决定：

1）属于预备犯、中止犯，或者防卫过当、避险过当的；

2）主观恶性较小的初犯，共同犯罪中的从犯、胁从犯，犯罪后自首、有立功表现或者积极退赃、赔偿损失、确有悔罪表现的；

3）过失犯罪的犯罪嫌疑人，犯罪后有悔罪表现，有效控制损失或者积极赔偿损失的；

4）犯罪嫌疑人与被害人双方根据刑事诉讼法的有关规定达成和解协议，经审查，认为和解系自愿、合法且已经履行或者提供担保的；

5）犯罪嫌疑人认罪认罚的；

6）犯罪嫌疑人系已满十四周岁未满十八周岁的未成年人或者在校学生，本人有悔罪表现，其家庭、学校或者所在社区、居民委员会、村民委员会具备监护、帮教条件的；

7）犯罪嫌疑人系已满七十五周岁的人。

人民检察院作出不批准逮捕决定的，承办人应当制作《不批准逮捕决定书》，写清楚不批准逮捕的理由，连同案卷材料送达公安机关执行。因证据不足需要补充侦查的，人民检察院只能作出不批准逮捕决定，而不能独立作出补充侦查的决定，即制作《不批准逮捕决定书》的同时制作《补充侦查提纲》，填写《不批准逮捕案件补充侦查意见书》，一并送交公安机关执行。

对于人民检察院决定不批准逮捕的，公安机关在收到《不批准逮捕决定书》后，应当立即释放在押的犯罪嫌疑人或者变更强制措施，对于需要继续侦查，并且符合取保候审、监视居住条件的，依法实施取保候审或者监视居住，并将执行回执在收到《不批准逮捕决定书》后的3日内送达作出不批准逮捕决定的人民检察院。

5. 不批准逮捕决定的复议和复核

规范司法权力运行，健全公安机关、检察机关、审判机关、司法行政机关各司其职、相互配合、相互制约的体制机制。公安机关对于检察机关不批准逮捕决定提出复议、复核，是公安机关与检察机关相互制约的体现，也是检察机关内部监督、上级对下级开展层级监督的体现，有利于促进检察权的正确行使。

（1）复议

复议是指人民检察院根据公安机关的要求，对于本院所作的不批准逮捕决定依法重新进行审议，以决定是否改变原决定的一种诉讼活动。

公安机关对人民检察院不批准逮捕的决定，认为有错误需要复议的，应当在收到《不批准逮捕决定书》后5日内制作《要求复议意见书》，报经县级以上公安机关负责人批准后，送交同级人民检察院复议。人民检察院负责捕诉的部门应当另行指派检察官或者检察官办案组进行审查并制作《复议案件审查报告》，在收到要求复议意见书和案卷材料后7日内，经检察长批准，作出是否变更的决定，并通知公安机关。对于复议后维持原不批准逮捕决定的，人民检察院应当制作《复议决定书》，连同案卷材料一并退回提请复议的公安机关执行。对于复议后改变原不批准逮捕决定的，人民检察院除制作《复议决定书》外，还应制作《撤销不批准逮捕决定书》和《批准逮捕决定书》，连同案卷

材料一并送提请复议的公安机关执行。

人民检察院作出不批准逮捕决定，并通知公安机关补充侦查的案件，公安机关在补充侦查后又要求复议的，人民检察院应当告知公安机关重新提请批准逮捕。公安机关坚持要求复议的，人民检察院不予受理。

（2）复核

复核是指人民检察院根据下级公安机关的提请，对下级人民检察院所作的不批准逮捕决定进行审查，以决定是否改变下级人民检察院的不批准逮捕决定的一种诉讼活动。

公安机关在收到同级人民检察院的《复议决定书》后，如果认为同级人民检察院维持原不批准逮捕的决定有再议必要的，应当在 5 日内写出《提请复核意见书》，报经县级以上公安机关负责人批准后，连同同级人民检察院的《复议决定书》和案卷材料，一并提请上级人民检察院复核。上级人民检察院应当在收到提请复核意见书和案卷材料后 15 日内，指定专人审查公安机关提请复核的案件并制作《复核案件审查报告》，经部门负责人审核后报检察长批准，重大复杂的案件应当经检察委员会讨论决定，并及时作出是否变更下级人民检察院不批准逮捕决定的《复核决定书》，通知下级人民检察院和公安机关。书记员在检察官审核案件的过程中，应做好记录工作。在检察官向部门负责人或者检察长汇报案件的过程中，应做好汇报笔录。

如果上级人民检察院改变了下级人民检察院的不批准逮捕决定，下级人民检察院在收到上级人民检察院的《复核决定书》后，应当及时制作《撤销不批准逮捕决定通知书》和《批准逮捕决定书》，送交公安机关执行逮捕；在必要时，上级人民检察院也可直接作出批准逮捕决定，通知下级人民检察院填写《撤销不批准逮捕决定通知书》和《批准逮捕决定书》，由公安机关执行。下级人民检察院对上级人民检察院的复核决定必须执行，如有不同意见的，可在执行的同时向上级人民检察院反映。如果上级人民检察院维持下级人民检察院不批准逮捕决定的，应当在《复核决定书》中写明：“本院决定维持××××人民检察院××号《复议决定书》关于对×××犯罪嫌疑人不批准逮捕的决定。”分别送达下级公安机关和下级人民检察院执行。

6. 案卷整理归档

（1）填写案卷封面

诉讼案卷封面填写应注意的事项包括：案卷封面上“案件来源”项，应填写案件移送机关名称；“犯罪嫌疑人（被告人）”项，应将侦查机关提请批捕的犯罪嫌疑人（被告人）填写齐全；“案由”项，应填写人民检察院认定的罪名、案件性质或事由；“处理结果”项，应填写批准逮捕或不批准逮捕；“收案日期”项，应填写收到案件材料的日期；“结案日期”项，应填写处理结果生效的日期。

（2）案卷材料排列顺序

1）审查批准逮捕案卷材料排列顺序如表 5-1-1 所示。

表 5-1-1　审查批准逮捕案卷材料排列顺序

序号	内容	页码
1	接收案件登记表、受理案件登记表	
2	案件材料移送清单	
3	侦查机关提请批准逮捕书	
4	阅卷笔录（包括综合汇报提纲和主要证据摘录）	
5	提讯、提解证，传唤证，传唤通知书	
6	参加公安机关侦查活动的记录	
7	讯问犯罪嫌疑人提纲	
8	犯罪嫌疑人诉讼权利义务告知书、讯问笔录	
9	听取犯罪嫌疑人意见书	
10	调查提纲和询问证人提纲	
11	询问通知书、询问证人笔录	
12	调取证据通知书及清单	
13	不予收集、调取证据决定书	
14	审查逮捕意见书	
15	讨论案件记录	
16	部门及检察委员会研究案件记录	
17	（不）批准逮捕决定书	
18	（不）批准逮捕决定执行情况	
19	逮捕案件继续侦查取证意见书	
20	不批准逮捕案件补充侦查提纲	
21	不批准逮捕案件理由说明书	
22	侦查机关变更逮捕措施情况审查表	
23	撤销逮捕决定书	
24	撤销逮捕理由说明书	
25	撤销不批准逮捕决定书、通知书	
26	准予撤回决定书	
27	审查逮捕案件备案报告书	
28	应当逮捕犯罪嫌疑人建议书	
29	侦查机关撤回提请批准逮捕书	
30	准予撤回决定书	
31	纠正违法通知书	
32	侦查机关的回复和纠正整改情况	
33	案件质量评查表	
34	其他需要入卷材料	

2）对不批准逮捕决定进行复议、复核案卷材料排列顺序如表 5-1-2 所示。

表 5-1-2　对不批准逮捕决定进行复议、复核案卷材料排列顺序

序号	内容	页码
1	接收案件通知书、受理案件登记表	
2	案件材料移送清单	
3	不批准逮捕决定书	
4	侦查机关要求复议意见书	
5	提讯、提解证，传唤证，传唤通知书	
6	犯罪嫌疑人诉讼权利义务告知书	
7	讯问犯罪嫌疑人笔录	
8	询问证人、被害人的提纲、通知书	
9	证人、被害人诉讼权利义务告知书，询问笔录	
10	案件审查报告（审查意见书）	
11	讨论案件记录	
12	检察委员会会议研究意见（纪要及决定事项通知书）	
13	复议决定书	
14	侦查机关提请上级人民检察院复核意见书	
15	检察长决定或者检察委员会会议研究意见（纪要及决定事项通知书）	
16	复核决定书	
17	案件质量评查表	
18	其他需要入卷材料	

（3）规范案卷材料

1）证据排列顺序。按照证据作用的大小，将主要证据排列在前，辅助证据排列在后。单一犯罪嫌疑人的案件，讯问笔录应按照讯问犯罪嫌疑人的时间顺序排列；共同犯罪或者集团性犯罪案件，先按照犯罪嫌疑人在犯罪中的主次地位，再按照时间先后顺序进行排列。

2）规范证明材料。归档诉讼文书材料一般以标准 A4 纸为准，若纸张残缺破损，或过小（如银行单据、财务凭证等小型证明材料），或过大及不规范的复印件材料，应裁剪后粘贴到标准 A4 纸上，并在相应位置注明证明材料的页数、证明目的及时间，保证规范、整齐、有序。

3）规范文字材料。归档的文字材料应当采用蓝黑、碳素、黑色钢笔或者签字笔书写和签发，如有红笔、铅笔、纯蓝色笔痕迹的，应予以复印。对于字迹有变化且尚能辨认的文字材料，如果需要入卷，应在复印后入卷，原件可以不入卷，但原件上有领导批注内容的必须入卷。排列顺序是将原件放在前，复印件放在后。对于字迹难以辨认的文字材料，应附上抄件。对于外文和少数民族文字材料，应附上汉语译文。

（4）装订案卷

整理装订案卷材料需要注意以下事项。

1）诉讼案卷应当有案卷封面、卷内目录和备考表，填写字迹要工整、清晰、规范或者打印。案卷封面、卷内目录填写内容应当与卷内材料相符；卷内目录应当详细填写卷内每份材料的名称或事由。卷内文书材料，除卷内目录、备考表外，应在右上角逐页编号。案卷封面、卷内目录所填写的内容应与卷内文书材料相符，卷内每份材料的名称或事由均应详细填写在卷内目录上。一份诉讼文书材料编写一个顺序号。案卷封面除目录号、卷号外，应当采用字迹耐久的蓝黑、碳素、黑色钢笔或者签字笔书写，字迹要工整、清晰、规范。

2）卷内材料原则上应按照实际办案程序依次排列。卷内材料除卷内目录、备考表外，均应使用铅笔从“1”开始逐页编写页码。页码编写在有文字和图表材料正面的右上角、反面的左上角。证据可先按材料的名称、问题特征分类排列，再按时间先后顺序排列。按照证据作用的大小，将主要证据排列在前，辅助证据排列在后。讯问笔录，对于单一犯罪嫌疑人的案件，应按讯问时间先后顺序排列；对于共同犯罪案件，应先按各犯罪嫌疑人在犯罪中的主次地位，再按时间先后顺序排列。材料多的共同犯罪案件，可分立总卷和分卷，属于综合性材料的列入总卷，属于犯罪嫌疑人个人材料的列入分卷。

3）案卷装订前要拆除金属物，如订书钉、回形针、大头针等。一般以标准 A4 纸为标准。纸张残缺破损、过小或者过大及字迹偏左，装订后影响阅卷的材料，应当进行修补、裱贴和折叠。

4）案卷每册以不超过 200 页为宜，厚度不超过 20mm，超过时可立分册。装订时，要求右齐、下齐，一般使用蜡线“三孔双线”装订，确保整齐、美观、牢固。装订后，经检验合格，再正式加封。在卷底装订线结扣处粘贴案卷封条，并加盖封条骑缝章。案卷归档后，如果又有应入卷或撤出的材料，需经档案部门同意，并在备考表中注明。

任务实训

请学生按照表 5-1-3 中的内容进行任务实训。

表 5-1-3　审查批准逮捕工作实训单

项目内容	要素描述及内容和要求
实训素材	犯罪嫌疑人张某在 A 市喝酒时，因与被害人杨某、刘某发生争执，在打架过程中张某拔出随身携带的匕首朝被害人杨某连捅两刀，并将刘某刺伤，后联防队员赶到现场抓获张某并将其带至 A 市某区公安分局刑警队。当日，被告人张某趁看守人员不备打开手铐逃跑。1994 年 4 月 11 日，被害人杨某经抢救无效死亡。2020 年 10 月 20 日，张某被公安机关抓获归案。A 市公安机关于 2020 年 10 月 25 日提请 A 市检察院审查批准逮捕。 问题：1. 案件侦查终结后，应移送检察院的哪个具体部门？ 2. 如何制作《受理案件登记表》？
实训目的	熟练掌握刑事案件信息的登记和录入
实训内容	案件管理部门书记员的工作，制作相关法律文书
实训要求	根据案情，分析确定具体受理部门，按部门职责做好相关工作
实训结果	实训报告/实训心得体会
实训评价	一般/良好/优秀

任务拓展

1. 分组进行情景模拟，模拟进行不同部门书记员的工作。

2. 登录中国司法案例网，搜索案例并分析案例，制作相关法律文书，按顺序将法律文书整卷装订。

任务评价

请学生自己和教师根据审查批准逮捕程序中书记员实务训练任务完成情况，参照评价项目和评价要点进行自评与师评，如表 5-1-4 所示。

表 5-1-4　审查批准逮捕程序中书记员实务训练任务评价表

评价项目	评价要点	权重	自评	师评
书记员礼仪	服装是否整齐洁净	5 分		
	仪表是否端庄得体	10 分		
	是否注重礼仪规范	10 分		
信息录入和登记	录入信息是否及时、准确、全面	10 分		
	录入内容是否与卷宗材料内容一致	15 分		
	表格使用是否正确	10 分		
制作法律文书	制作法律文书是否准确规范	10 分		
	法律条款引用是否正确、说理是否充分	15 分		
	书写是否工整、准确、简明扼要	15 分		
总分		100 分		

任务 2　审查决定逮捕程序中书记员实务训练

任务情境

2018 年 3 月 17 日，A 县刑警队抓到一名涉嫌抢劫的犯罪嫌疑人张某，张某是 A 县当地的一位农民。他离开家乡外出务工期间涉嫌抢劫，A 市公安局对其予以刑事拘留。4 月 18 日张某被 A 市公安局正式逮捕。张某被捕后否认自己实施犯罪，刑警李某把他铐在办公室的暖气管上，用脚踢张某脸部、用木棍殴打、用麻绳和胶皮警棍殴打致其轻伤一级。A 县检察院第三检察部对此案进行了立案侦查，侦查过程中决定对李某因涉嫌刑讯逼供实施逮捕，由本部书记员刘某制作了《报请逮捕犯罪嫌疑人意见书》并报请本

部进行审查。

思考

1. 案例中第三检察部能否自行审查决定逮捕？

2. 审查决定逮捕和审查批准逮捕的区别是什么？

任务分析

审查决定逮捕是指人民检察院在直接受理的刑事案件的侦查过程中，依照事实和法律，作出是否逮捕犯罪嫌疑人决定的一种诉讼活动。审查决定逮捕的程序是负责侦查的部门向负责案件管理的部门移送逮捕犯罪嫌疑人意见书等材料，案件管理部门审查后分办至负责捕诉的部门，由负责捕诉的部门作出是否逮捕的决定。审查决定逮捕程序中书记员工作任务流程如图 5-2-1 所示。

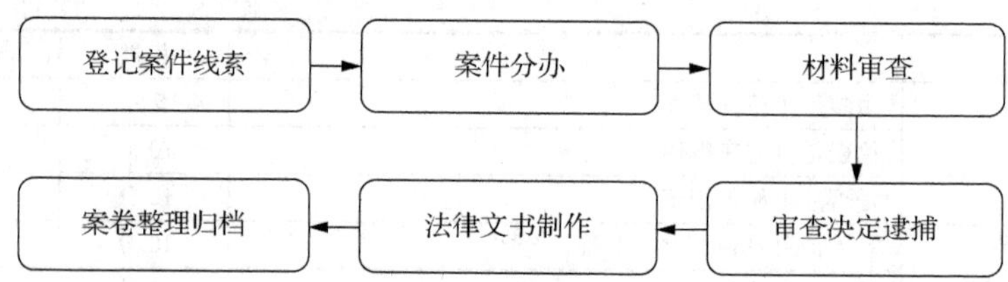

图 5-2-1　审查决定逮捕程序中书记员工作任务流程

任务实施

步骤 1　登记案件线索

1. 受理登记案件线索

检察机关负责侦查的部门的书记员登记案件线索，登记案件线索的内容包括：移送单位具体名称；举报人姓名、单位、住址、联系方式；被举报人姓名、单位、涉嫌案件性质；线索来源；举报摘要等内容，并做好线索的序号登记，要求书记员详细记录线索来源，以利于下一步侦查方向和侦查范围的确定。

2. 法律文书制作

经负责侦查的部门侦查，认为需要逮捕犯罪嫌疑人的，书记员在承办人的指导下填写并制作《逮捕犯罪嫌疑人意见书》。

3. 案卷材料移送

书记员将《采取逮捕强制措施审批表》复印件和《逮捕犯罪嫌疑人意见书》连同案

卷材料、讯问犯罪嫌疑人录音、录像等一并移送本院负责案件管理的部门审查。

步骤2　案件分办

报请审查决定逮捕的案件由负责案件管理的部门统一受理。负责案件管理部门的书记员接收案卷材料后，应及时在内勤的指导下在审判流程管理系统中进行登记，填写《受理案件登记表》，并立即将案卷材料和案件受理登记表移送负责捕诉的部门办理。根据《人民检察院刑事诉讼规则》第一百六十条规定，人民检察院直接受理侦查的案件，移送审查逮捕、移送起诉的，按照本规则第一百五十六条至第一百五十八条的规定办理。

相关法规法条

最高人民检察院《人民检察院刑事诉讼规则》第一百六十六条、第一百六十七条、第一百七十条、第二百九十六条。

人民检察院线索登记表和人民检察院受理案件登记表

步骤3　材料审查

负责捕诉部门的书记员接收案卷材料后，对移送的材料进行形式审查。对于需要补充材料的，应通知办案部门补送材料；对于案件材料齐备的，应送交承办人。

步骤4　审查决定逮捕

1. 制作笔录

案件承办人对案件材料进行实质审查，书记员应在其指导下辅助审阅案件材料和证据，复印主要证据材料，在讯问犯罪嫌疑人时做好笔录工作。

2. 审查决定逮捕

对犯罪嫌疑人决定逮捕的，负责捕诉部门的书记员在承办人的指导下填写《逮捕决定书》。

3. 审查决定不予逮捕

对犯罪嫌疑人决定不予逮捕的，负责捕诉部门的书记员制作《不予逮捕决定书》，并连同案卷材料、讯问犯罪嫌疑人录音、录像移交负责侦查的部门，并说明理由。犯罪嫌疑人已被拘留的，负责侦查的部门应当通知公安机关立即释放。

4. 制作补充侦查提纲

对于案件需要补充侦查的，书记员在承办人的指导下制作《补充侦查提纲》。

相关法规法条

最高人民检察院《人民检察院刑事诉讼规则》第二百九十八条至第三百零三条。

人民检察院逮捕决定书和人民检察院不予逮捕决定书

步骤 5　法律文书制作

1. 负责侦查部门的书记员法律文书制作

负责侦查部门的书记员在内勤的指导下，需要制作《采取逮捕强制措施审批表》和《报请逮捕犯罪嫌疑人意见书》（一式两份）。侦查部门认为需要延长侦查羁押期限的，应制作《提请批准延长侦查羁押期限报告书》。

2. 负责捕诉部门的书记员法律文书制作

负责捕诉部门的书记员在承办人审查案件的过程中，在其指导下制作《逮捕决定书》《不予逮捕决定书》《讯问笔录》《调查笔录》《询问笔录》《批准延长侦查羁押期限决定书》《不批准延长侦查羁押期限决定书》《延长侦查羁押期限决定书》《重新计算侦查羁押期限决定书》等。

步骤 6　案卷整理归档

诉讼档案主要是由书记员整理、装订和归档。办案部门的书记员应当协助检察官，按照《人民检察院诉讼档案管理办法》《人民检察院诉讼文书材料立卷归档细则》规定，对案卷材料进行整理。按照案卷装订顺序对案卷材料和相关法律文书进行整理、装订和封存，并及时将审查批准逮捕相关法律文书送交公安机关。

人民检察院提请批准延长侦查羁押期限报告书相关知识及相关文书

相关法规法条

最高人民检察院、国家档案局《人民检察院诉讼文书材料立卷归档细则》第六条至第二十三条。

知识平台

1. 案件线索来源

案件线索来源是指检察机关获取有关犯罪线索的渠道或途径。根据刑事诉讼法的有关规定和司法实践，案件线索的来源主要有以下几个方面。

（1）人民检察院自行发现

人民检察院在行使检察权时，通过直接受理案件的侦查、公诉审查、捕诉等检察职能活动，都会发现一些犯罪事实和犯罪嫌疑人。人民检察院自行发现的犯罪线索，往往质量较高，成案可能性较大。

（2）单位或个人的报案或者举报

单位或个人的报案或者举报是人民检察院案件线索的最主要来源。报案和举报有所不同。报案是指有关单位或者个人发现有犯罪事实发生而向人民检察院揭露和报告的行为。举报是指有关单位或者个人将其发现的犯罪事实及犯罪嫌疑人向人民检察院揭发和报告的行为。

（3）被害人的报案或者控告

被害人的报案或者控告是人民检察院案件线索的一个重要来源。被害人（包括被害单位）是受犯罪行为直接侵害的人，具有追究犯罪的强烈愿望和积极主动性；同时，由于被害人往往与犯罪嫌疑人有所接触，了解的案件情况较多，因而能够提供较为具体详细的有关犯罪事实和犯罪嫌疑人的情况。

（4）犯罪嫌疑人的自首

根据刑事诉讼法的规定，犯罪嫌疑人的自首是人民检察院重要的立案材料来源。自首是指犯罪分子犯罪以后，自动投案，如实交代自己的罪行，接受司法机关审查和裁判的行为。被采取强制措施的犯罪嫌疑人、被告人，正在执行刑罚的罪犯如实向司法机关供述司法机关还未掌握的他的其他罪行也是自首。

在司法实践中，除了刑事诉讼法规定的上述 4 个方面的案件线索来源外，党委、国家权力机关、上级人民检察院交办的案件，同级人民检察院移送或下级人民检察院请求移送的案件，监察、公安、法院及有关行政执法部门在履行职责过程中发现的属于人民检察院管辖而移送给人民检察院的犯罪案件，也是案件线索的来源。

2. 逮捕的概念和条件

逮捕是人民检察院为了保障侦查活动的顺利进行，对犯罪嫌疑人依法采取的暂时剥夺其人身自由，予以羁押的一种强制措施，是刑事强制措施中最为严厉的一种。

（1）一般逮捕条件必须同时具备 3 个要件

1）有证据证明有犯罪事实。具体包括：有证据证明发生了犯罪事实；有证据证明该犯罪事实是犯罪嫌疑人实施的；证明犯罪嫌疑人实施犯罪行为的证据已经查证属实的。

2）可能判处徒刑以上刑罚。

3）采取取保候审尚不足以防止发生社会危险性的。

（2）径行逮捕条件

1）有证据证明有犯罪事实，可能判处10年有期徒刑以上刑罚的。

2）有证据证明有犯罪事实，可能判处徒刑以上刑罚，曾经故意犯罪的。

3）有证据证明有犯罪事实，可能判处徒刑以上刑罚，身份不明的。

（3）逮捕的形式条件

逮捕的形式条件是指在进行逮捕时，必须依据有权机关签发的逮捕文书才能进行。这一要求就是所谓“令状原则”。

逮捕包含以下3个形式条件。

1）有权机关决定。

2）有合法逮捕证件。

3）对特殊对象的逮捕采取特殊程序。

3. 审查逮捕

审查逮捕分为审查批准逮捕和审查决定逮捕。审查批准逮捕是指人民检察院对公安机关、国家安全机关、军队保卫部门、监狱提请逮捕的案件进行审查后，依据事实和法律，作出是否逮捕犯罪嫌疑人的决定的一种诉讼活动。审查决定逮捕是指人民检察院在直接受理的刑事案件的侦查过程中，依照事实和法律，作出是否逮捕犯罪嫌疑人决定的一种诉讼活动。

（1）决定逮捕

对犯罪嫌疑人决定逮捕的，负责捕诉的部门书记员在检察官的指导下填写《逮捕决定书》，连同案卷材料、讯问犯罪嫌疑人录音、录像移交负责侦查的部门，并可以对收集证据、适用法律提出意见。犯罪嫌疑人已被拘留的，负责捕诉的部门应当在收到逮捕犯罪嫌疑人意见书后7日内，报请检察长决定是否逮捕，特殊情况下，决定逮捕的时间可以延长1～3日；犯罪嫌疑人未被拘留的，负责捕诉的部门应当在收到逮捕犯罪嫌疑人意见书后15日内，报请检察长决定是否逮捕，重大、复杂案件，不得超过20日。由负责侦查的部门通知公安机关执行，必要时可以协助执行。

（2）决定不予逮捕

对犯罪嫌疑人决定不予逮捕的，负责捕诉的部门应当将《不予逮捕决定书》连同案卷材料、讯问犯罪嫌疑人录音、录像移交负责侦查的部门，并说明理由。需要补充侦查的，应当制作补充侦查提纲。犯罪嫌疑人已被拘留的，负责侦查的部门应当通知公安机关立即释放。

（3）建议审查逮捕

对应当逮捕而本院负责侦查的部门未移送审查逮捕的犯罪嫌疑人，负责捕诉的部门

应当向负责侦查的部门提出移送审查逮捕犯罪嫌疑人的建议。若建议不被采纳的，应当报请检察长决定。

（4）执行逮捕

逮捕犯罪嫌疑人后，应当立即送看守所羁押。除无法通知的以外，负责侦查的部门应当把逮捕的原因和羁押的处所，在 24 小时内通知其家属。对于无法通知的，在无法通知的情形消除后，应当立即通知其家属。对被逮捕的犯罪嫌疑人，应当在逮捕后 24 小时内进行讯问。若发现不应当逮捕的，应当经检察长批准，撤销逮捕决定或者变更为其他强制措施，并通知公安机关执行，同时通知负责捕诉的部门。已经被释放或者变更强制措施的犯罪嫌疑人，又发现需要逮捕的，应当重新移送审查逮捕；已经作出不予逮捕的决定，又发现需要逮捕犯罪嫌疑人的，应当重新办理逮捕手续。

4. 延长侦查羁押期限

人民检察院负责侦查的部门认为需要延长侦查羁押期限的，应当按照规定向本院负责捕诉的部门移送延长侦查羁押期限意见书及有关材料。对于超过法定羁押期限提请延长侦查羁押期限的，不予受理。

人民检察院负责捕诉的部门负责办理决定延长侦查羁押期限。书记员辅助检察官对延长侦查羁押期限的意见进行审查，可以讯问犯罪嫌疑人、听取辩护律师和侦查人员的意见、调取案卷及相关材料等。由检察官提出是否同意延长侦查羁押期限的意见，将本院的审查意见层报有决定权的人民检察院审查决定。

人民检察院办理直接受理侦查的案件，对犯罪嫌疑人逮捕后的侦查羁押期限不得超过 2 个月。案情复杂、期限届满不能终结的案件，可以经上一级人民检察院批准延长 1 个月。设区的市级人民检察院和基层人民检察院办理直接受理侦查的案件，符合《中华人民共和国刑事诉讼法》第一百五十八条的规定，在《人民检察院刑事诉讼规则》第三百零五条规定的期限届满前不能侦查终结的，经省级人民检察院批准，可以延长 2 个月。省级人民检察院直接受理侦查的案件，有前款情形的，可以直接决定延长 2 个月。

设区的市级人民检察院和基层人民检察院办理直接受理侦查的案件，对犯罪嫌疑人可能判处 10 年有期徒刑以上刑罚，依照《人民检察院刑事诉讼规则》第三百零六条的规定依法延长羁押期限届满，仍不能侦查终结的，经省级人民检察院批准，可以再延长 2 个月。省级人民检察院办理直接受理侦查的案件，有前款情形的，可以直接决定再延长 2 个月。最高人民检察院办理直接受理侦查的案件，依照刑事诉讼法的规定需要延长侦查羁押期限的，直接决定延长侦查羁押期限。

最初受理案件的人民检察院负责捕诉的部门收到批准延长侦查羁押期限决定书或者不批准延长侦查羁押期限决定书，应当书面告知本院负责刑事执行检察的部门。

因为特殊原因，在较长时间内不宜交付审判的特别重大复杂的案件，由最高人民检察院报请全国人民代表大会常务委员会批准延期审理。

5. 重新计算侦查羁押期限

人民检察院在侦查期间发现犯罪嫌疑人另有重要罪行的，自发现之日起依照《人民检察院刑事诉讼规则》第三百零五条的规定重新计算侦查羁押期限。

由人民检察院负责捕诉的部门提出重新计算侦查羁押期限的意见，移送本院负责捕诉的部门审查。审查过程由书记员协助承办人讯问犯罪嫌疑人、听取辩护律师和侦查人员的意见、调取案卷及相关材料等，认真做好记录和材料整理工作。

负责捕诉的部门审查后应当提出是否同意重新计算侦查羁押期限的意见，报检察长决定。人民检察院直接受理侦查的案件，不能在法定侦查羁押期限内侦查终结的，应当依法释放犯罪嫌疑人或者变更强制措施。

任务实训

请学生按照表 5-2-1 中的内容进行任务实训。

表 5-2-1　审查决定逮捕工作实训单

项目内容	要素描述及内容和要求
实训素材	犯罪嫌疑人李某，系 A 县公安局预审员，在办理张某涉嫌抢劫一案中，接受张某家属的请托，对张某的年龄涂改为未满 18 周岁，并将“持菜刀抢劫”情节中的“持菜刀”隐去，其间先后两次收受张某家属的贿赂。被害人家属举报至 A 县人民检察院，A 县人民检察院第二检察部的书记员未登记案件线索直接将举报信送至负责捕诉的部门，负责捕诉部门的书记员进行审查后制作《××××人民检察院逮捕决定书》送交检察官审查。 问题：1. 本案书记员在审查决定逮捕程序中的工作是否存在错误？ 2. 如何制作《××××人民检察院逮捕决定书》？
实训目的	熟练掌握书记员在审查决定逮捕程序中的工作要点
实训内容	制作相关法律文书，案卷整理归档工作
实训要求	根据案情，按照法律规定制作法律文书，做好案卷整理归档工作
实训结果	实训报告/实训心得体会
实训评价	一般/良好/优秀

任务拓展

1. 登录中国司法案例网，搜索案例并分析案例，制作相关法律文书。
2. 按照案卷整理归档顺序装订案卷。

任务评价

请学生自己和教师根据审查决定逮捕程序中书记员实务训练任务完成情况，参照评

价项目和评价要点进行自评与师评，如表 5-2-2 所示。

表 5-2-2　审查决定逮捕程序中书记员实务训练任务评价表

评价项目	评价要点	权重	自评	师评
书记员礼仪	服装是否整齐洁净	5 分		
	仪表是否端庄得体	10 分		
	是否注重礼仪规范	10 分		
制作法律文书	制作法律文书是否准确规范	10 分		
	法律条款引用是否正确、说理是否充分	15 分		
	书写是否工整、准确、简明扼要	10 分		
案卷整理归档	案卷封面填写是否规范	10 分		
	材料是否齐全、规范	10 分		
	排列顺序是否正确	10 分		
	案卷装订是否整齐规范	10 分		
总分		100 分		

项目6　审查起诉程序中书记员工作

【学习目标】

1. 熟悉人民检察院审查起诉的基本工作任务。
2. 掌握人民检察院审查起诉案件的内容和审查起诉的程序。
3. 能够熟练进行文书制作、参与审查起诉工作。
4. 理解健全公安机关、检察机关、审判机关各司其职、相互配合、相互制约的体制机制。

任务 1　审查起诉程序中书记员实务训练

任务情境

王某某，男，1976 年××月××日生，汉族，大专文化，××管理有限公司××分公司总经理。该分公司成立后，在未经中国人民银行批准的情况下，以组织推介会、旅游等方式对外进行公开宣传，以销售年利率 6%～13%不等的理财产品为名，向社会公众募集资金。王某某自 2015 年 7 月加入该分公司，先后任副总经理、总经理等职务，分管销售二部、管理分公司的全面业务。至案发时，与被告人王某某相关的报案集资参与人有 37 人，投入本金共计人民币 3 000 余万元，损失人民币 900 余万元。2021 年 1 月 22 日，王某某被××市公安局××分局刑事拘留，2021 年 2 月 25 日经××××人民检察院批准逮捕，同日由该分局执行逮捕。2021 年 4 月 25 日，××市公安局××分局侦查终结，以王某某涉嫌非法吸收公众存款罪，向××××人民检察院移送起诉，移送了全部案卷材料。证据包括户籍资料、到案经过、工商注册资料、银行卡交易明细等书证，证人孙某某、赵某某、高某某、冯某某等人的证言，王某某的供述和辩解，××会计师事务所有限公司出具的审计报告等。

思考

如果你是负责捕诉部门的书记员，在案件分配给承办人后，你应该怎样协助承办人进行审查起诉工作？

任务分析

审查起诉阶段，负责案件管理的部门登记受理移送起诉的案件后，移交给负责捕诉的部门，书记员在负责捕诉部门的承办人的指导下，从事司法办案事务性工作，具体包括：协助承办人制作、填制有关法律文书，并负责相关文书的打印、复印、校对、送达、签收等事务；配合承办人参与讯问、询问和开展勘验检查，担任记录工作；整理案件材料，装订、移送案卷。审查起诉程序中书记员任务流程如图 6-1-1 所示。

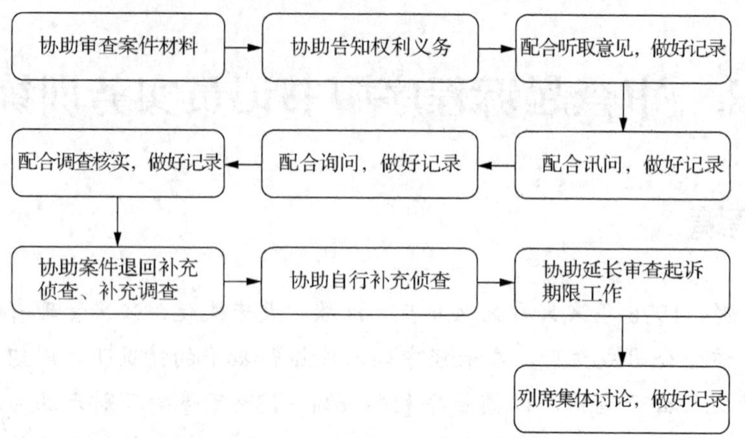

图 6-1-1　审查起诉程序中书记员任务流程

任务实施

步骤 1　协助审查案件材料

负责捕诉部门的负责人将案件分发给承办人，书记员可以协助承办人审查案卷材料，具体包括以下工作。

1. 审查案卷材料、证据材料等与《接收案件通知书》是否相符

1）将案卷材料、证据材料等与负责案件管理部门接收案件清单清点比对，并审查是否相符。

2）若物证与扣押物品移送清单不符的，应及时与负责案件管理部门联系处理。

3）科学保管视听资料、电子证据及载体，以备进行下一步审查。

2. 审查案卷材料是否齐备完整

1）公安机关侦查终结、移送同级人民检察院审查起诉的案卷，一般有诉讼文书卷和证据材料卷。

2）《起诉意见书》《没收违法所得意见书》《强制医疗意见书》不装入卷内，直接附卷移送人民检察院。

3）监察机关调查终结、移送同级人民检察院审查起诉的案卷材料包括《起诉意见书》、案卷材料及其他单行材料。

4）公安机关或者监察机关移送《起诉意见书》及案卷材料不齐备完整的，应当与公安机关或者监察机关承办人联系，要求其补送。

3. 审查本院是否有管辖权

负责捕诉部门收到移送起诉的案件后，经审查认为不属于本院管辖的，应当自发现之日起 5 日内经由负责案件管理部门移送有管辖权的人民检察院。书记员要协助承办人制作、填制《报送（移送）案件意见书》《交办案件通知书》等有关法律文书，负责相关文书的打印、校对，同时整理、准备相关的移送、报送或者交办材料，经审批后将相关文书和案卷材料送达有管辖权的人民检察院，并通知移送起诉的公安机关。

4. 办理换押手续

书记员应当协助承办人到看守所办理案件换押手续。

1）复印《起诉意见书》一份，换押时交看守所人员留存。

2）《换押证》加盖院章，并填写换押日期和案件的办理期限。

3）换押后，将盖有看守所印章的一联入检察正卷留存。

4）在换押过程中，要注意保管文件材料，避免遗失或者污损，为后期的案件归档工作打好基础。

5. 审查监察机关是否采取留置措施及处理

1）对于监察机关移送起诉的已采取留置措施的案件，人民检察院要及时对犯罪嫌疑人作出拘留决定，交公安机关执行。执行拘留后，留置措施自动解除。除无法通知的以外，应当在公安机关执行拘留后 24 小时内通知犯罪嫌疑人的家属。

2）对于监察机关移送起诉的未采取留置措施的案件，人民检察院在审查起诉过程中根据案件情况，可以决定是否采取逮捕、取保候审或者监视居住措施。

相关法规法条

1.《中华人民共和国刑事诉讼法》第一百七十条、第一百七十二条。

2. 最高人民检察院《人民检察院刑事诉讼规则》第一百四十二条至第一百四十六条、第三百二十八条、第三百二十九条。

步骤 2 协助告知权利义务

1. 对犯罪嫌疑人诉讼权利义务的告知

1）自收到移送起诉的案件材料之日起 3 日内，应当书面告知犯罪嫌疑人有权委托辩护人及申请法律援助，并将犯罪嫌疑人的要求记录在案。

2）对犯罪嫌疑人进行首次讯问时，应当首先告知其依法享有的诉讼权利及认罪认罚的法律规定。告知应当书面进行，并记录在案。

3）在依法延长审查起诉期限或者重新计算审查起诉期限 3 日内，应当书面告知犯罪嫌疑人延长或者重新计算审查起诉期限的理由、期限和相关法律依据。

4）犯罪嫌疑人在押的，相关告知文书原则上应当面送达，如确因路途遥远直接送达有困难的，可邮寄送达，并及时通过电话、网络视频的方式听取犯罪嫌疑人的要求。

犯罪嫌疑人拒绝在告知文书上签字的，应由告知送达人员注明原因。

5）犯罪嫌疑人未在押的，相关告知文书原则上应当面送达，如确因路途遥远等原因直接送达有困难的，可邮寄送达；犯罪嫌疑人拒绝签字的，可以留置送达，并注明原因。

2. 对被害人及其近亲属诉讼权利义务的告知

1）自收到移送起诉的案件材料之日起 3 日内，应当书面告知被害人及其近亲属有权委托诉讼代理人及提起附带民事诉讼，并将被害人及其近亲属的要求记录在案。

2）对被害人进行首次询问时，应当首先告知其依法享有的诉讼权利及应承担的义务。

3）对被害人及其近亲属权利义务的告知，应当书面进行，并记录在案。原则上应直接送达，如确因路途遥远等原因无法直接送达的，可以邮寄送达，并将相关凭证附卷；被害人及其近亲属拒绝签字的，可以留置送达，并注明原因。

3. 对证人诉讼权利义务的告知

对证人进行首次询问时，应当首先告知其依法享有的诉讼权利及应承担的义务。告知应当书面进行，并记录在案。

4. 对犯罪嫌疑人的法定代理人、近亲属诉讼权利义务的告知

应当告知犯罪嫌疑人的法定代理人、近亲属在案件审查起诉过程中依法享有的诉讼权利及应承担的义务。告知应当书面进行，并记录在案。

5. 权利义务告知的注意事项

1）应根据案件当事人的具体人数，备齐《权利义务告知书》，并及时送达给案件当事人。

2）告知权利义务时，对《权利义务告知书》里的具体事项进行必要的解释。

3）在押的犯罪嫌疑人提出委托辩护人请求的，应当及时向其法定代理人、近亲属转达请求。

告知文书相关知识及相关文书

4）犯罪嫌疑人未委托辩护人但符合应当提供法律援助规定的，应当及时向法律援助机构发出提供法律援助通知书，要求法律援助机构为犯罪嫌疑人指派律师提供辩护，并监督法律援助机构及时指派律师。

5）犯罪嫌疑人未委托辩护人但申请法律援助的，应当及时将申请转至法律援助机构。

6）各项权利义务的告知均应当在法定期限内告知，严禁超期告知或不告知。

相关法规法条

1.《中华人民共和国刑事诉讼法》第三十四条、第三十五条、第四十六条。

2. 最高人民检察院《人民检察院刑事诉讼规则》第四十条至第四十三条、第二百五十八条。

步骤 3　配合听取意见，做好记录

1. 当面听取意见

当面听取意见，书记员要根据提出意见人的情况安排好接待室。

1）当面听取犯罪嫌疑人的意见应当在看守所或者办案机关的讯问场所进行。

2）当面听取辩护人的意见应当在律师接待室进行。

3）当面听取其他人的意见应当在专用区域或者证人、被害人及其近亲属指定的地点进行。

4）当面口头提出意见的，书记员应当记录在案，形成听取笔录并附卷审查。

5）听取笔录应当交由提出意见人核对后签字确认，听取人员也应当签名。

2. 接收书面意见

1）直接当面听取意见有困难、要求提供书面意见的，应当附卷审查。

2）犯罪嫌疑人、辩护人、被害人及其法定代理人、近亲属、诉讼代理人主动提供书面意见的，应当附卷审查。

3. 电话、视频等方式听取意见

1）直接听取意见确有困难时，可以通过电话、视频等方式听取意见。

2）电话、视频听取意见应当在负责捕诉部门的办公室进行，并应当由两人共同听取。

3）书记员应协助承办人记录好电话、视频通话起始时间、电话号码、提出意见人的身份、姓名及其他基本信息、意见内容，记录由听取意见的人员签名确认。

4. 注意事项

1）听取意见必须二人以上进行，并签名确认，严禁一人听取意见，书记员要做好听取记录。

2）听取意见内容应当客观真实记载，详细全面，严禁遗漏意见内容、曲解意见或者记载意见不客观、不真实。

3）对于情绪比较激动的被害人或被害人家属，听取意见时书记员要配合承办人耐心做好安抚工作，尽量避免矛盾激化。

听取意见的范围

相关法规法条

1.《中华人民共和国刑事诉讼法》第一百七十三条。

2. 最高人民检察院《人民检察院刑事诉讼规则》第二百六十条至第二百六十二条。

步骤4 配合讯问，做好记录

1. 填制《提讯、提解证》

根据在押犯罪嫌疑人的人数，承办人或者书记员要填制《提讯、提解证》，写明讯问对象名称、讯问人员、讯问时间和事实，报检察长签发。

2. 填制《传唤证》

对未羁押的犯罪嫌疑人，承办人或者书记员要填制《传唤证》，写明传唤对象名称、传唤地点、传唤时间，报检察长签发。

3. 准备预审卷宗、检察卷宗

讯问前，书记员应事先和承办人沟通，熟悉案情，了解讯问重点和思路，根据承办人的要求携带预审卷宗、检察卷宗。

4. 联系翻译人员

讯问少数民族人员、外国人、聋哑人的，应事先联系有翻译资质的翻译人员或者通晓听障人士手势的人员到场。

5. 做好讯问笔录

讯问犯罪嫌疑人应当由检察人员或者检察人员和书记员不得少于二人负责进行，检察人员讯问时应当规范穿着检察制服并佩戴检徽，书记员应全程做好讯问笔录。讯问笔录应当如实记载，尽量忠实于原话。

6. 组织签字确认

讯问笔录应当由犯罪嫌疑人阅读，并确认与其所供述的内容一致后，逐页签名或者盖章，并捺指印后附卷。如果犯罪嫌疑人因其他原因无法阅读的，由讯问人向其宣读，待其确认后签字、捺指印。如果犯罪嫌疑人拒绝签字的，在见证人见证之下，待犯罪嫌疑人阅读或向其宣读之后，由见证人签字。参与讯问的检察人员、记录人也应当在讯问笔录上签字。如有在场人员或者翻译人员参与讯问的，应一并在讯问笔录上签字或盖章。

讯问笔录

7. 订入案卷

讯问结束后，书记员应及时将讯问笔录等材料订入案卷，以免遗失。

相关法规法条

1.《中华人民共和国刑事诉讼法》第一百七十三条。

2. 最高人民检察院《人民检察院刑事诉讼规则》第二百五十八条至第二百六十条。

步骤 5　配合询问，做好记录

1. 提前通知证人

书记员应配合承办人准备好《询问证人通知书》，提前通知证人到检察机关、侦查机关执法办案区、证人家中或证人自行选择的地点接受询问。

2. 备好证件

证人因其他案件在押的，准备好介绍信、工作证和询问通知书，前往证人被羁押地点询问。

3. 准备补助费用

为证人可能因履行作证义务而支出的交通、住宿、就餐等费用准备相应的补助费用。

4. 出示证件

询问证人应当由检察人员或者检察人员和书记员不得少于二人负责进行，向证人出示工作证件或者相关证明文件，介绍询问人员身份。

5. 面对面询问

询问证人应当个别进行，同一时间、同一地点只能询问一名证人。询问应当面对面进行。

6. 做好笔录

书记员应当全程做好询问笔录，清楚记载询问地点、询问起始时间、询问人的身份情况。询问笔录应当如实记载，尽量忠实于原话。

询问笔录

7. 组织签字确认

询问笔录应当交证人核对或者向其宣读。经核对无误后，证人在询问笔录上签名或盖章。参与询问的检察人员也应当在询问笔录上签字，并注明询问时间。如有在场人或者翻译人员参与询问的，应一并在询问笔录上签字或盖章。

相关法规法条

1.《中华人民共和国刑事诉讼法》第一百二十四条、第一百二十六条。

2. 最高人民检察院《人民检察院刑事诉讼规则》第二百五十九条、第二百六十九条。

步骤 6　配合调查核实，做好记录

1. 层报审批

案件承办人在审查起诉过程中，发现侦查人员可能存在以非法方式收集证据的情

形，层报检察长批准后，应当及时进行调查核实。

2. 告知权利义务

调查核实前应先对被调查人进行权利义务告知，待其明确后进行调查。

3. 调查核实

调查由两名以上检察人员进行。承办人可以采用一种或者多种方式对证据是否为非法证据进行调查核实。

4. 做好调查笔录

书记员应配合承办人做好调查笔录。调查笔录应当如实记载，尽量忠实于原话。

5. 组织签字确认

非法证据的相关知识及相关文书

调查笔录，由被调查人阅读并确认与其所陈述内容一致后签字、捺指印。如果被调查人因其他原因无法阅读的，由调查人向其宣读，待其确认后签字、捺指印。如果被调查人拒绝签字的，在见证人见证之下，待被调查人阅读或向其宣读之后，由见证人签字。调查人、记录人待被调查人签字、捺指印之后，对调查笔录签字。

相关法规法条

1.《中华人民共和国刑事诉讼法》第五十六条、第五十七条。

2. 最高人民检察院《人民检察院刑事诉讼规则》第六十六条、第六十七条、第七十条、第七十二条、第二百六十四条、第二百六十五条。

步骤 7　协助案件退回补充侦查、补充调查

案件承办人对案件事实和证据进行审查，认为案件事实不清、证据不足等情况需要退回侦查机关或者监察机关补充侦查、补充调查的，书记员应协助承办人制作相关文书并负责送达案卷材料。

1. 协助承办人制作相关文书

承办人将补充侦查或者补充调查的情况报检察长或者分管副检察长签字审批后，根据审批意见制作《补充侦查决定书》和《退回补充侦查提纲》，或者《补充调查决定书》和《退回补充调查提纲》，书记员应协助承办人将文书连同案卷材料一并退回侦查机关或者监察机关补充侦查、补充调查。

退回补充侦查或者补充调查的提出应当在受理案件之后、审结案件之前。退回公安机关补充侦查、退回监察机关补充调查的案件，均应当在 1 个月内补充调查、补充侦查

完毕，以二次为限。补充侦查、补充调查完毕移送起诉后，人民检察院应重新计算审查起诉期限。

2. 协助告知相关部门、单位

退回和不退回的情形及办案文书

案件退回情况应当告知负责案件管理的部门，犯罪嫌疑人被羁押的，应同时告知负责刑事执行检察的部门和羁押犯罪嫌疑人的看守所，并办理好换押手续。

3. 协助填写《重新计算审查起诉期限通知书》并告知

承办人或者书记员应当填写《重新计算审查起诉期限通知书》，将重新计算审查起诉期限的情况告知犯罪嫌疑人及其家属。告知可以当面告知，也可以邮寄告知。

相关法规法条

1.《中华人民共和国刑事诉讼法》第一百七十条、第一百七十五条。

2. 最高人民检察院《人民检察院刑事诉讼规则》第三百四十二条、第三百四十三条、第三百四十五条、第三百四十六条。

3. 最高人民检察院、公安部《关于加强和规范补充侦查工作的指导意见》。

步骤8　协助自行补充侦查

1. 协助补充侦查

案件承办人对案件事实和证据进行审查，发现案件存在部分事实不清、证据不足等情况，在期限和人员条件允许的情况下，可以进行自行补充侦查，书记员应配合承办人进行补充侦查工作。

2. 协助实施侦查措施

自行补充侦查的情形

自行补充侦查由承办人为主进行，书记员应配合承办人适用刑事诉讼法规定的讯问、询问、勘验、检查、查封、扣押、鉴定等侦查措施，遵循法定程序，围绕证据欠缺和补强方面补充侦查，并在法定的审查起诉期限内完成补充侦查工作，严禁超过法定期限。

相关法规法条

1.《中华人民共和国刑事诉讼法》第一百七十五条。

2. 最高人民检察院《人民检察院刑事诉讼规则》第三百四十四条、第三百四十八条。

3. 最高人民检察院、公安部《关于加强和规范补充侦查工作的指导意见》。

步骤 9 协助延长审查起诉期限工作

1. 协助填写文书

案件承办人经审查认为案情重大、复杂，在 1 个月审查起诉期限内无法审查终结的，应当填写《延长审查起诉期限审批表》。延长审查起诉期限经审批后，书记员应当协助承办人通过网上办案系统填写《延长审查起诉期限通知书》。

2. 协助通知犯罪嫌疑人及其家属

延长审查起诉期限经审批后，书记员应协助承办人将延长审查起诉期限的情况书面告知犯罪嫌疑人及其家属。告知可以直接当面送达，也可通过邮寄方式送达。

需要延长审查起诉期限的情形及相关文书

3. 协助告知相关部门、单位

书记员应当协助承办人将延长审查起诉期限情况告知负责案件管理的部门，犯罪嫌疑人被羁押的，还应同时告知负责刑事执行检察的部门和关押犯罪嫌疑人的羁押场所。

相关法规法条

1.《中华人民共和国刑事诉讼法》第一百七十二条。

2. 最高人民检察院《人民检察院刑事诉讼规则》第三百五十一条。

步骤 10 列席集体讨论，做好记录

1. 列席集体讨论

案件承办人在审查案件的过程中，认为有必要提请集体研究讨论的，可以提请负责捕诉部门的负责人提交集体讨论，或者负责捕诉部门的负责人对下级检察院请示的疑难复杂案件及认为其他需要集体讨论的案件，可以直接决定组织集体讨论。对案件集体讨论时，书记员应列席讨论。

2. 通知讨论时间、地点等事项

部门负责人确定集体研究讨论后，承办人应当在研究日期 3 日前将案件审查报告分送给参加讨论的人员，书记员应当将讨论日期、讨论时间、讨论地点通知参会人员和列席会议人员。

3. 做好讨论记录

部门负责人主持集体讨论，书记员对讨论的全过程进行记录。

4. 组织签字确认

书记员将讨论情况做好记录后，交由参加讨论的人员签字确认。所有人的讨论意见均应当记录在案，记录应当忠实于讨论意见，严禁歪曲参会人员意见或不如实记载讨论内容。

讨论案件记录

5. 做好保密

严禁外传或者泄露集体讨论内容，讨论中使用的报告或材料不得外传。严禁当事人或者辩护人、诉讼代理人查阅集体讨论记录。

相关法规法条

最高人民检察院《人民检察院刑事诉讼规则》第六条。

知识平台

1. 案件的管辖权

（1）收案审查

收案审查是指人民检察院负责案件管理的部门受理案件并分案至负责捕诉的部门后，负责捕诉的部门对负责案件管理的部门移送案件的基本情况进行初步审查的过程。

（2）案件移送

案件移送是指人民检察院负责捕诉的部门承办人经审查，发现案件不属于本院地域管辖的范围或者属于专门管辖的案件或者本院虽有管辖权，但由他院管辖更为适宜的，报请检察长或者分管副检察长决定后，将案件移送至有管辖权的同级人民检察院负责捕诉的部门的法定程序。

（3）案件报送

案件报送是指人民检察院负责捕诉的部门承办人经审查，发现案件属于上级人民检察院管辖的范围，报请检察长或者分管副检察长决定并向上级人民检察院汇报后，将案件移送至有管辖权的上级人民检察院的法定程序。

（4）案件交办

案件交办是指上级人民检察院认为所受理的案件属于下级人民检察院管辖范围，而将案件交由下级人民检察院审查起诉的法定程序。

（5）案件指定管辖

案件指定管辖是指上级人民检察院商请同级人民法院后，在特殊情况下有权变更和确定案件审查起诉的人民检察院，指定辖区内的某个下级人民检察院对某一案件行使管辖权，进行审查起诉的法定程序。

2. 审查起诉阶段的讯问与询问

（1）讯问犯罪嫌疑人

讯问犯罪嫌疑人是指人民检察院负责捕诉部门的检察人员在审查起诉阶段依照法定程序，就犯罪有关事实以言词方式对犯罪嫌疑人进行审问的一种诉讼活动，又称为公诉人庭前讯问。

（2）公诉人庭前讯问与侦查讯问的联系与区别

1）二者的联系。公诉人庭前讯问和侦查讯问都是发生在刑事诉讼过程中。公诉人庭前讯问和侦查讯问在时间上具有连续性。公诉人庭前讯问和侦查讯问的对象相同，都是案件的犯罪嫌疑人。

2）二者的区别。

讯问的目的不同。公诉人庭前讯问的目的主要是审核证据；侦查讯问的目的主要是获取犯罪证据。

讯问发生的诉讼阶段不同。公诉人庭前讯问是在审查起诉阶段，从案件移送人民检察院审查之日起至案件移送人民法院之日止；侦查讯问是在刑事诉讼的侦查阶段，从刑事案件立案之后至案件移送人民检察院审查起诉时止。

讯问的主体不同。公诉人庭前讯问的主体是人民检察院负责审查起诉的检察人员；侦查讯问的主体是侦查机关的人员。

讯问的内容不同。公诉人庭前讯问的内容主要是审核案件事实、情节和证据等；侦查讯问的内容主要围绕犯罪构成来获取犯罪事实的证据，从而确定犯罪嫌疑人，以侦破案件。

讯问的性质不同。公诉人庭前讯问是一种核查证据的功能；侦查讯问是一种常用的侦查措施。

（3）询问证人、被害人

审查起诉阶段的询问是一项特殊性的调查工作，是证据采信制度的重要组成部分，也是在诉讼中对证据进行调查、核实、非法排除的具体制度之一，又称为公诉人庭前询问。审查起诉阶段询问的对象主要是证人、被害人。

3. 补充侦查

（1）退回补充侦查、补充调查

退回侦查机关或者监察机关补充侦查、补充调查是指在审查起诉阶段，人民检察院负责捕诉的部门认为案件事实不清、证据不足或者有遗漏罪行和其他需要追究刑事责任的人，可能影响对犯罪嫌疑人定罪量刑而需要补充侦查、补充调查的，将案件退回侦查机关或者监察机关，并且列明补充侦查、补充调查提纲，对补充侦查、补充调查事项予以说明，由侦查机关或者监察机关参照提纲进一步调查收集证据的法定程序。

（2）开展补充侦查工作应当遵循的原则

1）必要性原则。补充侦查工作应当具备必要性，不得因与案件事实、证据无关而退回补充侦查。

2）可行性原则。要求补充侦查的证据材料应当具备收集固定的可行性，补充侦查工作应当具备可操作性，对于无法通过补充侦查收集证据材料的情形，不能适用补充侦查。

3）说理性原则。补充侦查提纲应当写明补充侦查的理由、案件定性的考虑、补充侦查的方向、每一项补证的目的和意义，对复杂问题、争议问题做适当阐明，具备条件的，可以写明补充侦查的渠道、线索和方法。

4）配合性原则。人民检察院、公安机关在补充侦查之前和补充侦查过程中，应当就案件事实、证据、定性等方面存在的问题和补充侦查的相关情况，加强当面沟通、协作配合，共同确保案件质量。

5）有效性原则。人民检察院、公安机关应当以增强补充侦查效果为目标，把提高证据质量、解决证据问题贯穿于侦查、审查逮捕、审查起诉全过程。

（3）自行补充侦查

自行补充侦查是指在审查起诉阶段，人民检察院负责捕诉的部门审查后发现案件存在部分事实不清、证据不足或者有遗漏罪行和其他需要追究刑事责任的人等情况需要补充侦查，认为负责捕诉的部门有能力自行侦查或者自行侦查更有利于案件正确处理的，可以不退回侦查机关或者监察机关，由负责捕诉的部门自行调查收集证据的程序。

任务实训

请学生按照表 6-1-1 中的内容进行任务实训。

表 6-1-1　审查起诉工作流程实训单

项目内容	要素描述及内容和要求
实训素材	张某某，男，1980 年××月××日生，汉族，无业。2021 年 2 月 23 日凌晨，被告人张某某潜入××市××区××路××号××宾馆一客房，趁被害人刘某某睡着，窃取刘某某放在床上的华为手机一部（价值人民币 1 300 元）。后张某某试出该手机的锁屏密码和微信支付密码，并通过微信扫码支付或红包的方式窃取刘某某人民币 9 000 余元。同年 3 月 14 日，张某某被抓获归案，自愿如实供述自己的罪行。2021 年 4 月 26 日，××市公安局××分局侦查终结，以张某某涉嫌盗窃罪，向××××人民检察院移送起诉，其中，证据包括常住人口基本信息、抓获经过、刑事摄影照片、转账记录、银行流水等书证，被害人刘某某的陈述，张某某的供述和辩解，辨认笔录、搜查笔录、提取笔录、勘验笔录，监控视频视听资料等。
实训目的	熟练掌握审查起诉的工作任务和工作流程
实训内容	笔录的制作，法律文书的打印、送达等工作
实训要求	完成材料整理、文书打印、校对等工作任务
实训结果	实训报告/实训心得体会
实训评价	一般/良好/优秀

任务拓展

1. 登录“12309中国检察网”，搜索并阅读与审查起诉相关的规定。
2. 查阅法律和案例材料，结合人民检察院工作实际，掌握审查起诉的工作流程。

任务评价

请学生自己和教师根据审查起诉程序中书记员实务训练任务完成情况，参照评价项目和评价要点进行自评与师评，如表6-1-2所示。

表6-1-2　审查起诉程序中书记员实务训练任务评价表

评价项目	评价要点	权重	自评	师评
记录工作	讯问笔录的制作是否规范	15分		
	询问笔录的制作是否规范	15分		
协助制作法律文书	文书的填写是否规范	10分		
	文书的打印、复印是否符合要求	10分		
	文书的校对是否认真	10分		
	文书的送达是否符合程序	10分		
整理案卷材料	案卷的装订是否规范	15分		
	案卷的移送是否符合程序	15分		
总分		100分		

任务2　提起公诉程序中书记员实务训练

任务情境

李某某，女，1990年××月××日出生，初中文化，无业。2021年3月5日1时许，李某某醉酒后驾驶豫BK××××小型轿车行驶至××市××区××路××小区西门时，与张某某驾驶的无号牌电动自行车发生事故，致两车受损，张某某受伤，后被警察查获。经认定，李某某负事故的全部责任。经鉴定，李某某血液中乙醇浓度为126mg/100mL。李某某明知他人报警，仍在现场等候处理，并如实供述自己的罪行。案发后李某某妥善处理事故赔偿事宜。2021年3月12日，李某某被××市公安局××分局取保候审。2021年4月28日，××市公安局××分局侦查终结，以李某某涉嫌危险驾驶罪，向××××人民检察院移送起诉。案卷证据包括驾驶证、行驶证等书证，证人张某甲、刘某某、张某乙等人的证言，李某某的供述和辩解，××大学司法鉴定中心出具的鉴定意见，××市公安局××分局所做的现场照片等。

××××人民检察院受理后，决定继续取保候审。案件承办人告知了李某某有权委托辩护人和认罪认罚可能导致的法律后果，依法讯问了李某某，听取了李某某及其值班律师的意见，审查了全部案件材料，证据收集程序合法，内容客观真实，足以认定案件事实。李某某对犯罪事实和证据没有异议，并自愿认罪认罚，同意适用速裁程序审理。

××××人民检察院审查后，决定以危险驾驶罪向××××人民法院提起公诉，并建议对李某某判处拘役 1 个月，缓刑 2 个月，并处罚金人民币 5 000 元。

思考

本案已经审查终结，犯罪事实清楚，证据确实、充分，应当依法追究李某某的刑事责任。如果你是本案书记员，应该如何协助承办人进行提起公诉的具体工作？

任务分析

承办人经过审查起诉，认为犯罪事实清楚，证据已经确实、充分，应当依法追究犯罪嫌疑人刑事责任的，应当层报检察长决定或者由检察委员会讨论决定提起公诉。承办人审结案件后，书记员应当整理相关文书，协助承办人办理起诉案件报批手续，审批决定起诉后，书记员应协助承办人准备移送人民法院的材料，并做好出庭前的准备工作。提起公诉程序中书记员工作任务流程如图 6-2-1 所示。

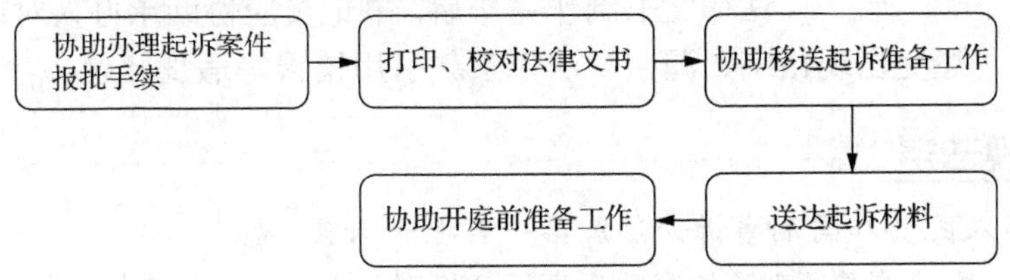

图 6-2-1　提起公诉程序中书记员工作任务流程

任务实施

步骤 1　协助办理起诉案件报批手续

1. 协助整理案卷材料

提起公诉的条件

符合提起公诉条件的案件，承办人应在审查报告中提出向人民法院提起公诉的建议，书记员应协助承办人整理相关文书和案卷材料，办理报批手续。

2. 列席集体讨论，做好会议记录

承办人将案件提交部门负责人审核，部门负责人审核同意后，组织部门集体讨论案件。书记员要列席集体讨论，做好会议记录。集体讨论同意的案件，报检察长决定。

相关法规法条

1.《中华人民共和国刑事诉讼法》第五十五条、第一百七十六条。

2. 最高人民检察院《人民检察院刑事诉讼规则》第六十三条、第三百五十五条。

步骤2　打印、校对法律文书

1. 协助制作法律文书

人民检察院决定向人民法院提起公诉，应当移送起诉书、案卷材料、证据和认罪认罚具结书等材料。决定建议适用简易程序的，应填制《适用简易程序建议书》；决定建议适用速裁程序的，应填制《适用速裁程序建议书》。

起诉书及程序建议文书

2. 制作法律文书

书记员应当及时将检察官拟定好的法律文书付诸打印或复印，并盖院章。

3. 协助校对法律文书

法律文书制作完毕后，书记员应协助承办人对起诉书等内容进行核实校正，避免出现错字、漏字、法律条款引用错误等瑕疵问题。

相关法规法条

1.《中华人民共和国刑事诉讼法》第一百七十六条。

2. 最高人民检察院《人民检察院刑事诉讼规则》第二百七十四条、第二百七十五条、第三百五十八条、第三百五十九条、第三百六十四条。

步骤3　协助移送起诉准备工作

1. 准备起诉书

起诉书应当准备一式八份，每增加一名被告人增加起诉书五份，其中一份为正本，其余均为副本。

2. 准备其他文书

1）决定书面提出量刑建议的，一案中有多名被告人的，可分别制作《量刑建议书》。《量刑建议书》应当准备一式两份。

2）决定提起附带民事诉讼的，应当准备附带民事诉讼起诉书一式八份，每增加一名被告人及辩护人增加两份，每增加一名被害单位增加一份，其中一份为正本，其余均为副本。

3）被告人被羁押的，应当填制《换押证》，一案有多名被告人被羁押的，应分别填制《换押证》。

4）证人、鉴定人、有专门知识的人出庭的，应当填制《证人（鉴定人）名单》，名单填完后须划掉余下的空格，并注明“以下空白”字样。上述名单应当准备一式两份。

证人（鉴定人）名单

3. 准备卷宗材料

书记员应当协助承办人审查侦查卷宗是否齐全，并按照起诉文书、审查起诉环节补充的证据材料、涉案款物移送清单、同案犯不起诉决定书的顺序装订成检察卷，准备好全案的卷宗材料。

相关法规法条

1.《中华人民共和国刑事诉讼法》第一百七十六条。

2. 最高人民检察院《人民检察院刑事诉讼规则》第三百五十九条。

步骤4　送达起诉材料

1. 送达起诉材料

决定提起公诉的案件应当在作出起诉决定后、审查期限届满前移送人民法院，书记员将承办人准备好的起诉材料送达至有管辖权的人民法院。

移送法院的案件材料

2. 收回送达回证

规范填写送达回证，人民法院的接收人员在送达回证上签名后收回，并注明时间。

步骤5　协助开庭前准备工作

1. 列席庭前会议，做好会议记录

人民法院召开庭前会议的，由出席法庭的公诉人和担任记录的书记员参加，检察长认为有必要的也可以参加。书记员要做好会议记录。

2. 送达《派员出席法庭通知书》

开庭前准备工作及相关文书

出席法庭人员一般由起诉书落款检察员担任，如果因故不能出席，法庭需要重新指派检察人员出庭或者经研究决定需要增加出庭检察人员支持公诉的，人民检察院应根据重新确定的出庭检察人员情况经检察长批准后制作《派员出席法庭通知书》。《派员出席法庭通知书》一式三联，应当在开庭前由书记员送达人民法院。

相关法规法条

1.《中华人民共和国刑事诉讼法》第一百八十七条。

2. 最高人民检察院《人民检察院刑事诉讼规则》第三百九十二条、第三百九十四条、第三百九十五条。

知识平台

1. 提起公诉的概念与条件

提起公诉是指人民检察院对侦查机关侦查终结或者监察机关调查终结移送起诉的案件，经过全面审查，认为事实清楚、证据确实充分、依法应当追究犯罪嫌疑人刑事责任的，提交有管辖权的人民法院进行审判的一项诉讼活动。提起公诉的条件如下。

（1）事实清楚

具有下列情形之一的，可以认为犯罪事实已经查清：

① 属于单一罪行的案件，查清的事实足以定罪量刑或者与定罪量刑有关的事实已经查清，不影响定罪量刑的事实无法查清的；

② 属于数个罪行的案件，部分罪行已经查清并符合起诉条件，其他罪行无法查清的；

③ 无法查清作案工具、赃物去向，但有其他证据足以对被告人定罪量刑的；

④ 证人证言、犯罪嫌疑人供述和辩解、被害人陈述的内容主要情节一致，个别情节不一致，但不影响定罪的。

对于符合前款第二项情形的，应当以已经查清的罪行起诉。

（2）证据确实、充分

证据确实、充分，应当符合以下条件：

① 定罪量刑的事实都有证据证明；

② 据以定案的证据均经法定程序查证属实；

③ 综合全案证据，对所认定事实已排除合理怀疑。

2. 相关文书的概念

（1）起诉书

起诉书是指人民检察院依照法定的诉讼程序，确认被告人的行为构成犯罪，应依法交付审判而将被告人向人民法院提起公诉时所制作的法律文书。

（2）认罪认罚具结书

认罪认罚具结书是指犯罪嫌疑人自愿如实供述犯罪事实，承认自己的罪行，对指控的犯罪事实没有异议，愿意接受处罚，并在辩护人或者值班律师在场的情况下而签署的法律文书。

（3）量刑建议

量刑建议是指人民检察院对提起公诉的被告人，根据犯罪的事实、性质、情节和对于社会的危害程度，依法就其适用的刑罚种类、幅度及执行方式等向人民法院提出的建议。

3. 建议适用简易程序的概念

基层人民检察院对犯罪事实清楚、证据充分、被告人认罪且对指控犯罪事实无异议的刑事案件，经被告人同意，在提起公诉时，建议人民法院适用简易程序进行审理的一项刑事诉讼活动。

4. 建议适用速裁程序的概念

基层人民检察院对可能判处三年有期徒刑以下刑罚的，事实清楚，证据确实、充分，被告人认罪认罚并同意适用速裁程序的，在提起公诉时，建议人民法院适用速裁程序进行审理的一项刑事诉讼活动。

任务实训

请学生按照表 6-2-1 中的内容进行任务实训。

表 6-2-1　提起公诉工作流程实训单

项目内容	要素描述及内容和要求
实训素材	马某某，女，1989 年××月××日生，回族，中专文化，××公司职工。2020 年 5 月 23 日 20 时 30 分许，马某某驾驶豫××××××号大众牌小型轿车行驶至××县××村路段时，遇被害人赵某某在前方道路右侧行走，马某某驾车避让不及，车辆右前部与被害人赵某某相撞，致被害人赵某某受伤后抢救无效于 5 月 24 日死亡。经鉴定，被害人赵某某系交通事故致颅脑损伤死亡。经认定，被告人马某某承担此事故的全部责任。2020 年 6 月 3 日，马某某因涉嫌交通肇事罪被××县公安局依法取保候审。2020 年 8 月 12 日，××县公安局侦查终结，以马某某涉嫌交通肇事罪，移送××××人民检察院审查起诉。案卷证据包括书证、证人证言、现场勘验笔录及照片、鉴定意见、马某某的供述和辩解。 ××××人民检察院受理后，承办人告知了马某某有权委托辩护人，依法讯问了马某某，审查了全部案件材料。经审查认为，马某某违反交通运输管理法规，因而发生重大交通事故，致一人死亡，犯罪事实清楚，证据确实充分，决定以交通肇事罪向××××人民法院提起公诉。
实训目的	熟练掌握提起公诉程序的工作任务和工作流程
实训内容	案件材料的准备、送达、文书的打印和笔录的制作
实训要求	完成材料整理等工作任务
实训结果	实训报告/实训心得体会
实训评价	一般/良好/优秀

任务拓展

1. 登录“12309 中国检察网”，搜索并阅读与提起公诉相关的规定，通过信息公开的起诉书了解案件提起公诉的条件和要求。

2. 查阅法律和案例材料，结合人民检察院工作实际，掌握提起公诉的工作流程。

任务评价

请学生自己和教师根据提起公诉程序中书记员实务训练任务完成情况，参照评价项目和评价要点进行自评与师评，如表 6-2-2 所示。

表 6-2-2　提起公诉程序中书记员实务训练任务评价表

评价项目	评价要点	权重	自评	师评
协助起诉准备工作	起诉书的准备是否符合规定	15 分		
	案卷材料的装订是否符合要求	15 分		
协助制作法律文书	文书的填写是否规范	10 分		
	文书的打印、复印是否符合要求	10 分		
	文书的校对是否认真	10 分		
	文书的移送是否符合程序	10 分		
记录工作	案件讨论会议记录的制作是否规范	15 分		
	庭前会议记录的制作是否规范	15 分		
总分		100 分		

任务 3　不起诉程序中书记员实务训练

任务情境

犯罪嫌疑人陈某，是一名大三学生，2021 年她偷拿了室友的笔记本电脑。陈某称，自己看到室友的笔记本电脑在桌子上，人又不在，就把笔记本电脑拿走想留为自己使用。鉴于陈某还是在校大学生，如果受到刑事处罚，就意味着将留下案底。本着宽严相济的刑事政策，承办案件的检察人员拟对其作出不起诉的决定。

思考

如果你是第一检察部的书记员，案件承办人拟对案件作出不起诉的决定，你应该怎样协助承办人进行不起诉工作？

任务分析

不起诉是人民检察院审查起诉后的法定处理方式之一。它是指人民检察院不再将案件移送法院审判，在起诉阶段即终结诉讼进程。不起诉程序中书记员工作任务流程如图 6-3-1 所示。

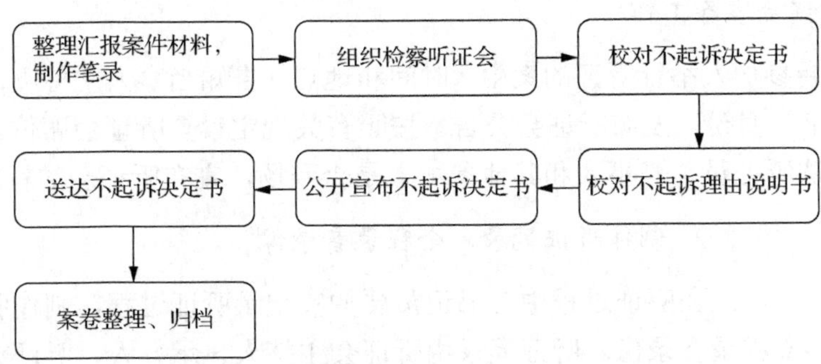

图 6-3-1　不起诉程序中书记员工作任务流程

任务实施

步骤 1　整理汇报案件材料，制作笔录

办案检察官汇报案件是检察实践中不可或缺的工作。在办案检察官汇报案件过程中，书记员应当协助检察官整理案件材料，装订案卷，详细、客观、真实地记录检察委员会讨论的情况。

制作联席会议评议笔录时，首部在标题下注明是第几次会议，分行写明讨论的时间、地点，主持讨论的检察长或副检察长、出席委员和列席委员的姓名、职务，汇报案件的检察官和记录人的姓名，以及讨论的案件名称和案由等。正文部分如实记载讨论案件的经过情况。检察委员会表决案件和事项，应当按照全体委员过半数的意见作出决定，少数委员的意见应当记录在卷。最后由各委员阅看后签名。

联席会议评议笔录

步骤 2　组织检察听证会

强化对司法活动的制约监督，促进司法公正。努力让人民群众在每一个司法案件中感受到公平正义，这是社会主义法治建设的必然要求。检察听证就是人民检察院在对案件审查过程中，通过组织召开听证会的形式，广泛听取从人大代表、政协委员和社会人

士中邀请的听证员，以及案件当事人、辩护人、相关办案人员等其他听证会参加人员意见的审查活动。人民检察院在办理拟不起诉案件时，对于事实认定、法律适用、案件处理等方面存在较大争议，或者有重大社会影响，需要当面听取当事人和其他相关人员意见的案件，经检察长批准，可以召开听证会。听证能够充分保障当事人的知情权和参与权，消除当事人、利害关系人及社会公众对司法办案的疑虑。在组织听证这一环节，书记员的工作任务及办理流程如下。

1. 做好听证会准备工作

告知听证会参加人举行听证的案由、时间和地点。告知当事人主持听证会的检察官及听证员的姓名、身份。发布听证会公告。按照有关规定设置听证会席位。听证会开始前，书记员确认听证员、当事人和其他参加人是否到场，宣布听证会的程序和纪律。

听证会的工作步骤

2. 制作听证笔录，全程录音录像

在听证过程中，书记员要如实记录听证过程，制作听证笔录并全程录音录像。听证笔录由听证会主持人、承办人、听证会参加人和记录人签名或盖章。听证笔录应当归入案件卷宗。

3. 送达听证决定

听证会结束后，将听证决定向当事人宣告、送达，并将作出的决定和理由告知听证员。

相关法规法条

最高人民检察院《人民检察院审查案件听证工作规定》第十条至第十八条。

步骤 3　校对不起诉决定书

人民检察院决定不起诉的，应当制作《不起诉决定书》。不起诉决定书是人民检察院代表国家确认犯罪嫌疑人不构成犯罪、依法不追究其刑事责任的司法文书，具有终止诉讼的法律效力。检察官制作好不起诉决定书后，书记员应当校对并打印，一般需要打印 15～20 份。具体的工作流程如下。

1）校对不起诉决定书标题、案号和当事人情况。

2）校对援引的法律条款。

3）打印不起诉决定书。

不起诉决定书

相关法规法条

最高人民检察院《人民检察院刑事诉讼规则》第三百七十二条。

步骤 4　校对不起诉理由说明书

检察院在作出不起诉决定后，必须要制作《不起诉理由说明书》。刑事案件不起诉理由说明书应当详细说明作出处理决定的事实依据、证据依据和法律依据，与相关法律文书一并送达当事人，切实达到检务公开的要求。书记员应当协助办案检察官制作不起诉理由说明书并校对、打印。

不起诉理由说明书

相关法规法条

最高人民检察院《人民检察院刑事诉讼规则》第三百六十五条。

步骤 5　公开宣布不起诉决定书

宣布不起诉理由说明书

不起诉的决定应当由人民检察院公开宣布，书记员应当提前确定公开宣布不起诉决定书的时间和地点，通知当事人等人到院参加不起诉决定书的宣布。

书记员应当向到庭的当事人及诉讼代理人宣读不起诉决定，并制作笔录，将宣布过程和内容记录下来。宣布后，参加宣布过程的检察人员、书记员、当事人等应分别在笔录上签名或盖章。

相关法规法条

1.《中华人民共和国刑事诉讼法》第一百七十八条。

2. 最高人民检察院《人民检察院刑事诉讼规则》第三百七十六条。

步骤 6　送达不起诉决定书

不起诉决定书宣布后，书记员应当立即将不起诉决定书进行送达。送达后让当事人等在送达回证上签名、注明接收日期。按照刑事诉讼法的规定，书记员应当送达给以下当事人、诉讼参与人、相关单位。

1. 送达被害人或其近亲属及其诉讼代理人

送达不起诉决定书并告知如果对不起诉决定不服，可以向人民检察院申诉或者向人民法院起诉。

2. 送达被不起诉人及其辩护人以及被不起诉人所在单位

送达不起诉决定书并告知如果对不起诉决定不服，可以向人民检察院申诉。

3. 送达公安机关或者监察机关

对公安机关或者监察机关移送起诉的案件，应将不起诉决定书送达给公安机关或者监察机关。

人民检察院决定不起诉的案件，可以根据案件的不同情况，对不起诉人予以训诫或者责令具结悔过、赔礼道歉、赔偿损失。对被不起诉人需要给予行政处罚、行政处分或者需要没收其违法所得的，人民检察院应当提出检察意见，连同不起诉决定书一并移送有关主管机关处理，并要求有关主管机关及时通报处理情况。

相关法规法条

1.《中华人民共和国刑事诉讼法》第一百七十八条至第一百八十二条。

2. 最高人民检察院《人民检察院刑事诉讼规则》第三百七十七条至第三百八十二条。

步骤 7　案卷整理、归档

不起诉决定作出后，刑事诉讼活动宣告结束。书记员应当将所有的诉讼材料按照规定的顺序排列，分别装订成册并及时归档。

1. 按序排列诉讼材料

对作出不起诉处理的案件，应将其所有诉讼材料按照表 6-3-1 所示的顺序进行排列。

表 6-3-1　不起诉程序中案卷材料排列顺序

序号	内容
1	不起诉公开审查材料
2	检察委员会会议研究意见（决定事项通知书）
3	下级人民检察院的请示及上级人民检察院的批复
4	不起诉决定书、不起诉理由说明书
5	宣布笔录
6	解除强制措施相关文书
7	送达回证
8	检察意见书及处理结果
9	涉案财物出、入库手续
10	案件质量评查表
11	其他需要入卷的材料（包括听证笔录、人民监督员监督检察办案活动相关文书，按照办案程序插入案卷内相应位置）

2. 填写卷内目录、备考表、案卷封面

在案卷封面后、文件前，应放置卷内目录纸，编写卷内文件目录，包括序号、文件名称、页次、备注。每卷应放备考表，备考表的内容包括卷内情况说明、整理人、检查人、日期、制作单位等，备考表放在诉讼材料的最后。案卷封面的内容主要包括检察院名称，立卷单位，统一受案号、案由、处理结果、承办人、收案时间、结案时间、页数、保管期限。

卷内目录、备考表、案卷封面

3. 装订案卷

书记员装订案卷时，要牢固整齐，以便于保管和利用，防止文书散失和损坏。卷内材料应当右齐、下齐，一般使用蜡线“三孔双线”装订。每本案卷一般不超过 200 页，超过时应当分卷装订。然后在卷底装订线上贴上封纸，并用书记员名章加盖于骑缝处。

1）装订时应剔除材料、文书中的金属物。

2）检查有无倒页、错页、漏页及错装其他案卷材料。

3）对于尺寸不标准的材料应进行修整，超过的要裁剪或折叠，过小的要进行加边、加衬或粘贴。

4）卷内材料有破损或褪色的要进行修补或复制，对字迹难以辨认的材料，应附上抄件或者重新复印。对于传真要进行复印，以防长时间后褪色。

知识平台

1. 法定不起诉

法定不起诉又称为绝对不起诉，是指人民检察院审查起诉的案件，发现犯罪嫌疑人没有犯罪事实，或者符合《中华人民共和国刑事诉讼法》第十六条规定的情形之一的，应当作出不起诉决定。

有下列情形之一的，不追究刑事责任，已经追究的，应当撤销案件，或者不起诉，或者终止审理，或者宣告无罪：

① 情节显著轻微、危害不大，不认为是犯罪的；

② 犯罪已过追诉时效期限的；

③ 经特赦令免除刑罚的；

④ 依照刑法告诉才处理的犯罪，没有告诉或者撤回告诉的；

⑤ 犯罪嫌疑人、被告人死亡的；

⑥ 其他法律规定免予追究刑事责任的。

2. 酌定不起诉

酌定不起诉又称为相对不起诉，是指人民检察院经审查认为犯罪嫌疑人的行为虽然构成犯罪，但情节轻微，依照刑法规定不需要判处刑罚或者免除刑罚的，可以作出不起诉决定。在这种情况下，人民检察院被赋予了自由裁量权，既可以提起公诉，也可以不起诉。作出酌定不起诉时要经检察长或者检察委员会决定。

酌定不起诉的适用必须同时具备以下两个条件：一是人民检察院认为犯罪嫌疑人的行为符合刑法规定的犯罪构成要件，已经构成犯罪，应当负刑事责任；二是犯罪情节轻微，依照刑法规定不需要判处刑罚或者免除刑罚。

3. 存疑不起诉

存疑不起诉又称为证据不足不起诉，是指人民检察院对于经过两次补充侦查或者补充调查的案件，仍然认为证据不足，不符合起诉条件的，应当作出不起诉决定。

这种不起诉的前提条件是必须经过两次补充侦查或者补充调查。经过一次补充侦查或者补充调查，人民检察院认为证据不足，不符合起诉条件，且没有退回补充侦查或者补充调查必要的，可以作出不起诉决定。没有经过补充侦查或者补充调查的案件，不能直接作出存疑不起诉的决定。

4. 特殊案件的不起诉

犯罪嫌疑人自愿如实供述涉嫌犯罪的事实，有重大立功或者案件涉及国家重大利益的，经最高人民检察院核准，人民检察院可以作出不起诉决定，也可以对涉嫌数罪中的一项或者多项不起诉。

犯罪嫌疑人自愿如实供述涉嫌犯罪的事实，有重大立功或者案件涉及国家重大利益的，经最高人民检察院核准，公安机关可以撤销案件，人民检察院可以作出不起诉决定，也可以对涉嫌数罪中的一项或者多项不起诉。

5. 附条件不起诉

对于未成年人涉嫌刑法分则第四章、第五章、第六章规定的犯罪，可能判处一年有期徒刑以下刑罚，符合起诉条件，但有悔罪表现的，人民检察院可以作出附条件不起诉的决定。人民检察院在作出附条件不起诉的决定以前，应当听取公安机关、被害人的意见。未成年犯罪嫌疑人及其法定代理人对人民检察院决定附条件不起诉有异议的，人民检察院应当作出起诉的决定。

任务实训

请学生按照表 6-3-2 中的内容进行任务实训。

表 6-3-2　不起诉工作流程实训单

项目内容	要素描述及内容和要求
实训素材	犯罪嫌疑人赵某有个六口之家，上有两位老人，下有两个孩子，夫妻俩虽无固定工作，但好在会维修技术，在皮毛加工市场上靠给人维修缝纫机维持家庭生计。2020 年 8 月，犯罪嫌疑人赵某夫妇在某镇某超市购买洗发水、牙膏等生活用品时，意外“逃单”成功，这给二人带来了省钱“捷径”，夫妻俩从此一发不可收拾。截至案发，赵某夫妇先后在超市“逃单”6 次，盗窃财物共计价值约 600 元。赵某夫妇的犯罪事实清楚，证据确实、充分。案件移送至检察机关后，赵某夫妇认罪悔罪，对自身犯罪行为懊悔不已。案发后，大儿子认为他们的犯罪行为会影响自己毕业和工作，声称要断绝关系，亲戚朋友也都敬而远之。承办人认为，赵某夫妇无前科劣迹，由于家庭经济困难，一时糊涂才实施了盗窃行为，犯罪的主观恶性较小。如果起诉，赵某的家庭将遭受严重打击。对此，承办人将案件汇报给检察长，检察长提出了此案办理要贯彻“少捕慎诉慎押”司法政策。承办人遂通过电话、实地走访等方式与被害人联系。由于涉案金额较小，在退赔损失后，被害人对赵某夫妇的行为表示了谅解。在综合考虑案情的基础上，该检察院决定对赵某夫妇作出不起诉决定。 问题：1. 就上述案例，检察院书记员应当送达哪些诉讼文书？ 2. 如果要进行检察听证会，书记员应当承担哪些工作任务？
实训目的	熟练掌握不起诉程序中书记员的工作流程
实训内容	送达文书、组织检察听证会
实训要求	根据素材，由学生分角色扮演模拟有关送达文书的场景，扮演模拟进行检察听证会的场景
实训结果	实训报告/实训心得体会
实训评价	一般/良好/优秀

任务拓展

以书记员的身份模拟宣告不起诉决定书，遇到下列情形时，书记员应该怎么做？

1. 书记员向到场的被害人宣读不起诉决定书后，被害人当场表示不认同不起诉决定书，并在现场痛哭。

2. 虽然检察院作出了酌定不起诉的决定，到场的被不起诉人坚称自己并未实施犯罪，自己是无罪的，并表示希望检察院对其提起公诉。

任务评价

请学生自己和教师根据不起诉程序中书记员实务训练任务完成情况，参照评价项目和评价要点进行自评与师评，如表 6-3-3 所示。

表 6-3-3　不起诉程序中书记员实务训练任务评价表

评价项目	评价要点	权重	自评	师评
对汇报案件进行材料整理，制作笔录	能否协助承办人整理案件材料、装订案卷，制作联席会议评议笔录是否准确、规范	10 分		
组织检察听证会	能否协调各方参加检察听证会、席位安排是否恰当	20 分		
校对不起诉决定书	能否校对不起诉决定书并打印出合适的份数	10 分		
校对不起诉理由说明书	是否协助承办人校对不起诉理由说明书并打印	10 分		
公开宣布不起诉决定书	宣布不起诉决定书时是否已经通知当事人等到场	10 分		
送达不起诉决定书	是否按照法定的程序送达不起诉决定书，是否按照规定分别向被害人、近亲属、诉讼代理人、被不起诉人、辩护人、被不起诉人所在单位、公安机关、监察机关等送达不起诉决定书	20 分		
案卷整理、归档	是否将所有的诉讼材料按照顺序排列、分别装订成册并及时归档	20 分		
总分		100 分		

参 考 文 献

蔡小雪，2020．行政行为的合法性审查[M]．北京：中国民主法制出版社．

陈明国，2018．书记员民事法律知识培训教程[M]．北京：人民法院出版社．

法律应用研究中心，2021．最高人民法院行政诉讼文书样式：制作规范与法律依据[M]．2版．北京：中国法制出版社．

高憬宏，2017．人民法院司法标准化理论与实践[M]．北京：法律出版社．

郭彦，2017．人民法院法官助理职业技能教程[M]．北京：人民法院出版社．

郝明金，2006．怎样做好书记官工作[M]．北京：人民法院出版社．

胡云腾，2020．最新刑事诉讼文书样式：参考样本[M]．北京：人民法院出版社．

湖南省人民检察院组织编写，2016．公诉岗位专用操作规程[M]．北京：中国检察出版社．

湖南省人民检察院组织编写，2016．侦查监督岗位专用操作规程[M]．北京：中国检察出版社．

湖南省人民检察院组织编写，2016．职务犯罪侦查岗位专用操作规程[M]．北京：中国检察出版社．

华关祥，2013．书记员工作实务技能[M]．北京：人民法院出版社．

姜启波，张力，2005．民事审前准备[M]．北京：人民法院出版社．

蒋浩，2020．人民法院审判辅助工作实务技能[M]．北京：人民法院出版社．

寇昉，2018．书记员工作流程[M]．北京：人民法院出版社．

李晓棠，尚铮铮，2020．书记员工作实务[M]．2版．北京：中国人民大学出版社．

彭君，2016．法院书记员工作实务[M]．北京：清华大学出版社．

童建明，万春，2020．《人民检察院刑事诉讼规则》理解与适用[M]．北京：中国检察出版社．

童建明，万春，2020．《人民检察院刑事诉讼规则》条文释义[M]．北京：中国检察出版社．

王学棉，李倩，2018．民事诉讼程序实务讲义[M]．北京：北京大学出版社．

项明，2010．检察机关书记员实务培训简明教程[M]．北京：中国检察出版社．

许文海，2015．法院书记员工作实务[M]．北京：中国政法大学出版社．

薛宏伟，2005．检察机关办案笔录制作技巧[M]．北京：人民法院出版社．

薛政，2020．行政诉讼法注释书[M]．北京：中国民主法制出版社．

杨凯，2010．书记员和法官助理职业技能培训教程[M]．北京：人民法院出版社．

杨凯，2016．法官助理和书记员职业技能教育培训指南[M]．北京：北京大学出版社．

张明丽，2019．书记员工作实务[M]．2版．北京：法律出版社．

张熙照，2020．书记员刑事法律知识培训教程[M]．北京：人民法院出版社．

朱孝彦，王秀平，2020．民事诉讼业务流程实训[M]．北京：中国政法大学出版社．

《中华人民共和国国家赔偿法》（自2013年1月1日起施行）．

《中华人民共和国民事诉讼法》（自2017年6月27日起施行）．

《中华人民共和国人民陪审员法》（自 2018 年 4 月 27 日起施行）.
《中华人民共和国刑事诉讼法》（自 2018 年 10 月 26 日起施行）.
《中华人民共和国行政复议法》（自 2018 年 1 月 1 日起施行）.
《中华人民共和国行政复议法实施条例》（自 2007 年 8 月 1 日起施行）.
《中华人民共和国行政诉讼法》（自 2017 年 6 月 27 日起施行）.
最高人民法院司法改革领导小组办公室，2021．民事诉讼程序繁简分流改革试点工作读本[M]．北京：人民法院出版社.
《最高人民法院关于进一步加强民事送达工作的若干意见》（自 2017 年 7 月 19 日起施行）.
《最高人民法院关于行政申请再审案件立案程序的规定》（自 2018 年 1 月 1 日起施行）.
《最高人民法院关于适用〈中华人民共和国行政诉讼法〉的解释》（自 2018 年 2 月 8 日起施行）.
《最高人民法院关于互联网法院审理案件若干问题的规定》（自 2018 年 9 月 7 日起施行）.
《最高人民法院关于严格规范民商事案件延长审限和延期开庭问题的规定》（自 2019 年 3 月 28 日起施行）.
《最高人民法院关于适用〈中华人民共和国人民陪审员法〉若干问题的解释》（自 2019 年 5 月 1 日起施行）.
最高人民检察院《人民检察院刑事诉讼规则》（自 2019 年 12 月 30 日起施行）.
最高人民法院《民事诉讼程序繁简分流改革试点实施办法》（自 2020 年 1 月 15 日起施行）.
最高人民检察院、公安部《关于加强和规范补充侦查工作的指导意见》（自 2020 年 3 月 27 日起施行）.
最高人民检察院《关于印发补充侦查工作文书样式及补充侦查提纲参照范例的通知》（自 2020 年 4 月 14 日起施行）.
最高人民法院《关于行政机关负责人出庭应诉若干问题的规定》（自 2020 年 7 月 1 日起施行）.
《最高人民法院关于适用〈中华人民共和国民事诉讼法〉的解释》（自 2021 年 1 月 1 日起施行）.
《最高人民法院关于适用简易程序审理民事案件的若干规定》（自 2021 年 1 月 1 日起施行）.
《最高人民法院关于人民法院执行工作若干问题的规定（试行）》（自 2021 年 1 月 1 日起施行）.
《最高人民法院关于适用〈中华人民共和国民事诉讼法〉审判监督程序若干问题的解释》（自 2021 年 1 月 1 日起施行）.
《最高人民法院关于适用〈中华人民共和国刑事诉讼法〉的解释》（自 2021 年 3 月 1 日起施行）.
《最高人民法院关于推进行政诉讼程序繁简分流改革的意见》（自 2021 年 5 月 14 日起施行）.
最高人民法院《人民法院在线诉讼规则》（自 2021 年 8 月 1 日起施行）.